本文入选第四届陈光中诉讼法学优秀博士学位论文

涉众型经济犯罪案件当事人权利保障问题研究

以审判程序为视角

李晓◎著

中国法制出版社
CHINA LEGAL PUBLISHING HOUSE

前　言

目前，涉众型经济犯罪案件呈现高发态势。此类犯罪案件所涉及的当事人人数众多，证据繁杂，被害人经济损失惨重，属于一种大规模诉讼案件或复杂诉讼案件。司法实践中，利用传统程序规则处理此类复杂诉讼案件，导致出现了很多程序问题。以审判程序为例，主要有：多次追诉现象突出，被告人经常被重复追诉；庭审流于形式，被告人的质证权保障不力；诉讼过程中缺乏被害人的有效参与，被害人程序参与权保障不力；弥补被害人经济损失的途径有限，被害人民事赔偿权保障不力。上述问题之所以发生，根源在于此类犯罪案件从诉讼形态上看属于复杂诉讼形态，依靠传统的处理单一案件或关联案件的诉讼规则难以有效处理此类复杂诉讼案件。针对上述问题，本书在归纳涉众型经济犯罪案件审判程序问题的基础上，以复杂诉讼形态下的被告人、被害人权利保障为视角，构建相关的诉讼规则。

第一章，主要通过对涉众型经济犯罪案件司法实践状况的分析，进而以权利保障为视角，概括出该类案件审判程序中所存在的突出问题，主要包括：被告人不被重复追诉权保障不力、质证权保障不力；被害人程序参与权保障不力、民事赔偿权保障不力。并以复杂诉讼形态为视角，分析了问题的成因，即主要在于以处理单一案件或关联案件的诉讼规则来处理此类复杂诉讼案件，势必造成程序运行不畅，甚至程序失灵。

第二章，论述涉众型经济犯罪案件中的重复追诉问题。通过对重复追诉现象进行分析，指出：对于同一案件，当公诉机关提起公诉后，案件已经系属于法院，此后针对该同一案件范围内的他部事实追加起诉的，属于重复追诉。当法院就前诉案件作出生效裁判后，公诉机关针对该同一案件内部的他部事实另案起诉的，也属于重复追诉。通过分析涉众型经济犯罪的犯罪形态，指出涉众型经济犯罪大多属于经营性犯罪，以行为人反复多次实施同种类行为为典型特征，属于刑法上的集合犯。此类犯罪应从整体上进行刑法评价，在诉讼法上整体属于一个自然事实。因此，公诉机关在对某一犯罪事实提起公诉后，法院作出生效裁判前，又以遗漏被害人为由追加起诉的，属于在同一犯罪事实内补全起诉他部事实，构成诉讼系属中的重复追诉。对于这种诉讼系属中的重复追诉，由于尚未有生效裁判存在，不涉及既判力问题。因此并不绝对禁止，而是允许补全起诉，在消除多余的诉讼系属后保障审判的完整性。但鉴于涉众型经济犯罪案件的特点，公诉机关的这种补全起诉应以两次为限，并且只能是针对新发现的事实提起。在提起的时间上，应限定在第一次追诉案件的法庭辩论终结前。如果前诉案件已经作出生效裁判，则不允许公诉机关就新发现的他部事实另行起诉，以维护生效裁判的既判力。

第三章，论述涉众型经济犯罪案件中的被告人质证权保障问题。涉众型经济犯罪案件由于被告人人数众多，证据数量庞大，实践中普遍存在以庭前笔录认定案件事实的问题，庭审流于形式，被告人质证权保障不力。通过对该类案件中存在的证据进行分类归纳，结合庭审实践状况，提出创新取证方式，通过赋予被告人庭前阅卷权，召开庭前会议，最大限度地消化无争议证据，突出争议证据和争议焦点。庭审中，对于争议证据，证人、被害人代表、鉴定人等应出庭作证，以保障被告人质证权有效行使。同时，对于被告人人数众多的大规模诉讼案件，可视情况采用分案审理制度。

第四章，论述涉众型经济犯罪案件中的被害人程序参与权保障问题。涉众型经济犯罪案件被害人程序参与权保障不足，原因首先在于涉案投资人能否被认定为被害人并不明确，如果不能确立其被害人的诉讼地位，则程序参与权无从谈起。其次在于面对如此众多的投资人，究竟通过什么途径才能有效实现其程序参与权。通过对被害人概念的分析，指出涉众型经济犯罪案件中，被动遭受犯罪侵害、实际遭受经济损失的投资人属于被害人，应赋予其被害人的诉讼地位。通过对被害人程序参与权内容的分析，可将程序参与权分为被动的知情权和主动的参加权两种。在涉众型经济犯罪案件中，对于知情权的保障，可通过探索新型告知制度得以实现。对于参加权的保障，可通过建立诉讼代表人制度得以实现。

第五章，论述涉众型经济犯罪案件中的被害人民事赔偿权保障问题。涉众型经济犯罪中被害人民事赔偿权保障不足，主要原因在于目前只能通过刑事判决的方式弥补其经济损失。这种方式具有很大的局限性，突出表现为赔偿主体范围较小，不利于被害人民事赔偿权的实现。通过分析被害人民事赔偿权实现的三种模式，根据涉众型经济犯罪案件涉案人数众多、民事法律关系复杂、涉及专业领域众多等特点，建议对于此类案件，由被害人提起单独民事诉讼的方式实现民事赔偿权，并且刑事诉讼与民事诉讼彻底分离，互不干涉。采用这种模式，可以尊重被害人的选择权，适当扩大民事赔偿主体的范围和诉讼请求数额，更加有利于保障被害人的民事赔偿权。并且，采用这种模式，可以使刑事法官集中精力审理刑事案件，也有利于刑事被告人的权利保障。此外，公安机关在立案侦查此类案件时，应转变传统“重破案、轻追赃”的思维模式，积极追赃挽损，查明赃款去向，适度扩大查封、扣押、冻结的财产范围，以便民事判决顺利执行，实现被害人民事赔偿权。

目 录

CONTENTS

引　言

涉众型经济犯罪并不是我国《刑法》分则所规定的一种罪名或一类罪名。因此，难以从刑法犯罪构成要件的角度对该类犯罪进行明确界定。涉众型经济犯罪的概念，主要是根据司法实践中高发的以侵害众多不特定被害人财产权益为特征的某些犯罪进行归类概括而得出的。从字面意义上看，涉众型经济犯罪是指侵犯众多不特定被害人财产权益的经济犯罪。也可定义为："涉众型经济犯罪是指发生在经济领域以高额回报等虚假信息为诱饵，以不特定公众为侵害对象，非法牟取巨额钱财，严重破坏市场经济秩序并危及社会稳定，依照刑法应受刑罚处罚的行为。"①

在我国司法实务部门，最早明确提出涉众型经济犯罪概念的是公安机关。2006年11月23日，在公安部召开的涉众型经济犯罪专题新闻发布会上，时任公安部经济犯罪侦查局副局长高峰指出，涉众型经济犯罪，是指涉及众多受害人，特别是涉及众多不特定受害群体的经济犯罪。主要包括非法吸收公众存

① 参见孟庆丰：《涉众型经济犯罪问题探讨》，载《公安研究》2007年第11期。

款、集资诈骗、传销、非法销售未上市公司股票等经济犯罪活动。另外，在证券犯罪、合同诈骗犯罪、假币犯罪、农村经济犯罪活动中也有类似涉众因素存在。①

界定涉众型经济犯罪的两个关键词或两个关键因素为：一是涉众性，即从该类犯罪所涉及的被害人看，人数众多，侵犯了不特定多数人的合法权益；二是经济犯罪，即从犯罪领域看，属于经济领域的犯罪。至于我国《刑法》分则所规定的侵犯公民人身权利、民主权利的犯罪、危害国家安全、公共安全的犯罪、贪污贿赂、渎职犯罪等，不属于涉众型经济犯罪的概念范畴。

关于涉众性。按照传统汉语的字面意思，三人以上即为众。我国《刑法》分则所规定的罪名或犯罪种类中，存在两种以“众”为构成要件要素的犯罪。一种是在刑法条文中规定以“众”作为犯罪构成要素，如聚众斗殴罪、聚众冲击国家机关罪、非法吸收公众存款罪等。另一种则是虽然在刑法分则条文中没有明确规定“众”的要素，但根据该犯罪的典型状态或一般特征，可以推导出是以“众”为构成要件要素，如集资诈骗罪、非法经营罪、组织领导传销活动罪等。需要进一步指出的是，在多数犯罪中，均可能涉及多个被害人，如在多起盗窃案件、诈骗案件、故意伤害案件中，也可能存在多个被害人。但显然，我们不能将盗窃案件、诈骗案件、故意伤害案件归结为涉众型案件。因此，此处的涉众，不仅仅是一个人数众多的概念。更重

① 参见公安部涉众型经济犯罪专题新闻发布会实录。网址 www.3g.163.com. 访问日期：2019 年 5 月 17 日。

要的是，从犯罪的行为方式和典型特征看，涉众型犯罪以侵犯不特定多数人的利益为常态或基本特征。换言之，涉众不单纯指行为的结果已经涉众，人数已经达到了一定的数量，更重要的是指从所涉犯罪行为的特征判断，该类犯罪行为往往以侵害不特定多数人的利益为常态，具有涉众的属性。[①] 此外，“涉众”所强调的是涉及“不特定公众”。如果某一犯罪虽然侵犯了众多被害人的合法权益，但由于众多被害人均是特定的，仍然不能称之为“涉众”。可见，此处的“涉众”与我国《刑法》分则所规定的危害公共安全犯罪的犯罪对象有相似之处。所谓不特定公众，并不是以人数为界限，不是说超过了多少人就属于不特定公众，而是指犯罪行为所针对的对象没有特定的范围，没有特别的限制。对此，最高人民法院在相关司法解释中也予以明确。以非法吸收公众存款罪为例，对于没有向社会公开宣传，而是针对特定对象吸收资金的，不属于非法吸收公众存款。可见，对于针对特定人吸收资金的，即便所涉及的人数众多，也不能称之为不特定公众。[②]

关于经济犯罪。经济犯罪作为犯罪学上的专门术语，在刑法中并没有明确的定义或范围，而是根据研究或实践的需要予以归类划分的一种犯罪类型。据考证，经济犯罪一词最早由英国学者希尔提出。1872 年，希尔在一次以预防犯罪为主题的国

① 参见朱江等：《涉众型经济犯罪剖析与治理》，法律出版社 2014 年版，第 5 页。

② 参见最高人民法院 2010 年《关于审理非法集资刑事案件具体应用法律若干问题的解释》第 1 条。

际会议上，首次使用了经济犯罪一词，主要用于概括从事经营管理活动的人在经济活动中利用职务所实施的犯罪。① 在国外，对于经济犯罪主要从两方面界定：一是以犯罪主体为依据进行界定，即将之界定为利用职务实施的贪利型犯罪。“经济犯罪是正常的经济往来场合上活动的人们，在履行职务时，为图自己或第三人的利益所犯的触犯刑法或其他罚则的行为。”② 二是以犯罪所侵犯的对象为依据进行界定，即将之界定为侵害国家经济管理秩序的犯罪。“经济犯罪就是一种针对国家整体经济及其重要部门与制度而违反的可罚性行为。”③

在我国，根据经济犯罪内涵和外延的不同，存在大经济犯罪概念、中经济犯罪概念和小经济犯罪概念三种。④

大经济犯罪概念是一种最广义的经济犯罪概念。这种概念将所有涉及经济、财产性质的犯罪均纳入经济犯罪概念之中。根据这种概念，我国《刑法》分则所规定的破坏社会主义市场经济秩序犯罪、侵犯财产犯罪、贪污贿赂犯罪等均属于经济犯罪。

中经济犯罪概念是一种广义的经济犯罪概念，将其界定为破坏国家经济管理活动的犯罪，以及利用职权牟取利益的犯罪。根据这种观点，我国《刑法》分则中的破坏市场经济秩序犯罪

① 参见朱江等：《涉众型经济犯罪剖析与治理》，法律出版社 2014 年版，第 7 页。

② 转引自朱江等：《涉众型经济犯罪剖析与治理》，法律出版社 2014 年版，第 8 页。

③ 转引自朱江等：《涉众型经济犯罪剖析与治理》，法律出版社 2014 年版，第 8 页。

④ 参见贺电、陈祥民、姜万国等：《涉众经济犯罪研究》，中国人民公安大学出版社 2012 年版，第 4 页。

和贪污贿赂犯罪属于经济犯罪。至于侵犯财产的犯罪，由于仅仅侵犯了公民的个人财产权益，既不涉及国家经济管理领域，也不涉及利用职权的属性，不属于经济犯罪。

小经济犯罪概念是一种狭义的经济犯罪概念，将其界定为破坏国家经济管理活动的犯罪。主要是指我国《刑法》分则所规定的破坏市场经济秩序犯罪。

上述三种经济犯罪概念的内涵和外延虽然有所区别，但均承认破坏社会主义市场经济秩序的犯罪属于经济犯罪。本书也采用小经济犯罪概念，将其界定为破坏社会主义市场经济秩序的犯罪。对于侵犯财产的犯罪，虽然涉及经济属性，但由于侵犯财产的犯罪往往以犯罪数额为构成本罪的主要依据，至于被害人人数多少、是否属于不特定多数人，均不是侵犯财产犯罪的考虑重点所在。实践中，一般的侵犯财产犯罪也不会涉及众多不特定被害人。因此，对于单纯侵犯财产的犯罪，即便所涉及的人数众多，也不能称之为涉众型经济犯罪。至于利用职权实施的贪污贿赂等犯罪，所侵犯的是国家的财产权益和职务行为的廉洁性，并不以侵犯不特定多数人的利益为特征，不能称之为涉众型经济犯罪。此外，涉众型经济犯罪与涉众犯罪虽然文字表述中都有“涉众”二字，但二者是两个完全不同的概念。涉众犯罪一般是指，因群体性事件所引发的，在与管理当局对抗或对峙的情况下，由不特定多数的行为人所实施的刑法分则中特定罪名的规模性共同犯罪行为。从罪名看，具体指聚众扰乱社会秩序罪，聚众冲击国家机关罪，聚众扰乱公共场所秩序、交通秩序罪，非法集会、游行、示威罪和侮辱国旗、国徽罪等五个罪名。[1]

综上所述，本书所称的涉众型经济犯罪是指部分破坏社会主义市场经济秩序的犯罪，即涉及众多不特定被害人的破坏社会主义市场经济秩序的犯罪。主要包括以下类型。

1. 非法集资类犯罪

非法集资类犯罪主要是指未经国家有关机关批准，向社会不特定公众募集资金，数额较大、人数较多或有其他严重情节的犯罪。主要包括非法吸收公众存款罪、集资诈骗罪。非法吸收公众存款罪，是指非法吸收公众存款或非法变相吸收公众存款，扰乱金融秩序的行为。集资诈骗罪，则是指以非法占有为目的，使用诈骗方式非法集资，数额较大的行为。

我国相关规范性文件在对非法集资的界定上，经历了一个演变的过程。早在 1996 年最高人民法院《关于审理诈骗案件具体应用法律的若干问题的解释》（已失效）中，就认定集资诈骗罪时，对非法集资进行了概念界定：非法集资是指法人、其他组织或者个人，未经有权机关批准，向社会公众募集资金的行为。该概念强调了构成非法集资的两个要素，一是“未经有权机关批准”，二是“向社会公众募集资金”，但缺乏具体的操作标准，显得比较笼统。1998 年国务院《非法金融机构和非法金融业务活动取缔办法》则将非法集资列为非法金融业务活动的一种具体方式。该法规第 4 条规定，本办法所称非法金融业务活动，是指未经中国人民银行批准，擅自从事的下列活动：非法吸收公

① 参见莫晓宇：《涉众型犯罪研究》，中国人民公安大学出版社 2015 年版，第 13—18 页。

众存款或者变相吸收公众存款；未经依法批准，以任何名义向社会不特定对象进行的非法集资；非法发放贷款、办理结算、票据贴现、资金拆借、信托投资、金融租赁、融资担保、外汇买卖；中国人民银行认定的其他非法金融业务活动。但该法规并未进一步界定非法集资的内涵和外延，并且将非法集资与非法吸收公众存款、变相吸收公众存款、非法发放贷款等并列作为非法金融活动的具体行为方式，并未将其作为非法吸收公众存款的上位概念进行界定。为贯彻落实国务院《非法金融机构和非法金融业务活动取缔办法》，中国人民银行于 1999 年下发了《关于取缔非法金融机构和非法金融业务活动中有关问题的通知》（以下简称 1999 年《通知》），首次对非法集资的法律特征进行了明确的界定，指出了非法集资的 4 个具体特征，即未经有关部门依法批准，包括没有批准权限的部门批准的集资以及有审批权限的问题超越权限批准的集资；承诺在一定期限内给出资人还本付息。还本付息的形式除以货币形式为主外，还包括以实物形式或其他形式；向社会不特定对象即社会公众筹集资金；以合法形式掩盖其非法集资的性质。

但在具体的司法实践中，如何认定“未经有权机关批准”或“未经有关部门依法批准”，存在诸多局限性和不确定性，越来越难以满足新形势下对新型非法集资活动的打击需要。比如，“未经批准”仅适用于法律明确规定应当审批而未经审批的非法融资行为，但包括合法借贷、私募基金等在内的合法融资活动本身无须有关部门批准；又如，对于获经批准的则并不一定合法，骗取批准的集资行为仍属于非法集资。基于此，为科学、准确定位非法集资，更好地适应新型非法集资活动的打击需要，最高人民法院于2010年出台了《关于审理非法集资刑事案件具体应用法律若干问题的解释》(以下简称2010年《解释》)，从法律要件和实体要件两个方面对非法集资进行了定义，即非法集资是“违反国家金融管理法律规定，向社会公众（包括单位和个人）吸收资金的行为”，由之前的“批准标准”转变为“违法性”标准。但需要强调指出的是，“批准标准”原本就是违法性判断的具体化规定，2010年《解释》重新确定“违法性标准”，更多体现的是一种判断标准的理性回归，以此厘清“违法性标准”和“批准标准”的位阶关系，说明未经批准只是违法性判断的一个方面，违法性包括未经批准但不限于未经批准。[①]同时，2010年《解释》对非法集资概念的特征要件予以具体细化，明确成立非法集资需同时具备非法性、公开性、利诱性、社会性4个特征：(1)未经有关部门依法批准或者借用合法经营的形式吸收资金；(2)通过媒体、推介会、传单、手机短信等途径向社会公开宣传；(3)承诺在一定期限内以货币、实物、股权等方式还本付息或者给付回报；(4)向社会公众即社会不特定对象吸收资金。较之于1999年《通知》的相关规定，2010年《解释》作出了两处重大修改：一是将1999年《通知》中“未经有关部门依法批准”和“以合法形式掩盖其非法集资的性质”两个要件合并为非法性要件。据此，认定是否非法集资不再要求同时具备

① 参见刘为波：《〈关于审理非法集资刑事案件具体应用法律若干问题的解释〉的理解与适用》，载《人民司法》2011年第5期。

"未经有关部门依法批准"和"以合法形式掩盖其非法集资的性质"两个要件。二是增加公开性要件。其主要考虑是，公开宣传与否，是区分非法集资与合法融资的关键所在，也是判断是否向社会公众吸收资金的重要依据。[①] 准确理解非法集资行为的特征和构成，需注意以下几点。

第一，关于非法性特征。非法性特征是指违反国家金融管理法律规定吸收资金，具体表现为未经有关部门依法批准吸收资金和借用合法经营的形式吸收资金两种。其中，"国家金融管理法律规定"包含三个层面的内容：一是金融管理法律规定不是单指某一个具体的法律，而是一个法律体系；二是非法集资违反的是融资管理法律规定，而不能是其他法律规定；三是只有融资管理法律规定明确禁止的吸收资金行为才有违法性。2019年"两高一部"《关于办理非法集资刑事案件若干问题的意见》再次强调非法集资中关于"非法性"的认定，应当以国家金融管理法律法规作为依据，对于国家金融管理法律法规仅作原则性规定的，可以根据法律规定的精神并参考中国人民银行、中国银行保险监督管理委员会、中国证券监督管理委员会等行政主管部门依照国家金融管理法律法规制定的部门规章或者国家有关金融管理的规定、办法、实施细则等规范性文件的规定予以认定。

关于具体表现形式，"未经有关部门依法批准"主要表现有四种情形：一是未经有关部门批准；二是骗取有关部门批准；三

① 参见刘为波：《〈关于审理非法集资刑事案件具体应用法律若干问题的解释〉的理解与适用》，载《人民司法》2011年第5期。

是虽具有主体资格，但具体业务未经批准；四是虽具有主体资格，但经营行为违法。“借用合法经营的形式吸收资金”的具体表现形式多种多样，实践中应当注意结合中国人民银行《关于进一步打击非法集资等活动的通知》等关于非法集资行为方式的规定，根据非法集资的行为实质进行具体认定。[①]在这里，尤其要注意与民间借贷的区分问题，总体而言，不仅要考虑资金来源，即出借人的具体人数及与借款人之间的关系，还要考虑吸收资金的方式，如是否通过向社会公开宣传方式，是否高息揽储；不仅要考虑借款目的和用途，即是否主要用于生产经营，还要考虑借款的次数、金额、持续时间、社会影响与客观后果，在对上述因素加以综合考虑基础上，合理区分非法集资与民间借贷问题。[②]

第二，关于公开性特征。公开性特征是指通过媒体、推介会、传单、手机短信等途径向社会公开宣传。首先，公开宣传是公开性的实质，而具体宣传途经可以多种多样。2010年《解释》仅列举了通过媒体、推介会、传单、手机短信几种典型的公开宣传途径，但这只是例示性的规定，宣传途径并不以此为限。实践中常见的宣传途径还有标语、横幅、宣传册、宣传画、讲座、论坛、研讨会等形式。需要指出的是，实践中还大量存在口口相传、以人传人的现象，对此，是否认定为公开宣传，能否将

---

① 参见刘为波：《〈关于审理非法集资刑事案件具体应用法律若干问题的解释〉的理解与适用》，载《人民司法》2011年第5期。

② 参见魏东、白宗钊：《非法集资犯罪司法审判与刑法解释》，法律出版社2013年版，第14页。

口口相传的效果归责于集资人，需要根据主客观相一致的原则进行具体分析，区别对待。对于通过口口相传进行宣传的行为，实践中可以结合行为人对此是否知情、对此态度如何，有无具体参与、是否设法加以阻止等主客观因素，认定是否符合公开性特征要件。[①]对此，2014 年“两高一部”《关于办理非法集资刑事案件适用法律若干问题的意见》(以下简称 2014 年《意见》)予以了明确，即“向社会公开宣传”，包括以各种途径向社会公众传播吸收资金的信息，以及明知吸收资金的信息向社会公众扩散而予以放任等情形。其次，公开宣传不限于虚假宣传。实践中的非法集资活动通常会以实体公司的名义进行虚假宣传，蒙骗群众。但是，非法集资的本质在于违反规定向社会公众吸收资金，即使未采取欺骗手段进行虚假宣传，但因其风险控制和承担能力有限，且缺乏有力的内外部监管，社会公众的利益难以得到切实保障，法律仍有干预之必要。故此，尽管非法集资往往都有欺骗性，但欺骗性不属于非法集资的必备要件。

第三，关于利诱性特征。利诱性特征是指集资人向集资群众承诺在一定期限内以货币、实物、股权等方式还本付息或者给付回报。利诱性特征包含有偿性和承诺性两个方面内容。首先，非法集资是有偿集资，对于非经济领域的公益性集资，不宜纳入非法集资的范畴；其次，非法集资具有承诺性，即不是现时给付回报，而是承诺将来给付回报。回报的方式，既包括固

① 参见韩耀元、吴峤滨：《〈关于办理非法集资刑事案件适用法律若干问题的意见〉解读》，载《人民检察》2014 年第 9 期。

定回报，也包括非固定回报；给付回报的形式，除货币之外，还有实物、消费、股权等形式；具体给付回报名义，除了较为常见的利息、分红之外，还有所谓的“工资”“奖金”“销售提成”等。[①]

第四，关于社会性特征。社会性特征是指向社会公众即社会不特定对象吸收资金。社会性是非法集资的本质特征，是非法集资有别于民间借贷的重要特征。禁止非法集资的重要目的在于保护公众投资者的利益，主要考虑有：一是不同于专业投资者，社会公众欠缺投资知识，缺乏投资理性；二是不同于合法融资，非法集资活动信息极不对称，社会公众缺乏投资所需的真实必要的信息；三是社会公众抗风险能力较弱，难以承受集资款不能返还的损失风险，且牵涉人数众多，容易引发社会问题。社会性特征包含两个层面的内容。一是指向对象的广泛性，即非法集资对象的众多性；二是指向对象的不特定性，即非法集资的对象为不特定多数人。如果未向社会公开宣传，在亲友或者单位内部针对特定对象吸收资金的，不属于非法吸收或者变相吸收公众存款。但是，根据2014年《意见》第1条的规定，在向亲友或者单位内部人员吸收资金的过程中，明知亲友或者单位内部人员向不特定对象吸收资金而予以放任的，以及以吸收资金为目的，将社会人员吸收为单位内部人员，并向其吸收资金的，不属于针对特定对象吸收资金的行为，即仍然被认定为向社会不特定对象吸收资金。

---

① 参见刘为波：《〈关于审理非法集资刑事案件具体应用法律若干问题的解释〉的理解与适用》，载《人民司法》2011年第5期。

对于社会性特征的具体认定，除了结合上述公开性特征进行分析之外，还需要注意从以下两个方面进行具体判断：一是集资参与人的抗风险能力。法律干预非法集资的主要原因是社会公众缺乏投资知识，且难以承受损失风险。集资对象是否特定，应当以此为基础进行分析判断。二是集资行为的社会辐射力。对象是否特定，既要求集资人的主观意图是特定的，通常还要求其具体实施的行为是可控的。如果集资人所实施行为的辐射面连集资人自己都难以预料、控制，或者在蔓延至社会后听之任之，不设法加以阻止的，同样应当认定为向社会不特定对象进行非法集资。

在非法集资类犯罪中，以涉众作为犯罪构成要件，被害人为不特定公众，且达到一定的数额标准或被害人人数标准后才可能构成犯罪。司法实践中，被害人人数标准更为重要，如果达不到人数标准，即便达到数额标准，一般也不按照非法集资案件处理。以非法吸收公众存款罪为例，一般而言，当吸收存款对象达到30人以上的，才能构成非法吸收公众存款罪。因此，非法集资类犯罪属于一种典型的，也是最为常见高发的涉众型经济犯罪类型。

2. 非法经营类犯罪

非法经营类犯罪是指违反国家规定，从事国家禁止或限制的经营活动，情节严重，扰乱经济秩序的犯罪。主要包括非法经营罪，擅自设立金融机构罪，擅自发行股票、公司、企业债券罪等。其中实践中比较常见的是非法经营罪案件。非法经营罪虽然只是一个罪名，但由于该罪在客观方面有兜底条款，因此其所涵盖的行为方式十分广泛，涉及市场行为的多个方面。具体而言，非法经营是指以下四类行为：一是未经许可经营法律、行政法规规定的专营、专卖物品或者其他限制买卖的物品的，主要包括烟草、食盐、农药、兽药、特种设备等；二是买卖进出口许可证、进出口原产地证明以及其他法律、行政法规规定的经营许可证或者批准文件的，如森林采伐许可证、矿产开采许可证、野生动物狩猎许可证等；三是未经国家有关主管部门批准非法经营证券、期货、保险业务的，或者非法从事资金支付结算业务的；四是其他严重扰乱市场秩序的非法经营行为，主要包括出版、印刷、复制、发行非法出版物，或者非法从事出版物的出版、印刷、复制、发行业务，擅自经营国际电信业务，擅自设立互联网上网服务营业场所或者擅自从事互联网上网服务经营活动，生产、销售国家禁止用于食品生产、销售的非食品原料，等等。

需要指出的是，并非所有的非法经营行为都属于涉众型经济犯罪，对于那些一般的非法经营行为，如非法经营烟草等，由于没有具体的被害人，或者被害人人数特定、数量较少的，不属于涉众型经济犯罪。一般认为，对于违反国家规定，未经依法核准擅自发行公募基金份额募集基金，情节严重，构成非法经营罪的，属于一种典型的涉众型经济犯罪。

按照投资基金募集方式的不同，基金募集可分为公募基金和私募基金两种情形。公募基金，是指受政府主管部门监管的，向不特定对象或超过200名的特定对象公开发行收益凭证的证券投资基金的行为。我国对公募基金行为的行政管制较为严格，

《证券投资基金法》对公募基金的招募方式、募集对象、交易、申购、赎回的程序，以及相关的信息披露义务等均进行了全面严格的规定。私募基金，则是通过非公开方式，面向少数特定投资者（200人以内）募集资金后进行的一种集合投资方式。由于私募基金一般都是投资于高风险项目，不适合大部分人投资，为了保护投资人利益，法律禁止其向社会公开募集，只允许其向特定的、投资经验比较丰富、抗风险能力较强的投资者募集资金，以减小对金融秩序的破坏和降低普通投资者的财产损失风险。对于实践中存在的打着私募基金的名义，实际上属于公开向社会公众非法集资的，本质上属于非法吸收公众存款或者集资诈骗行为，构成犯罪的应按照相应的罪名论处。

根据《证券投资基金法》的相关规定，公开募集基金，应当经国务院证券监督管理机构注册。未经注册，不得公开或者变相公开募集基金。在公募基金的过程中，合法的募集行为还要受到募集时限的约束：基金管理人应当自收到准予注册文件之日起6个月内进行基金募集。超过6个月开始募集，原注册的事项未发生实质变化的，应当报国务院证券监督管理机构备案，发生实质变化的，应当重新提交注册申请。据此，未经依法核准擅自发行公募基金份额募集基金，构成非法经营罪的，主要包括以下三种情形：一是未经国务院证券监督管理机构注册而公募基金的；二是经注册取得基金募集资格，但超过6个月开始募集，原注册事项未发生实质变化，未备案即开始公募基金的；三是经注册取得基金募集资格，但超过6个月开始募集，原注册事项发生实质变化，未重新申请注册即开始公募基金的。

3. 其他类型犯罪

其他类型犯罪是指除了上述两类犯罪之外的其他涉众型经济犯罪，主要包括组织、领导传销活动罪、欺诈发行股票、债券罪等。实践中较为常见的是组织、领导传销活动罪案件。

20 世纪 90 年代初，传销概念随着直销这一营销模式正式进入我国。但随后，我国发现传销经营不符合我国国情，并已经造成了严重的危害，故发布了一系列行政法律规范性文件，通过行政手段禁止传销行为。[①] 例如，国务院于 1998 年发布《关于禁止传销经营活动的通知》，国务院办公厅于 2000 年转发工商总局、公安部、中国人民银行《关于严厉打击传销和变相传销等非法经营活动意见的通知》等。2001 年《最高人民法院关于情节严重的传销或者变相传销行为如何定性问题的批复》（已失效）中第一次作出了应按照非法经营罪处理的答复。此后，司法实践中对于传销活动案件，主要是根据实施传销行为的不同情况，分别按照非法经营罪、诈骗罪、集资诈骗罪定罪处罚。但随着传销活动犯罪的愈演愈烈，这种分散式的处罚模式难以适应打击需要。为此，《刑法修正案（七）》专门规定了组织、领导传销活动罪。

根据我国《刑法》规定，组织、领导传销活动罪，是指组织、领导以推销商品、提供服务等经营活动为名，要求参加者以缴纳费用或者购买商品、服务等方式获得加入资格，并按照

① 参见魏东、白宗钊：《非法集资犯罪司法审判与刑法解释》，法律出版社 2013 年版，第 196—202 页。

一定顺序组成层级，直接或者间接以发展人员的数量作为计酬或者返利依据，引诱、胁迫参加者继续发展他人参加，骗取财物，扰乱经济社会秩序的传销活动的行为。①

需要指出的是，传销活动可以分为两大类型，一类是团队计酬型传销，或可称为原始型传销，其传销的是商品，以销售商品的数量作为计酬或者返利依据。根据2013年“两高一部”《关于办理组织领导传销活动刑事案件适用法律若干问题的意见》(以下简称《传销案件意见》)规定，传销活动的组织者或者领导者通过发展人员，要求传销活动的被发展人员发展其他人员加入，形成上下线关系，并以下线的销售业绩为依据计算和给付上线报酬，牟取非法利益的，是团队计酬型传销活动。另一类是诈骗型传销，并不是真正的传销商品，只是以发展人员的数量作为计酬或者返利依据。根据2005年国务院《禁止传销条例》规定，上述两种传销模式均在行政禁止之列。②但组织、领导传销活动罪中规范的则是诈骗型传销。以销售商品为目的、以销售业绩为计酬依据的单纯的团队计酬型传销活动，不作为犯罪处理。但形式上采取团队计酬方式，实质上属于“以发展人员的数量作为计酬或者返利依据”的传销活动，则应当以组

① 参见张明楷:《刑法学》(第五版下)，法律出版社2016年版，第836页。

② 2005年国务院《禁止传销条例》第2条规定，本条例所称传销，是指组织者或者经营者发展人员，通过对被发展人员以其直接或者间接发展的人员数量或者销售业绩为依据计算和给付报酬，或者要求被发展人员以交纳一定费用为条件取得加入资格等方式牟取非法利益，扰乱经济秩序，影响社会稳定的行为。可见，《禁止传销条例》中的传销概念涵盖了团队计酬型传销和诈骗型传销两种类型。

织、领导传销活动罪定罪处罚。

实践中如何判断是否属于诈骗型传销活动，张明楷教授有过精辟的论述："在判断是否属于传销活动时，首先要判断是否存在商品（包括服务），如果没有商品，符合其他条件的，就可以认定为传销活动。其次，倘若存在商品，则需要进一步判断商品是不是道具（如商品存放在何处、有没有人消费该商品）。如果商品只是道具（如事实上不转移占有，或者名义上转移占有与所有），符合其他条件的，则应认定为传销活动。再次，商品发生占有转移时，是仅转移给参与传销的人员，还是会转移给真正的消费者。如果仅仅在传销活动的参与者之间转移，参与者并不以使用商品为目的，而是为了获得参加资格，并符合其他条件的，也应认定为传销。最后，倘若有部分真正的消费者时，则要进一步判断行为人是主要通过销售商品获利，还是主要通过收取入门费获利。倘若主要通过收取入门费获利，符合其他条件的，也应认定为传销活动。"①

组织、领导传销活动罪的实行行为是组织、领导诈骗型传销活动的行为。根据《传销案件意见》的规定，组织内部参与传销活动人员在30人以上且层级在3级以上的，应当对组织者、领导者追究刑事责任。组织、领导多个传销组织，单个或者多个组织中的层级已达3级以上的，可将在各个组织中发展的人数合并计算。组织者、领导者形式上脱离原传销组织后，继续从原传销组织获取报酬或者返利的，原传销组织在其脱离后发

① 张明楷:《刑法学》(第五版下)，法律出版社2016年版，第836页。

展人员的层级数和人数，应当计算为其发展的层级数和人数。下列人员可以认定为传销活动的组织者、领导者：在传销活动中起发起、策划、操纵作用的人员；在传销活动中承担管理、协调等职责的人员；在传销活动中承担宣传、培训等职责的人员；曾因组织、领导传销活动受过刑事处罚，或者一年以内因组织、领导传销活动受过行政处罚，又直接或者间接发展参与传销活动人员在15人以上且层级在3级以上的人员；其他对传销活动的实施、传销组织的建立、扩大等起关键作用的人员。

犯罪作为一种社会现象，与社会发展相伴相生，经济犯罪尤为如此。近年来，随着我国经济社会的飞速发展，社会财富剧增，民间资本规模急剧扩大。但由于我国金融体制的滞后性，大量的小微企业出现融资难的问题，严重制约企业的生产经营。这就为非法融资行为提供了生长土壤。当非法融资行为严重到一定程度时，即可能触犯刑法，构成非法吸收公众存款、集资诈骗等犯罪。此外，随着互联网的快速发展，以互联网金融为代表的新型金融产品层出不穷。这些互联网金融产品，有的的确属于金融创新，应受到鼓励。但有的则属于打着金融创新的幌子，实则进行违法犯罪活动。正是在我国社会经济发展和互联网技术进步的背景下，涉众型经济犯罪呈现高发态势。

就涉案领域而言，领域众多，分布广泛。如“京都菇业案”[①]

① 本案中，被告人通过北京京都菇业开发中心，以租赁温室大棚种植蘑菇为由，向社会公开宣传，承诺年化15%—40%的高额回报，共吸收500余名投资人资金2.4亿余元。见北京市通州区法院（2010）第423号判决书。

涉及养殖业领域，“易胜百案”[①]涉及投资理财领域，“伦敦期货案”[②]涉及证券期货领域，“碧溪广场案”[③]涉及房地产领域，“十三陵天堂别墅案”[④]涉及殡葬领域，等等。

就犯罪手段而言，犯罪手段层出不穷，具有很强的欺骗性。在涉众型经济犯罪中，犯罪分子利用群众投资需求，编造各种投资项目，欺骗社会公众：一是虚假承诺高额投资回报。如“巨鑫联盈案”[⑤]中，巨鑫公司向社会公众许诺投入资金加盟或购买公司商品后，在一定时期内即可以获取10倍于加盟费的高额回报，以此吸引投资者投资。二是依托合法载体隐瞒真相。犯罪分子紧随市场热点，寻求合法掩护，披着合法投资的外衣，越来越具有迷惑性。如“碧溪广场案”中，犯罪分子取得了产权

① 本案中，被告人通过北京易胜百投资管理有限公司，以投资白银等理财产品为由，向社会公开宣传，承诺高额回报，共吸收1万余名投资人资金41亿余元。见北京市朝阳区检察院（2015）1867号起诉书。

② 本案中，被告人通过北京金盛泰达国际投资顾问有限公司，以代理炒作伦敦黄金期货为由，向社会公开宣传，承诺高额回报，共吸收资金近500万元。见北京市东城区法院（2015）第157号判决书。

③ 本案中，被告人为筹措资金，将北京碧溪家居广场楼层进行网格式等份划分，以委托经营的形式，向社会公众出售产权式商铺，共吸收5000余名投资人资金7亿余元。见北京市第二中级法院（2008）第610号判决书。

④ 本案中，被告人在经营北京十三陵天堂别墅的过程中，违反国家对骨灰存放格位的相关规定，以高价回购、高额利润回报或日后升值为诱饵，非法炒买炒卖骨灰存放格位，非法经营数额共计3000余万元。见北京市昌平区法院（2006）第88号判决书。

⑤ 本案中，被告人以巨鑫联盈公司为平台，假借销售商品之名，通过网络宣传、推介会等途径，向社会公开宣传“联合加盟方案”，承诺高额回报，共吸收资金26亿余元。见北京市第二中级法院 (2013) 第1146号判决书。

式商铺的合法立项。“亿霖木业案”[①]中，犯罪分子取得了林权证的合法手续。三是利用媒体虚假宣传迷惑群众。犯罪分子利用报纸、电视等媒体发布广告，隐瞒真实情况，诱使投资人投资。如“亿霖木业案”中，亿霖公司通过中央电视台发布广告，使得所谓的“合作造林，首选亿霖”等广告语深入人心，众多投资人因此而上当受骗。四是利用名人效应和政府机构的公信力骗取信任。犯罪分子为增加项目的可信度，想方设法打名人牌，或者寻找、利用政府机构等单位作为其犯罪的工具，使众多群众因不明真相而参与其中。如“伦敦期货案”中，犯罪分子利用业界专业人士做推手。五是编造虚假项目欺骗公众。犯罪分子打着响应国家政策等旗号，以订立合同为幌子，编造虚假项目，迷惑群众投资。如“天润柏川案”[②]中，犯罪分子以投资建设山西孝义能源产业基地、山东德州巨会山两个项目为名，以高额利息为诱饵，非法吸收公众存款近1亿元。六是利用网络手段扩大影响。互联网犯罪涉及面更广，造成的危害后果更为严重。如“东方舵手案”[③]中，犯罪分子通过网络平台，以收取会员费、信息代理费、业务担保费、接单费等名义，骗取投资

① 本案中，被告人通过亿霖木业集团有限公司，承诺投资购林能获得高额回报，向社会公开宣传，发放林权证，共吸收2万余名投资人资金28亿余元。见北京市第二中级法院(2007)第2476号判决书。

② 本案中，被告人通过天润柏川担保公司等，以投资山西孝义（煤矿）项目、山东德州巨会山项目为名，向社会公开宣传，承诺高额回报，共吸收资金约1亿元。见北京市第一中级法院（2007）第3279号判决书。

③ 本案中，被告人通过北京东方舵手信息咨询有限公司网络平台，虚构融资信息，共骗取400余名投资人资金1100余万元。见北京市第二中级法院(2009)第1751号判决书。

人钱财。

就涉案人数而言，一方面涉及众多不特定的投资人，被害人人数众多。另一方面参与作案的犯罪嫌疑人、被告人人数众多，共同犯罪、集团犯罪常态化。就被害人而言，在涉众型经济犯罪案件中，均涉及不特定多数的投资人，从数十人到数十万人不等。如“易胜百案”涉及投资人1万余人，“亿霖木业案”涉及投资人2万余人，“e租宝案”[①] 涉及投资人90余万人。此外，在某些非法经营类、非法发行股票类案件中，由于案件本身的特点，投资人数量往往难以准确统计，潜在的投资人众多。就犯罪嫌疑人、被告人而言，从司法实践看，绝大部分是共同犯罪、团伙犯罪甚至集团犯罪，表现出较强的组织性，分工细化明确，出现了公司化、家族化、传销式等多元化共同犯罪形式。如“亿霖木业案”中，亿霖公司按照业务分类设立了国际和国内两个分公司，在分公司下面又设立多个营销部，进行业务拓展，并根据职能划分设立培训部、组织部等专门机构，负责培训传销技巧。同时，公司将销售人员从低到高分为业务员、业务经理和业务总监等级别，分工明确，互相配合。因此，此类案件一旦案发，涉及的犯罪嫌疑人、被告人人数往往众多。

就涉案金额而言，绝大多数案件涉案金额巨大，且挽回损失少，涉案财产处置难度大。涉众型经济犯罪一般作案时间长，

---

① 本案中，被告人通过e租宝网络平台，对外出售融资租赁债权转让产品，承诺高额回报，共吸收90余万名投资人资金500亿余元。见北京市检察院第一分院网站：www.bjjc.gov.cn，最后访问日期：2016年12月20日。

且针对不特定群体，因此犯罪总金额巨大。如“碧溪广场案”涉案金额为7.6亿余元，“易胜百案”涉案金额为41亿余元，“e租宝案”涉案金额为500亿余元。涉众型经济犯罪一方面是涉案金额巨大，另一方面是挽回损失少。这主要是案发前该类犯罪有一定的欺骗性，犯罪分子通过“拆东墙补西墙”的方式，使投资者对投资的可靠性和盈利性深信不疑。资金链一旦断裂，投资人往往会遭受巨额经济损失。此外，该类案件中涉及的财产种类日趋繁杂，存在房产、汽车、土地使用权、股权、林权、采矿权、家用办公电器、收藏品、家具等种类。这给涉案财产的管理和处置工作增加了难度。

正是由于我国的涉众型经济犯罪呈现的高发态势，已严重影响到国家经济社会平稳发展，严重影响到国家金融安全和社会稳定，为有效遏制涉众型经济犯罪高发蔓延势头，加大防范和处置工作力度，切实保护人民群众合法权益，防范系统性区域性金融风险，我国采取了系统治理的方略，坚持防打结合、打早打小，疏堵结合、突出重点，齐抓共管、形成合力，突出重点、依法打击等工作原则，取得了一定的成效。在突出重点、依法打击方面，要求抓住重点领域、重点区域、重大案件，依法持续严厉打击，最大限度追赃挽损，强化跨区域、跨部门协作配合，防范好处置风险的风险，有效维护社会稳定。但由于从诉讼形态看，涉众型经济犯罪案件实际上属于一种大规模诉讼案件，或者属于一种复杂诉讼案件，处理此类案件势必需要特殊的诉讼规则，而不能按照处理单一案件的规则进行。但遗憾的是，我国的法律规范在这方面呈现出一定程度的滞后性，不仅给审判实践带来了相当大的困扰，更加不能全面、有效地保护被告人、被害人等诉讼主体的合法权益。因此，本书以构建审判程序中特殊诉讼规则入手，加强涉众型经济犯罪案件当事人权利保障，提升此类案件办理质效，实现刑事司法公平正义。

第一章　涉众型经济犯罪案件审判程序问题概要

涉众型经济犯罪案件作为目前司法实践中一种常见的案件类型，因其涉案人数众多、证据繁杂，在审判实践中产生了很多程序问题。因此，有必要在了解该类案件司法实践状况的基础上，概括其中的突出问题，并进行成因分析，为有效解决问题奠定基础、创造条件。

第一节　涉众型经济犯罪案件司法实践状况：以北京市C区法院为样本

北京市C区地处北京市金融、商业核心区域，辖区经济高度发达，但同时也是北京市涉众型经济犯罪案件的高发区，据统计，该区所受理的涉众型经济犯罪案件占到北京市该类案件总数的70%左右。因此，本书以北京市C区法院所审理的涉众型经济犯罪案件为样本，以窥其全貌。①

① 关于C区法院此类案件的统计数据，来源于北京法院审判业务管理系统。

一、涉众型经济犯罪案件基本情况

1. 收结案总量

2012 年至 2016 年，北京市 C 区法院涉众型经济犯罪案件收案 208 件，结案 137 件。2015 年、2016 年涉众型经济犯罪案件收案数量“井喷”，2016 年收案数量达到 102 件。从近五年收案的走势来看，涉众型经济犯罪案件收案数量基本呈现逐年增长的态势，2014 年较 2013 年增长 18 件，增幅 128.57%；2015 年较 2014 年增长 12 件，增幅 37.50%；2016 年较 2015 年增长 58 件，增幅 131.81%。

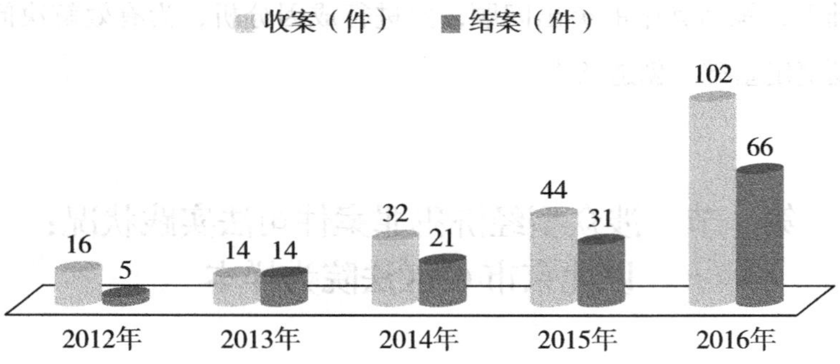

图 1　收结案数量年度分布图

2. 结案案由分布

2012 年至 2016 年，审结的 137 件涉众型经济犯罪案件中，非法吸收公众存款 115 件，非法经营 11 件，集资诈骗 7 件，组织、领导传销活动 4 件。

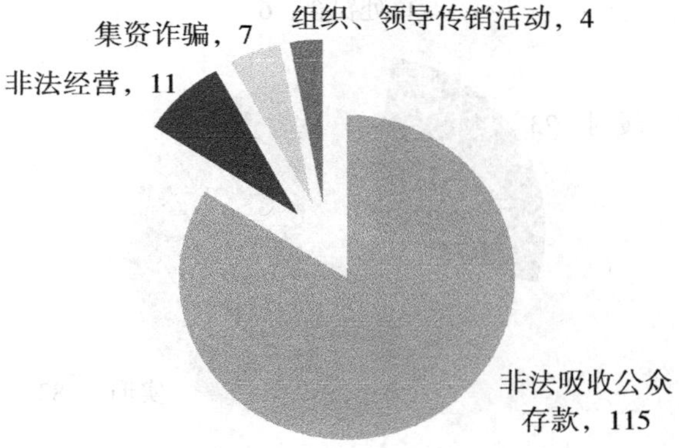

图 2　结案案由分布图　单位：件

3. 被告人及判决情况

2012 年至 2016 年收案中，被告人共计 473 人，其中男性 327 人，占 69.13%；女性 146 人，占 30.87%。

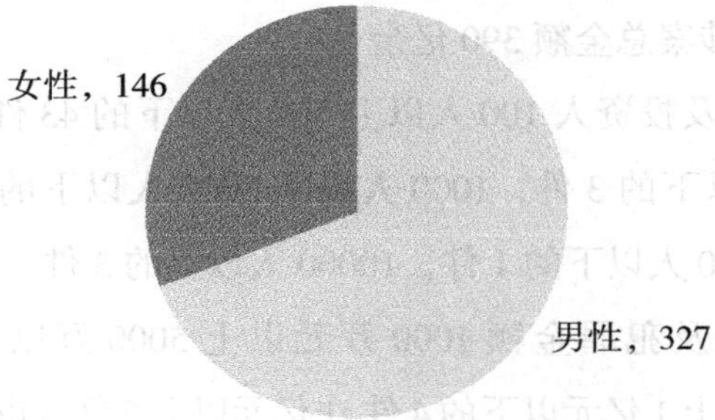

图 3　被告人性别分布图　单位：人

2012 年至 2016 年，已判决被告人 261 名，其中 182 人被判处实刑，73 人被判处缓刑，6 人被单处罚金。

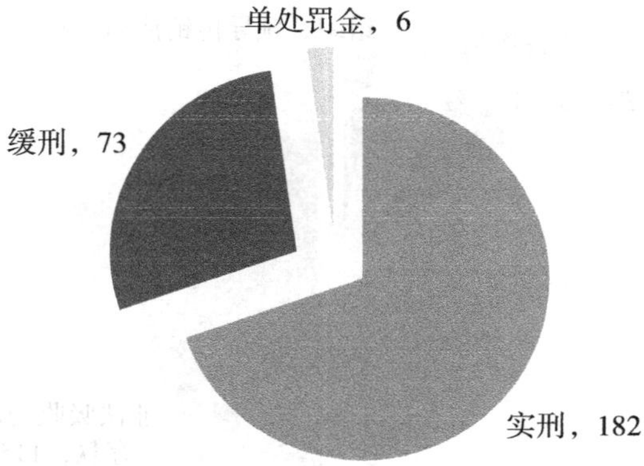

图 4　判处刑罚情况示意图　单位：人

二、涉众型经济犯罪案件基本特点

1. 涉案人数多、金额大、损失惨重

2012 年至 2016 年，收案的涉众型经济犯罪案件涉及投资人 7 万余人，涉案总金额 390 亿余元。

个案涉及投资人 100 人以上 500 人以下的 43 件，500 人以上 1000 人以下的 3 件，1000 人以上 5000 人以下的 6 件，5000 人以上 10000 人以下的 1 件，10000 人以上的 3 件。

个案涉及犯罪金额 1000 万元以上 5000 万以下的 49 件，5000 万元以上 1 亿元以下的 4 件，1 亿元以上 5 亿元以下的 30 件，5 亿元以上 10 亿元以下的 2 件，10 亿元以上的 11 件。

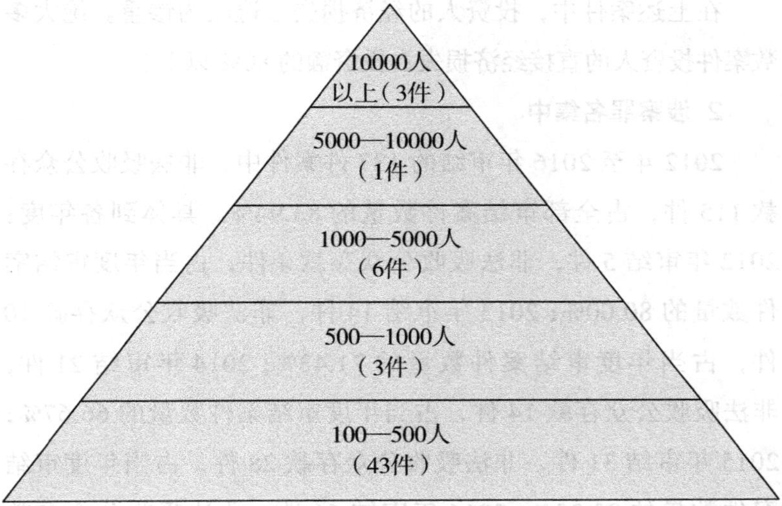

图5　涉案投资人阶段分布图

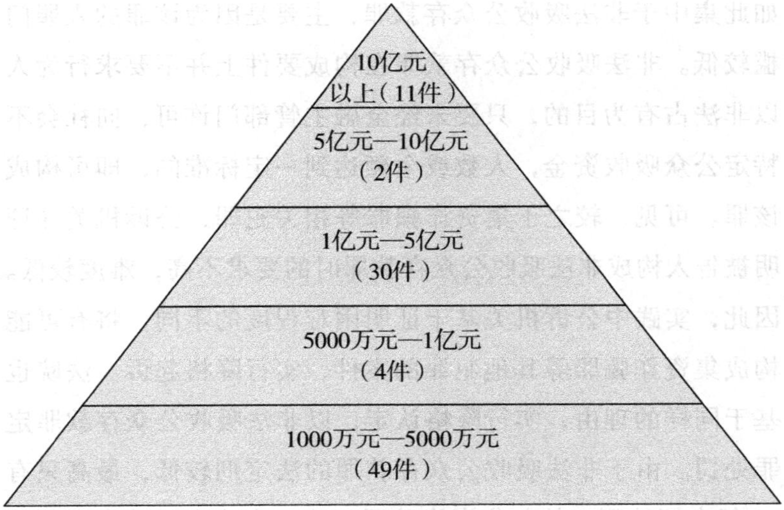

图6　涉案金额阶段分布图

在上述案件中，投资人的经济损失普遍较为惨重。绝大多数案件投资人的直接经济损失占投资额的80%以上。

2. 涉案罪名集中

2012年至2016年审结的137件案件中，非法吸收公众存款115件，占全部审结案件数量的83.94%。具体到各年度：2012年审结5件，非法吸收公众存款4件，占当年度审结案件数量的80.00%；2013年审结14件，非法吸收公众存款10件，占当年度审结案件数量的71.43%；2014年审结21件，非法吸收公众存款14件，占当年度审结案件数量的66.67%；2015年审结31件，非法吸收公众存款28件，占当年度审结案件数量的90.32%；2016年审结66件，非法吸收公众存款59件，占当年度审结案件数量的89.39%。之所以在罪名上如此集中于非法吸收公众存款罪，主要是因为该罪的入罪门槛较低。非法吸收公众存款罪在构成要件上并不要求行为人以非法占有为目的，只要未经金融主管部门许可，向社会不特定公众吸收资金，人数或金额达到一定标准的，即可构成该罪。可见，较之于集资诈骗罪等相关犯罪，公诉机关在证明被告人构成非法吸收公众存款罪时的要求不高，难度较低。因此，实践中公诉机关基于证明困难程度的不同，将有可能构成集资诈骗罪等其他犯罪的案件，实行降格起诉。法院也基于同样的理由，实行降格认定，以非法吸收公众存款罪定罪处罚。由于非法吸收公众存款罪的法定刑较低，最高只有10年有期徒刑，故与集资诈骗罪相比，实践中对被告人判处的刑罚较低。

3. 犯罪地点集中

涉众型经济犯罪案件的被告人往往需要依托公司、企业实施犯罪行为。就犯罪地而言，2012 年至 2016 年，受理案件中，被告人犯罪地（公司、企业实际经营地）主要集中在国贸、呼家楼等 CBD 及 CBD 辐射区域。据统计，有大约 80% 的案件，被告人犯罪行为实施地在国贸、呼家楼等 CBD 及 CBD 辐射区域。这些区域经济发达，金融活动频繁，属于金融核心区域，客观上有利于实施此类犯罪行为。

4. 犯罪手段新型

从近五年审理情况来看，涉众型经济犯罪案件被告人的犯罪手段由传统的理财、股权投资、项目投资等逐步转向新类型的众筹、P2P、互联网平台交易等。尤其是 P2P，成为非法吸收公众存款案件的重灾区；互联网平台交易，成为非法经营案件的重灾区。众筹、P2P、互联网平台等犯罪手段约占到案件数量的 30%。

5. 审理用时较长

涉众型经济犯罪案件审理用时普遍较长。2012 年至 2016 年，审结的 137 件案件中，审理用时 3 个月以下仅 21 件。审理用时 3 个月以上 116 件，7 个月以上 85 件，11 个月以上 35 件。审理用时 3 个月至 7 个月 31 件，7 个月至 11 个月 50 件，11 个月以上 35 件。审理用时较长是此类案件的一个普遍问题，造成案件审限紧张，有时不得不层报最高法院延长审理期限。之所以出现这种问题，一方面是因为此类案件规模较大，证据繁杂，客观上需要花费较长的审理时间。另一方面则是公诉机关在提起公诉时，相应的证据审查工作不到位。例如，公诉机关基于结案压力，在案件证据尚没有审查完备的情况下，先起诉一部分案件事实，然后再补充起诉另一部分案件事实。又如，公诉机关在明知案件缺乏审计报告，法院无法开庭审理的情况下，仍然将案件起诉到法院，然后在法院审理期间再做相应的审计报告。这些情况实际上都大量占用了法院的审理时间，造成审理时间过长，审限紧张。在笔者所了解的一起非法吸收公众存款案中，公诉机关向法院提起公诉并移送全案证据后，又在很短时间内从法院将全部案卷材料借回，并委托鉴定机构做会计鉴定，前后共历时一年才完成这一工作。法院在此期间只能被动等待，审判活动无法向前推进。如此一来，实际上公诉机关占据了法院一年的审理期限。

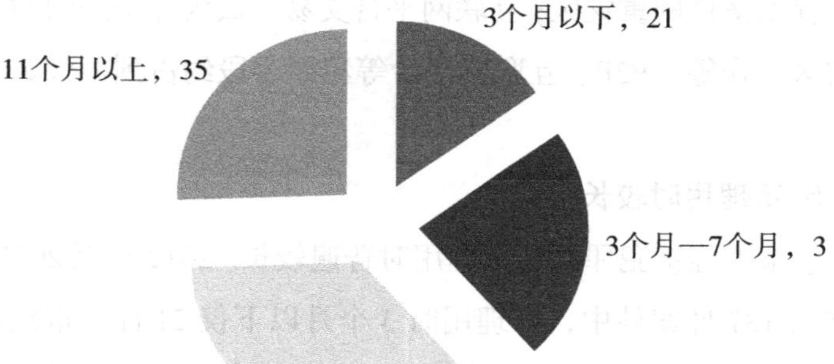

图7　审理时间分布图　单位：件

6. 共同犯罪较多

2012年至2016年，在受理的208件涉众型经济犯罪案件中，共涉及被告人473人。其中多数案件属于共同犯罪案件。并且部分案件中，被告人之间的组织结构越来越复杂，除了组织者之外，还有专门的销售人员、宣传人员、财务人员、行政人员、后勤人员等，分工越来越细，犯罪的规模也越来越大，集团犯罪的倾向明显。依被告人职务高低，通常情况下分为三个层次：全面控制人（董事长、法定代表人、总裁等）→中层负责人（各部门经理、团队长等）→底层业务员（财务、销售员等）；依被告人职务性质，通常情况下分为三个方面：全面控制人（管理所有事务）→销售员（负责产品的销售）→辅助人员（负责财务、人事、行政、后勤等）。

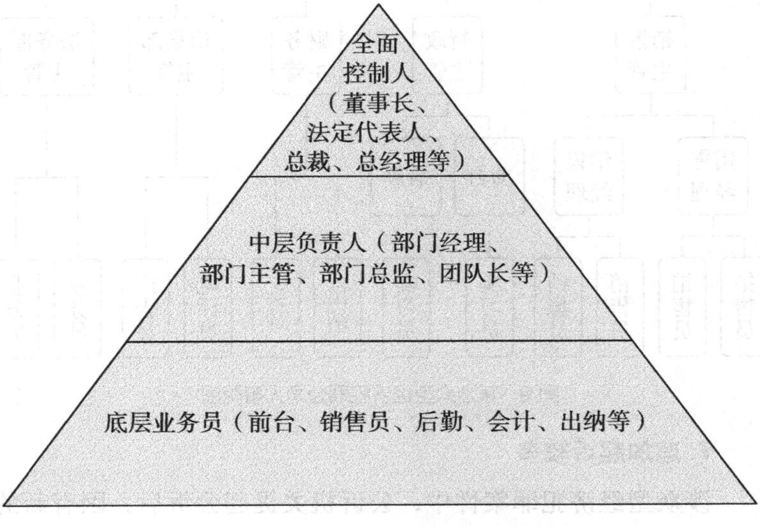

图 8　被告人职务高低等级示意图

值得注意的是，在决定对上述哪些人员提起公诉，即起诉范围问题，则个案差距较大，有的案件只对法定代表人、股东、实际控制人等高层人员提起公诉；有的案件将部门的负责人、团队经理等中层人员一并提起公诉；有的案件将普通业务员、后勤等底层人员纳入指控范围；有的案件将案发时在公司被抓获的人员予以指控；有的案件将公司所有人员予以指控，个案中甚至出现了将尚未正式开展业务的实习生也予以指控。这一方面造成了案件之间的不平衡，有的案件起诉被告人范围大，有的案件起诉被告人范围小，不利于维护司法权威；另一方面造成了刑罚打击面过宽，有违刑法谦抑和刑罚经济原则。

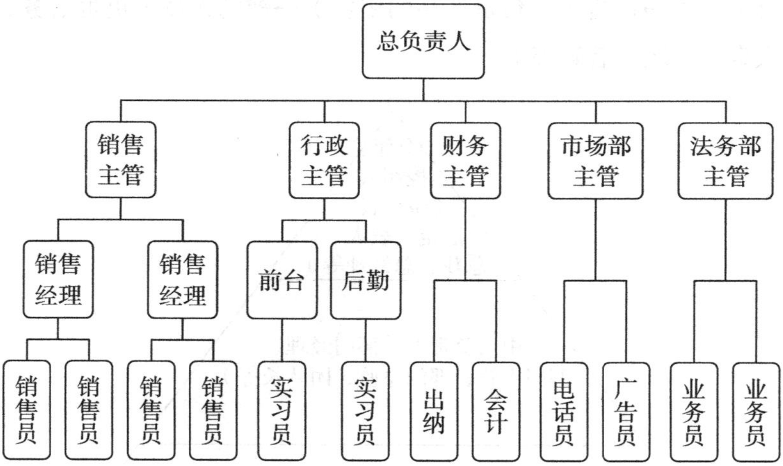

图9　某涉众型经济犯罪公司人事简图

7. 追加起诉较多

涉众型经济犯罪案件中，公诉机关提起公诉后，因有新的投资人报案而追加起诉的现象较多。据统计，2012年至2016年，在北京市C区法院所审结的137件案件中，追加起诉的共计70件，占所审结案件的一半以上。追加起诉的次数共计104次，其中部分案件追加起诉的次数在4次以上，最多的达到6次。

多次追加起诉是此类案件审理过程中的一个突出问题，既带有普遍性，又十分典型，在其他类型的案件中几乎没有如此普遍和多次的追加起诉现象。

第二节　涉众型经济犯罪案件审判程序问题：以权利保障为视角

犯罪作为一种社会现象，本质上是个人与国家之间的斗争。国家为了维护社会秩序，就需要通过刑罚权的实现来控制犯罪、打击犯罪，起到一般预防与特别预防的效果。在现代，国家实现刑罚权的途径即为刑事诉讼活动。因此，刑事诉讼活动以实现国家刑罚权为目标。在刑事诉讼过程中，存在国家权力与个人权利的博弈。由于国家机器占据着人力、物力、财力等方面的绝对优势，并能采取相关的强制性侦查措施等，使得国家与被追诉的个人之间的力量对比存在天然的不平等。因此，作为被追诉一方的个人，处于弱势地位。为了实现控辩双方平等对抗，保障刑事诉讼公正性，现代文明的刑事诉讼无不强调对被追诉人的权利保障和对国家公权力的控制。可以说，对国家权力的控制与对个人权利的保障构成了现代刑事诉讼的一条主线，也是现代刑事诉讼区别于封建治罪式刑事诉讼的关键所在。此外，随着人们对刑事诉讼规律的认识越来越深化，对被害人权利的保障也越来越重视，并力图在国家、被告人、被害人三者之间实现国家权力与个人权利的平衡。可以说，如何控制国家权力，防止国家权力滥用，如何保障被告人权利和被害人权利，并在三者之间实现动态平衡，已成为现代刑事诉讼的主体内容。其中，被告人和被害人的权利保障，对现代刑事诉讼而言尤为重要。因此，本书在归纳总结涉众型经济犯罪案件审判程序中存在的问题时，以被告人、被害人权利保障为视角进行解读。至于侦查阶段和审查起诉阶段存在的特殊程序问题，以及相关的实体问题和形势政策适用问题，由于不在本书研究范围之内，故不再详述。

一、被告人不被重复追诉权保障不力

刑事诉讼中，当被告人的同一犯罪事实被国家公诉机关提起追诉后，不论是在法院审判期间，还是在法院作出生效裁判后，均不得对该同一犯罪事实再次提起追诉。这一制度从国家追诉权控制角度而言，可称之为禁止重复追诉原则。从被告人权利保障角度而言，则被告人享有不被重复追诉的权利。

在涉众型经济犯罪案件诉讼程序中，普遍存在“追加起诉”问题。这类案件由于涉及的被害人较多，涉及地域较广，导致被害人之间、被害人与犯罪分子之间、被害人与侦查机关之间存在沟通不畅、信息交流不及时等情况。案发时，可能有一部分人及时到公安机关进行了报案，还有一些人则由于信息不畅而未能及时报案，还有部分被害人出于各方面原因，对案件依照刑事诉讼程序处理心存疑虑，导致一些被害人在案件侦查阶段不能或不愿到侦查机关报案，甚至阻挠其他被害人去报案；即便到了案件审理阶段，有些被害人还是不愿配合司法机关查清案情，有的还要求释放被告人以继续从事违法活动实现挽回自己损失的目的，因此，很多案件侦查终结后移送起诉的案件事实并不能反映案件的全貌，案件起诉到法院乃至法院判决生效后，仍不时有被害人到法院或公安机关反映情况。因此，涉众型经济犯罪案件中追加起诉的现象十分普遍，且有的案件要经过多次追加起诉。审判实务中，公诉机关追加起诉的事由有两种：追加同案犯和追加遗漏罪行，其中以追加遗漏罪行为绝大多数。

我国刑事诉讼法律规范并未就追加起诉的次数加以限制，造成公诉机关在此类案件中可以多次追加起诉。北京市C区法院的统计数据显示，不仅大多数案件存在追加起诉现象，且追加起诉的次数较多，个案甚至追加起诉达到4次以上。在追加起诉的时间上，也几乎没有限制，导致公诉机关可以在一审期间任意追加起诉。审判实务中，部分涉众型经济犯罪案件已经经过开庭、合议庭评议等，甚至已经经过审判委员会讨论，但只要一审法院没有作出裁判，公诉机关均可以追加起诉。

公诉机关追加起诉后，人民法院需要向被告人、辩护人送达追加起诉书，还要给予辩方必要的阅卷时间，新增的程序性事项往往会占用较长的审理期限，致使案件难以在一般审理期限内审结，这也是造成当前涉众型经济犯罪案件审理时间过长的主要原因之一。

从目前的司法实践看，对于涉众型经济犯罪案件中的追加起诉，一般采用如下方式处理。

1. 中止审理后合并审理

中止审理后，按照正常的刑事诉讼程序，让未能及时报案的被害人到公安机关报案并补充证据后，移送检察机关审查起诉。检察机关审查起诉后，通过追加起诉，将遗漏的部分事实纳入审判范围，法院将前后数个案件合并审理。这符合一个案件应一次性处理的原则。但如果考虑到涉众型经济犯罪的复杂性，要想一次性解决一个案件，等到所有未能及时报案的被害人报案并补充追诉合并审理，诉讼周期过长，需要经过多次延期审理。有的案件甚至需要多次层报最高法院审批延长审理期限，这显然有违诉讼及时原则。对一些被害人不愿配合报案的案件来说则更是一项“不可能完成的任务”。

2. 继续审理后另案处理

法院就已经提起公诉的犯罪事实继续审理并做出裁判，对于投资人在审理期间或之后报案所涉及的犯罪事实则另案处理。这样做的好处是可以比较快速地处理现有案件。但是采用另行起诉，实际上将同一犯罪事实人为分割开来，让被告人遭受两次以上的起诉和审判，有违禁止重复追诉原则。从量刑上看，如果一次查清所有的事实，作为一个案件处理，在那些最高刑是有期徒刑的犯罪中，对被告人判处的刑罚最多只能判处有期徒刑 15 年。但如果分案起诉，再将同种数罪进行并罚，最高刑期则可能超过 15 年，变相突破了刑法最高刑期的限制。此外，从诉讼程序看，这样处理可能导致案件被发回重审。根据目前的司法解释和实践经验看，一审宣判后，被告人不服一审判决提出上诉或者检察院提出抗诉的，在二审期间，发现同种漏罪的，应当裁定撤销原判，发回重审。因此，当一审针对先前的起诉事实作出判决后，被告人上诉或检察院抗诉的，二审法院可能直接依据该批复将案件发回一审法院重新审理。

在我国目前的司法运行环境下，法官面临极为严苛的业绩考核。在业绩考核制度的具体设计中，存在多达几十项的细化标准。其中最为重要、权重最大的就是所谓案件发改数和发改率。一旦某一法官的案件被二审法院改判或发回重审，则该法官在业绩考核时会面临极为不利的局面。因此，通过另案审理模式，不论是在实体上还是在诉讼程序上均存在问题，且对法官而言也不敢轻易尝试。

根据我国相关法律和司法解释的规定，在法院宣告判决前，公诉机关发现遗漏同案犯罪嫌疑人或者罪行的，可以追加起诉。可见，法律所规定的追加起诉有其特定的含义，指的是追加新的犯罪事实，而非同一犯罪事实的其他部分。我国台湾地区有学者也认为，对于同一犯罪事实，公诉机关已经起诉部分的，如果发现还有另一部分没有起诉，可以就该部分犯罪事实以函请“并案处理”。但对于超过同一犯罪事实的，公诉机关只能以牵连案件为由追加起诉。①

在我国涉众型经济犯罪案件程序中的追加起诉，实际上是基于同一犯罪事实而引发，只不过针对的犯罪对象不同而已。

① 参见林钰雄:《刑法与刑诉之交错适用》，中国人民大学出版社 2009 年版，第 113 页。

因此，这种追加起诉本质上是一种“补全起诉”[①]，即对于同一犯罪事实，公诉机关先起诉部分事实，之后再补全起诉另一部分犯罪事实，而非追加起诉新的犯罪事实。对于这种追加起诉，不论是放在同一个诉讼程序中审理，还是另案起诉，本质上是基于同一个犯罪事实而引发，应受到禁止重复追诉原则的规制。但这一问题尚没有立法规制，理论上的研究也不够深入，被告人的不被重复追诉权无法得到保障。

二、被告人质证权保障不力

质证，从诉讼证明角度看，是一种重要的证据调查方法，从被告人权利保障角度看，则是被告人的一项重要的诉讼权利，即质证权。作为一种证据调查方法，主要是指控辩双方针对对方提出的证据进行反驳、质疑，以降低、消除对方证据的证明价值的诉讼活动。通过质证，可以暴露证据存在的问题，充分听取双方意见，做到兼听则明，进而有利于查明案件事实。在我国，未经当庭质证的证据，原则上不得作为定案的根据。

从证据调查方法或诉讼证明环节的意义上看，质证对推进庭审实质化具有关键作用。庭审实质化要求案件的事实认定、证据调查、法律论辩均在庭审中得以实现，使庭审真正成为案件审判的主战场，避免庭审走过场。之所以如此要求，是因为只有通过庭审活动，审判的中立性、公开性、亲历性等特征才

① 参见黄淳:《禁止重复追诉制度研究》，中国检察出版社 2010 年版，第 242 页。

能得以展现，才能为正确认定案件事实和适用法律奠定基础。庭审实质化，则要求“诉讼证据质证在法庭、案件事实查明在法庭、诉辩意见发表在法庭、裁判理由形成在法庭”[①]。其中，“诉讼证据质证在法庭”在实现庭审实质化方面又居于核心地位。现代刑事诉讼实行证据裁判原则。证据是认定案件事实的基础。因此，不论是控辩双方发表的辩论意见，还是法院最终的事实认定和裁判理由，均要以庭审认定的证据为基础。基于此，庭审实质化的关键在于证据调查的实质化，即只有通过控辩双方在庭审中对证据进行有效的质证、辩论，发挥庭审在证据调查方面的实质作用，才能实现庭审实质化。实践中，我们经常所说的庭审流于形式、庭审走过场，主要也是由于庭审中证据调查走过场，控辩双方无法对证据进行有效的实质的质证，法官认定证据也不是以庭审证据调查活动为依据，而是以庭前证据笔录为依据，其中主要是以侦查阶段的侦查笔录等案卷材料为依据。

质证权作为被告人的一项诉讼权利，主要是指被告人当庭对控方证据进行反驳、质疑的权利。在刑事诉讼中，质证权对被告人来讲具有特殊的意义，在整个辩护权体系中居于核心地位。我国有学者指出，辩护权可以分为手段性权利、条件性权利和保障性权利三种。手段性权利主要包括陈述权、举证权、质证权、辩论权等。条件性权利主要包括会见权、通信权、阅

① 龙宗智:《庭审实质化的路径和方法》，载《法学研究》2015 年第 5 期。

卷权等。保障性权利主要包括沉默权、控告权等。[①]在上述三类权利中，手段性权利是辩护权的核心。犯罪嫌疑人、被告人通过陈述、举证、质证、辩论，才能对抗国家指控，获得对自己有利的裁判。在手段性权利中，质证权又占据核心地位，属于核心中的核心。在现代刑事诉讼中，基于无罪推定原则，被追诉者并没有义务提出证据证明自己无罪。实际上，被追诉者作为个人，其提出证据的能力也很有限。而控诉方作为国家机器的一部分，具有强大的取证能力。因此，刑事诉讼中收集、提取、固定、提出证据的活动主要以侦查机关和公诉机关为主导，被追诉者主动举证的空间很有限。在大多数案件中，被追诉者往往无证可举。至于辩论权，虽然也有纯粹基于法律规定的法律辩，即案件事实清楚但根据法律规定作无罪或罪轻辩护，但大多数情况还是基于证据问题的事实辩，即通过质证后认为证据和事实方面存在问题，进而发表辩护意见。可见，辩论权的有效行使在大多数情况下也是以有效行使质证权为前提的，离开了质证，相关的陈述、辩论往往会显得苍白无力。

根据我国相关立法规定，质证被视为一种证据调查方法或诉讼证明环节，是法官查明案件事实的重要手段，而没有明确质证是被告人的一项诉讼权利。但实际上，被告人的质证权在刑事诉讼中是不言而喻的。可以说，作为证据调查方法的质证和作为被告人权利的质证权，是一个问题的两个方面，二者虽

① 参见顾永忠：《刑事辩护的现代法治含义解读——兼谈我国刑事辩护制度的完善》，载《中国法学》2009 年第 6 期。

然视角不同，但密不可分。

在我国司法实践中，由于大量案件的证人、鉴定人不出庭作证，法官认定案件事实主要依靠侦查卷宗中的笔录进行，对被告人的质证权保障不力。这种现象在涉众型经济犯罪案件中表现得尤为突出，严重制约了被告人质证权的有效行使。

第一，在涉众型经济犯罪案件中，证据的收集及移送均存在不规范之处，包括以下三个方面。

一是证据收集不全面。主要表现在：（1）非法吸收公众存款罪案件中有关返款数额的证据收集不全面、不规范。在非法吸收公众存款罪案件中，公安机关对关于行为人非法吸收的资金数额的证据收集较为全面，但对于返还的资金数额在证据收集方面不全面、不规范，而返还数额对确定被告人的量刑具有重要意义，有的甚至影响被告人的入罪门槛。（2）关联证据收集不全面。涉众型经济犯罪案件中存在大量关联证据，主要是指证明涉案查封、冻结、扣押的不动产、准不动产来源、权属等事项及冻结存款的金额、期限等事项的证据。此类案件中存在大量的款物需要处理，主要包括三类：不动产，如土地使用权、房产；准不动产，如汽车；存款，包括现金、银行账户、股权等。需要用证据证明的对象主要是涉及第三方的款物，包括项目方公司、第三人等。需要用证据证明的内容主要是款物的来源、与本案的关系、权属是否有争议、是否涉及善意取得，冻结存款的金额、期限等。对于上述证据，公安机关收集明显不足，突出表现为：不动产权属来源不明；与案件的关联性不清晰；查封、冻结期限不明确；冻结存款数额不清楚等。

二是证据收集不规范。主要表现在：(1)原始证据收集不力。根据法律规定，据以定案的书证应当是原件。取得原件确有困难的，可以使用副本、复制件。据此，人民法院据以认定集资参与人投资款的书证应当是协议书、转账凭证、对账单等原件，只有在集资参与人提交原件确实有困难的情况下，才可以依据复制件认定，这也可以避免集资参与人以多份复制件重复报案。但实践中，公安机关搜集的协议书、转账凭证、对账单绝大多数是复印件，且复印件多数情况下无集资参与人签字确认，重复报案现象多发。(2)言词证据形式不规范。我国《刑事诉讼法》对证人证言、被害人陈述的形式要求作出了明确规定。但在涉众型经济犯罪案件中，大量的言词证据不符合规范，主要表现为：没有询问人签字；询问笔录内容相似度极高，复制、粘贴的痕迹明显；被询问人没有签字确认；内容不准确；等等。

三是证据移送不规范。此类案件中，存在公安机关将作为定案根据的大量协议书未装订成册，而以赃证物的形式移送审查起诉，检察机关未予处理仍以赃证物形式移送审判。这种移送方式不利于法官、辩护人进行阅卷，也不利于卷宗的快速流转和长期保管。

证据收集、移送是举证、质证的前提，由于证据收集、移送不全面、不规范，使得涉众型经济犯罪案件中被告人及辩护人质证权行使受到很大局限。

第二，在涉众型经济犯罪案件中，存在大量的侦查卷宗材料。此类案件侦查卷宗动辄以数百册计，有的甚至达到数千数万册。这些卷宗材料堆积在一起，很难从中分辨出哪些是主要证据，哪些是次要证据，导致案件证据整理困难，争议焦点不突出。庭审中，公诉人出示证据时，也仅仅依靠审查报告宣读所摘抄的部分证据，辩护人、被告人往往不知道这些摘抄的证据出自哪些侦查卷宗，无法进行有针对性的质证。

第三，在涉众型经济犯罪案件中，由于相关的被害人人数众多，出庭作证势必大大增加庭审难度。因此，这类案件中，几乎没有被害人出庭作证。法官审理案件几乎全部依靠侦查卷宗。对于庭审过程中，被告人、辩护人申请被害人出庭的，审判长在绝大多数情况下是不会允许的，即便是对证据有疑问，也往往采取庭下核实的方式进行。

第四，多数情况下，涉众型经济犯罪案件是一种共同犯罪案件，甚至是一种集团犯罪案件。由于涉众型经济犯罪属于一种经营性犯罪，此类犯罪的实施依靠某个人往往难以实现。实践中，此类案件大多存在数个或数十个犯罪嫌疑人、被告人，这些人员分工明确，形成了相对稳定的组织结构。司法实践中，公诉机关对于此类案件往往并案起诉，法院并案审理，容易形成规模巨大的案件，形成了大规模诉讼。这类大规模诉讼案件导致法院诉讼指挥和证据调查困难，法官的注意力往往放在主犯的证据调查上，对于主犯的质证权保护相对较好。而对从犯来说，相应的证据调查往往一笔带过，对于从犯提出的质证意见，法官也缺乏精力去倾听和采纳。可以说，此类案件中，大量的从犯在庭审中几乎沦为看客，相应的质证权根本无从行使。

第五，涉众型经济犯罪案件一般涉及较为专业的领域，如金融领域等。在处理此类案件过程中，往往需要具备相应的专业知识。实践中，此类案件一般都有较为专业的审计报告，或者有相关专业人士的书面意见。但是，出具审计报告或专业意见的鉴定人、专家人员一般不出庭，被告人、辩护人针对专业的书面意见往往难以进行有效的质证。

三、被害人程序参与权保障不力

程序参与是现代刑事诉讼的基本原则之一。其基本要求在于，程序所涉及利益的当事人，应当参与程序其中，发表意见，对诉讼结果施加影响，并且国家有义务保障当事人的程序参与权。[①]程序参与权是当事人诉讼主体地位的重要体现，没有程序参与权，则谈不上诉讼主体地位。一般认为，在刑事诉讼中，被追诉者、自诉人、被害人享有程序参与权。

被害人作为犯罪结果的承受者，其诉讼主体地位不言而喻，其诉讼权利受法律保护具有天然的正当性。但由于受国家追诉理念的影响，我国1979年《刑事诉讼法》并未赋予被害人以当事人的诉讼地位，仅为一般的诉讼参与人。1996年《刑事诉讼法》则明确被害人属于当事人，并享有申请回避的权利、申请重新鉴定、勘验的权利、参与法庭审理的权利、申诉的权利等。

但在司法实践中，办案人员仍自觉不自觉地将关注的重心放在控诉机关和被告人身上，对于被害人诉讼权利保障明显不足。例如，不告知案件诉讼进展，不通知被害人到庭参加诉讼，被害人到庭后仅仅以一般人员的身份旁听案件，不发表意见，

① 参见宋英辉：《刑事诉讼原理》，法律出版社2007年版，第102页。

不实质参与其中。在涉众型经济犯罪案件中，对于被害人的程序参与权更是保障不足。

1. 被害人的诉讼地位确定难

涉众型经济犯罪案件中，对遭受损失的投资人是否属于被害人仍存有争议。一种观点认为，只要投资人因为犯罪活动遭受了经济损失，就属于刑事诉讼中的被害人。另一种观点认为，投资人是否属于被害人，应根据涉嫌的罪名不同区别对待。在集资诈骗案件中，由于该罪属于广义的诈骗类犯罪，直接侵犯了投资人的财产权益，因此该罪中的投资人属于被害人。而在非法吸收公众存款罪、非法经营罪中，由于该罪侵犯的是市场经济秩序、金融管理秩序等，所保护的法益也并非投资人的财产权益。因此，这类犯罪中，投资人并不属于被害人。

此外，涉众型经济犯罪中，尤其是集资诈骗、非法吸收公众存款、传销、非法经营等犯罪中，很多投资人的地位比较复杂，一方面他们是犯罪行为的对象，犯罪行为给他们带来了直接的经济损失。另一方面，某些案件的投资人又是违法行为的实施者，他们的行为给其他人又带来了经济损失，属于违法人员，这种身份的两重性造成实践中认定投资人系被害人比较困难。

由于涉众型经济犯罪案件涉及的投资人人数众多，一旦认定投资人具备被害人地位，则需要保障被害人的知情权、诉讼参加权等诉讼权利，势必大大增加办案机关的压力。因此，实践中办案机关往往以涉嫌罪名不同分别认定投资人是否属于被害人。根据前文的统计数据，涉众型经济犯罪案件主要包括非法吸收公众存款案、非法经营案等，此类案件如果以案由区分的话，投资人则不属于被害人。这一问题引发了投资人的强烈不满，纷纷要求办案机关认可其被害人的诉讼地位。可以说，被害人诉讼地位确定难是制约被害人程序参与权实现的首要问题。

2. 被害人参与诉讼难

从目前的司法实践状况看，被害人权利保障明显不足。公诉案件中，被害人处于附属和被动地位。在整个诉讼过程中，国家基于查明案件事实的需要，往往更加强调被害人的配合调查义务，对其权利保障不够重视。这种情况在涉众型经济犯罪案件中更为突出。

审前阶段对被害人的诉讼权利保障不力。例如，在立案阶段，由于公安机关前期对案件情况掌握有限，被害人在报案时，公安机关往往以民间经济纠纷、案件管辖等方面的原因不予立案，被害人对此缺乏有效的救济途径，久而久之，部分被害人对公安机关不信任并怠于报案。当得知案件已经进入诉讼程序后，相关被害人又向公安机关报案，导致多次追加起诉。又如，在诉讼过程中，由于被害人人数众多，公安机关、检察机关不能及时告知案件的诉讼进程。公安机关、检察机关在查封、扣押涉案财产时，没有被害人的参与，不仅不利于被害人知情权的实现，更容易引起被害人的误解和不满，引发涉诉信访问题。

审判阶段缺乏被害人诉讼权利行使的有效途径。审判阶段，由于审判公开的诉讼原则，被害人参与诉讼有了切实的保障。在涉众型经济犯罪案件中，由于涉及的被害人人数众多，且案件的审理与其有切身的利害关系，被害人参与庭审较为积极。但由于诉讼条件所限，如法庭硬件不够、旁听席位有限，以及诉讼效率的要求，被害人全部参与庭审不仅不可能，也没有必要。我国《刑事诉讼法》并未规定类似民事诉讼代表人制度，实践中只能在做好被害人思想工作的基础上，让被害人自行放弃或者自行委托代表人参与诉讼，具有一定的不确定性，不仅影响案件诉讼效率，也难以保障被害人的程序参与权。

四、被害人民事赔偿权保障不力

涉众型经济犯罪案件中，被告人的同一个犯罪行为产生两方面的法律关系，即刑事法律关系和民事法律关系。针对刑事法律关系，由国家通过刑事诉讼途径确定被告人刑事责任的有无及大小，实现国家刑罚权。针对民事法律关系，则是由于同一行为给被害人造成了实际损失，产生了被害人的民事赔偿权。国家刑罚权与民事赔偿权二者性质不同，本应并行不悖。但基于我国传统重刑轻民观念的影响，不论是在立法上还是在司法实践中，对于涉众型经济犯罪案件被害人的民事赔偿权，存在保障不力的现象。从北京市C区法院的统计数据看，涉案被害人的损失比例大约在80%以上。

1. 刑事判决的处理途径制约着被害人民事赔偿权的实现

从法学理论上讲，被害人因犯罪行为遭受经济损失的，可以通过独立民事诉讼或附带民事诉讼途径实现民事赔偿权。但不论通过独立诉讼或附带诉讼，均须被害人主动提起，行使诉权。在这一过程中，被害人均享有一定的程序选择权。在民事诉讼被告人范围的确定、诉讼请求数额的主张等方面可以自行选择，以最大限度地维护自身的合法权益。这一点对涉众型经济犯罪案件中的被害人来说尤为重要。在此类案件中，往往涉及众多复杂的民事法律关系，例如，投资合同法律关系、民事担保合同法律关系、民事抵押法律关系等。如此一来，正常情况下被害人可以选择刑事被告人作为民事案件的被告人，也可以选择担保人作为民事被告人或第三人，并通过抵押权的方式实现民事赔偿权。但是，根据我国目前的法律规定和司法实践，当民事诉讼案件涉及经济犯罪的，受理民事案件的法院通常裁定驳回起诉，将有关材料移送公安机关或检察机关处理。例如，根据 2014 年《意见》第 7 条（关于涉及民事案件的处理问题）规定："对于公安机关、人民检察院、人民法院正在侦查、起诉、审理的非法集资刑事案件，有关单位或者个人就同一事实向人民法院提起民事诉讼或者申请执行涉案财物的，人民法院应当不予受理，并将有关材料移送公安机关或者检察机关。人民法院在审理民事案件或者执行过程中，发现有非法集资犯罪嫌疑的，应当裁定驳回起诉或者中止执行，并及时将有关材料移送公安机关或者检察机关。公安机关、人民检察院、人民法院在侦查、起诉、审理非法集资刑事案件中，发现与人民法院正在审理的民事案件属同一事实，或者被申请执行的财物属于涉案财物的，应当及时通报相关人民法院。人民法院经审查认为确属涉嫌犯罪的，依照前款规定处理。"可见，涉众型经济犯罪案件的被害人实际上不能够通过民事诉讼的途径解决民事赔偿问题。那么，该类案件的被害人能否通过附带民事诉讼途径解决民事赔偿问题呢？答案同样是否定的。根据最高人民法院相关司法解释，只有当被害人的人身权利被侵害或者其财物被毁坏的，才有权提起附带民事诉讼。对于盗窃、诈骗等财产类案件中，被害人的经济损失应当在刑事判决中依法追缴或者责令退赔。据此，涉众型经济犯罪案件中的被害人不能通过提起附带民事诉讼的方式实现民事赔偿权。实践中，此类案件的被害人既不能提起附带民事诉讼，也不能提起单独的民事诉讼，只能依靠刑事审判庭在作出刑事判决的同时，通过追缴违法所得或责令退赔的方式解决民事赔偿问题，即刑事判决方式实现民事赔偿权。

在一般法律关系比较简单的案件中，如诈骗案、盗窃案、职务侵占案等，通过刑事径行判决方式解决民事赔偿问题，的确免去了被害人提起诉讼的烦扰和负担，也有利于刑事案件高效审结。但在涉众型经济犯罪这种法律关系非常复杂的案件中，通过刑事径行判决方式对保障被害人的民事赔偿权非常不利。以涉案第三人为例，在目前的涉众型经济犯罪案件中，存在涉案第三人的情况非常普遍。例如，在一起刑事案件中，第三人为了资金需要，通过某公司为其私募融资，并提供了担保方和抵押物，以保障按时还本付息。后某公司通过非法公开的形式向社会募集资金近1亿元，并支付给第三人8000余万元。第三人将该笔资金用于正常地生产经营。该案中，被告人融资公司，因涉嫌犯非法吸收公众存款罪被提起公诉。但第三人并非刑事案件被告人。通过刑事径行判决方式，自然不能判决第三人承担民事赔偿责任。对于案中的担保公司等，更加不能通过刑事径行判决方式确定民事赔偿责任。此外，实践中即便对第三人的财产查封、扣押、冻结在案，但第三人的财产不仅有钱款，还涉及公司股权、房产、土地使用权等非钱款财产，人民法院如何处理面临困难。如果直接在刑事判决书中予以处理，则意味着人民法院对被告人与第三人的民事关系作出了认定，这显然超出了刑事案件的认定范围。此外，相关公司股权等涉及专业的民商事法律领域，刑事法官也很难做出准确的判断。因此，实践中，对于这些问题，刑事判决中往往予以回避，仅仅判决在案被告人承担民事赔偿责任，往往不能足额弥补被害人的经济损失。

2. 先刑后民的处理方式制约着被害人民事赔偿权的实现

涉众型经济犯罪案件大多因民事违约而案发。在正常返本付息的情况下，由于没有被害人报案，加之相关监管措施不到位，使得此类犯罪活动很难被发现。当行为人不能按约定给被害人偿付本金或利息时，首先产生了合同纠纷，遂要求行为人承担相应的民事责任。此后随着民事案件的大量出现，或者大量被害人报案、聚集，此类犯罪活动才进入刑事诉讼。可见，在进入刑事诉讼之前，就存在大量的民事案件，出现了刑民交叉问题。主要有以下几种。

（1）进入刑事程序前，相关民事案件已审结并执行完毕。对于此种情形如何处理民事案件，法律没有明确规定。实践中，刑事诉讼对已经民事判决并已执行完毕的不再处理，维持原民事判决和执行的有效性。

（2）进入刑事程序前，相关民事案件已审结但尚未执行。

对于此种情形如何处理民事案件，法律同样没有明确规定。这种情形与前面的情形有所不同，即虽然已有民事判决，但尚未执行。对于此种情形，实践中大多是中止对相关民事判决的执行，待刑事案件处理后再作相应处理。如果刑事判决认定了上述事实，则对相关民事案件提起审判监督程序，撤销原民事判决。理由是如果相关行为被认定为犯罪行为，相应的民事行为丧失了其合法性，该民事行为自始就属于无效的民事行为，原民事判决建立在认定该民事行为系合法有效的基础上，故而应予撤销。如“碧溪广场非法吸收公众存款案”，在刑事诉讼进行中，相关生效民事判决已达1000余件，但均尚未执行。[①] 该案的刑事判决生效后，相关法院陆续提起审判监督程序撤销原民事判决。但撤销如此多的民事判决，既耗费司法资源，有损司法权威，也不利于被害人民事赔偿权的实现。

（3）在刑事审理中，相关民事案件也在审理中。这种情况下，实践中一般是审理刑事案件的法院主动协调相关受理民事案件的法院中止民事诉讼，也有受理民事案件的法院主动中止民事诉讼，待刑事案件处理后再对民事案件作相应处理。如果刑事判决认定相关行为已构成犯罪，则民事诉讼终止并裁定驳回起诉；如果刑事判决没有认定相关行为构成犯罪，则恢复审理民事案件，依民事法律作出相应判决。这种处理方式虽然符合现行法律规定，但由于涉众型经济犯罪案件一般审理周期很长，如

① 参见朱江等:《涉众型经济犯罪剖析与治理》，法律出版社2014年版，第56页。

果严格依照先刑后民的处理模式，则会导致民事案件久拖不决，不利于被害人民事赔偿权的实现。

3. 涉案财产追查处置问题影响了被害人民事赔偿权的实现

涉众型经济犯罪案件中，及时追查赃款赃物，并通过拍卖、变卖等途径予以变现，是实现被害人民事赔偿权的重要途径。但实践中，由于公安机关“重破案、轻追赃”侦查思维的影响，导致此类案件中追赃力度有限，多数案件赃款去向不明，且查封、扣押、冻结的范围较小，财产数量较少，不能足额弥补被害人经济损失。另外，此类案件中涉案财产种类繁多，在审判阶段缺乏处理涉案财物的操作规范，导致涉案财物不能得到妥善处理，影响了被害人民事赔偿权的实现。在目前的司法实践中，涉案财物追查处理方面存在如下问题。

（1）赃款去向难以查明。当前，涉众型经济犯罪案件资金去向呈现出“账户多、往来频、辐射广”的特点。账户多，是指与涉案账号有资金往来的其他账户繁多，包括个人账户、单位账户，有与案件有关的，也有与案件无关的。往来频，是指与涉案账户有资金往来的账户有多笔资金往来，难以区分单笔往来的事由。辐射广，是指与涉案账号有大笔资金往来的账户与其他账户还有资金往来。上述三个方面导致此类案件的赃款去向最终难以查明。

（2）查封、扣押、冻结范围较小。刑事诉讼中的扣押属于一种对物的强制措施，其功能主要有：一是证据保全，即为了防止证据灭失而进行的保全。二是财产保全，即为了确保附带民事判决或财产刑的执行而进行的保全。三是社会保全，即为了防止某些物品危害社会而进行的保全。①

在我国刑事诉讼中，对于查封、扣押、冻结等对物强制措施的功能界定主要在于证据保全。因此，实践中，对于能够作为证据使用的物品或作案工具等，公安机关一般均采取了相应的措施。对于被告人违法所得的赃款赃物，如果来源明确，权属清楚的，一般情况下也可以采取相应的查封、扣押、冻结措施。但是，当赃款已被挥霍，或者赃物已经灭失的情况下，根据法律规定，应当责令被告人退赔相应的经济损失。此时，由于赃款已挥霍、赃物已变卖或灭失，能否为了弥补被害人的经济损失而查封、扣押、冻结被告人的合法财产？此外，当涉案财产已被被告人转移至第三人名下，情况更为复杂，如果被告人与第三人之间存在民事法律关系，则需要考虑被告人是否属于恶意转移赃款，第三人是否属于善意取得等。因此，对于转移至第三人名下的赃款赃物，能否采用查封、扣押、冻结措施，争议很大。

在涉众型经济犯罪案件中，由于大量资产可能处于第三人的名下，或者已经转化为被告人的合法财产，对于这些财产能否采用查封、扣押、冻结措施，均不明确，导致实践中公安机关不能最大限度查封、扣押、冻结相关财产，最终不利于弥补被害人的经济损失，不利于被害人民事赔偿权的保障。

此外，即便是对于已经查封、扣押、冻结的资产，在公安机关首次查扣冻后，在法院审理阶段采取续查、续封、续冻措

① 参见袁坦中:《刑事扣押研究》，湖南大学出版社 2012 年版，第 10—14 页。

施时，仍然面临诸多问题：一是查封、冻结、续冻期限确定难。我国《刑事诉讼法》规定了法院可以查封、冻结，但法律及相关规范文件并未明确期限。目前，查封、冻结、续冻主要依据《最高人民法院关于适用〈中华人民共和国民事诉讼法〉的解释》第487条的规定，以及《最高人民法院、国家工商总局关于加强信息合作规范执行与协助执行的通知》第14条的规定。但对查封、冻结、续冻的期限依据民事诉讼法解释及执行规定，适用性及专门性不足，导致实践中法院据此冻结外地账户时，当地有关部门提出刑事案件账户冻结期限不能适用民事诉讼法的规定，并以没有明确法律依据为由不予配合。此外，由于相应的法律规范对公安机关办理查封、冻结、续冻的期限有明确规定，如公安机关冻结存款的期限原则上是6个月，这与民事诉讼法解释修改前的规定是一致的，但民事诉讼法解释修改后将这一期限规定为最高1年，与公安机关的相关规定存在差异，进一步导致法院参照不同规范办理查封、冻结、续冻的期限确定不统一的情况。二是公安机关移送的冻结账号，法院续冻衔接难。针对查封、冻结工作的相关程序和工作规范，公安机关与法院并不相同，导致公安机关随卷移送法院的协助冻结通知书（回执）往往不能与法院下一步的续冻工作衔接，如部分手续并未明确表明查封、冻结的期限及期限止日，有的附有查封、冻结期限及期限止日的，多为手写，无签章确认。法院为了确定查封、冻结的止日及金额，只能出具文书另行到有关机关调取，造成司法资源的浪费，而且因为查封、冻结期限不明或不准确，承办法官亦存在续冻不及时的风险。此外，实践中有的机构存在认识偏差，对于公安机关冻结而法院续冻的，要求先由公安机关解冻，法院才能续冻，否则不予配合，影响案件的审理进程。三是部分账户余额过低导致是否冻结、续冻取舍难。实践中，很多账户内的余额较少，部分账户内甚至无存款。对此类账户是否冻结或续冻面临两难，通常法院会对这些账户一律冻结、续冻，避免因账户未冻结造成当事人的不满，引发不稳定因素，但造成了司法资源的浪费。也有法官会衡量账户冻结、续冻的价值是否高于因冻结、续冻造成的支出，对账户余额较少的外地账户或无余额的账户不必冻结，但可能造成当事人的不满，尤其是非法集资类案件中这种情况较为突出。上述“三难”问题结合在一起，总体上也不利于维护被害人民事赔偿权的实现。

（3）涉案财产保管处置不当，贬值严重。涉众型经济犯罪案件中，涉案财产种类繁多，五花八门。概括统计，除了现金、银行账户存款外，尚有公司股权、房屋产权、土地使用权、采矿权、林权、股票、汽车等。此外，在有的案件中，还存在农林产品、鲜活产品、奶牛、尚未竣工的房屋等。对这些涉案财产如何妥善保管和处理，如何尽快变现以最大限度保障被害人权益，是一大难题。在财产保管过程中，对于汽车等，不可避免地会产生价值贬损，理应在案件审结前予以变卖，但实践中均是在案件审结后的执行阶段予以变卖。此时，有的汽车已经无法使用，市场价值几乎为零。有的汽车变卖后所得价款尚不足以支付停车场的管理费用。对于农林产品、奶牛等，在什么样的时机予以处理，更是没有相关规定。在财产处置过程中，对于尚未竣工的房产、处于开采过程中的矿山、正常经营的企业房产等，如果采用直接拍卖的方式处理，一方面周期很长，另一方面拍卖所得价款较低，还可能导致正常运行的企业无法正常经营，产生新的社会问题。此外，当前涉众型经济犯罪案件涉案资产呈现出“跨区域、涉主权”的特点。跨区域，是指与案件有关的资产涉及多个城市、省份，仅凭一基层法院无法有效处置。涉主权，是指部分被告人将集资款投资境外项目或者移转到境外，涉及国家主权，处置程序烦琐，处置率低。这在客观上又增加了对涉案资产处置变现的难度。可以说，目前的司法实践中，涉案财产保管和处置的时机滞后、方式单一，已经成为制约被害人民事赔偿权实现的重要因素。

第三节　涉众型经济犯罪案件审判程序问题剖析：以复杂诉讼形态为视角

涉众型经济犯罪案件审判程序中之所以存在上述突出问题，根源在于现行的刑事诉讼规则是以单一诉讼形态为基础构建的，即以处理“一人一事”的单一案件为基础。这种情况下，当出现大规模诉讼案件，形成复杂诉讼形态时，处理单一诉讼案件的程序规则会运行不畅，甚至出现某种程度的程序失灵。

一、复杂诉讼形态概念的提出

刑事诉讼以刑事案件为客体或对象。换句话说，刑事诉讼以处理刑事案件、确定国家刑罚权的有无及范围为目的。案件，即被指控的被告人的犯罪事实，其构成要素有两个：一是“人”的要素，即何人实施了某一犯罪行为，是一人单独实施还是数人共同实施了某一犯罪行为；二是“事”的要素，即该人实施了什么样的犯罪行为，实施了一个还是数个犯罪行为。有学者认为，在刑事诉讼中存在两种关系：“一是国家与个人之间具体的刑罚权关系，即处罚者与被处罚者之间的关系，称之为诉讼客体或者案件；二是为确定具体的刑罚权而进行的诉讼的关系，即裁判者与被裁判者之间的关系，称之为诉。”[1]可见，案件反映的是实体法上的关系，诉讼反映的是程序法上的关系，二者是内容与形式的关系。案件根据复杂程度的不同，可以分为单一犯罪案件、关联犯罪案件和复杂犯罪案件。与此相适应，在诉讼形态上，则出现了单一诉讼形态、关联诉讼形态和复杂诉讼形态。

（一）单一诉讼形态

单一诉讼形态，或称之为简单诉讼形态，是以处理单一刑事案件为目标的诉讼形态。单一刑事案件是最常见、最基本的刑事案件类型，构成了刑事案件的基本单元。从刑事案件的构成要素看，此类案件表现为“一人一事”，即一名被告人一个犯罪事实。由于单一案件是刑事案件的原初形态，也是最为常见的案件类型。因此，如何从诉讼程序上构建完备的诉讼规则，进而公正高效处理此类案件，就成了刑事诉讼的首要任务。从刑事诉讼法典

① 陈朴生：《刑事诉讼法实务》（增订本），海天印刷有限公司 1981 年版，第 84 页。

及其他诉讼规范看，也大多是围绕单一刑事案件构建诉讼规则。例如，从纵向看，刑事案件案发后，要经历立案侦查、审查起诉、一审、二审、执行等诉讼阶段，在每一个诉讼阶段有不同的诉讼目标和任务，并建立了相应的诉讼规则。但这些规则的建立往往是以单一刑事案件为基础或典型，换句话说，以处理一人一事的案件为基础。从横向看，在每一个诉讼阶段内，通过国家权力的合理配置与公民个人权利的有效保障，使得国家权力与公民权利之间达到一种相对平衡的状态，保障诉讼的公正性和高效性，从而实现惩罚犯罪与保障人权的统一。但是，这种横向的诉讼规则仍然是建立在单一刑事案件的基础上的，即以保障单一刑事案件的公正高效处理为目标和运行基础。因此，单一刑事案件是刑事案件的基本单元，与之相适应，刑事诉讼规则整体上是以处理单一刑事案件为基础进行构建的。从诉讼形态上看，单一诉讼形态作为刑事诉讼的基本形态，其他类型的诉讼形态最终大都可以还原为单一诉讼形态。例如，一人犯数罪的，既可以将数罪一并审理，也可以按照一人一罪，通过多个诉讼程序确定被告人某罪的刑事责任，即还原为多个单一诉讼进行处理。数人犯一罪的，既可以将数人合并于一个诉讼程序进行审理，也可以通过多个诉讼程序分别确定每个人的刑事责任，还原为多个单一诉讼。从诉讼规则上看，单一诉讼形态的诉讼规则是构建其他诉讼形态诉讼规则的基石。

（二）关联诉讼形态

关联诉讼形态，是以处理一般关联案件为目标的诉讼形态。

关联案件是一个描述性概念，很难从抽象层面做一个界定。一般认为，关联案件主要包括以下类型：一人犯数罪，数人犯一罪，数人共犯数罪，对向性犯罪，其他有关联关系的犯罪，如盗窃与销赃等。从类型上分析，关联案件大致分为以下几种类型：一是主体关联，如一人犯数罪或数人共同犯数罪；二是行为关联，如共同犯罪、事后共犯、对合犯等；三是对象或结果关联，如同一被害人分别被数人伤害；四是时空关联，数个犯罪发生于同一时空中或时空相隔紧密。①

关联案件实际上是多个具有关联的单一案件的集合。对于关联案件，多数实行并案审理，即将关联案件合并于一个诉讼程序中予以审理，并由此产生了关联诉讼形态。在人类社会早期，诉讼形态相对简单，当事人与案件事实均呈单一状态，实行一案一审，此为诉讼的初期形态。例如，罗马法所规定的诉讼结构是一对一的形式，诉讼主体和诉讼标的的合并是被禁止的。②"在普通法时期，诉讼合并制度，包括当事人的合并和诉讼请求的合并，也是受到严格禁止的。"③ 但是，随着社会的发展和诉讼经验的积累，诉讼制度逐渐完备，尤其是对于诉讼效率的要求逐渐迫切。这种背景下，对于关联案件，各国已不再局限于按照传统单一案件的审理规则进行分案审理，而是探索合

① 参见李晓：《论刑事案件分案审理制度的构建》，载《黑龙江省政法管理干部学院学报》2017年第1期。

② 参见汪容：《刑事合并审判制度研究》，武汉大学2013年博士学位论文。

③ 参见段厚省：《共同诉讼形态研究——以诉讼标的理论为方法》，载《诉讼法论丛》第11卷，第250—256页。

并审理的诉讼规则，关联诉讼形态已成为刑事诉讼领域一种常见的诉讼形态。以共同犯罪案件为例，各国一般以并案审理为常规形态，有的国家甚至规定了共同犯罪的强制并案审理制度。例如，在法国，数人作为共同正犯或共犯实行同一犯罪时，该犯罪是一种不可分性的犯罪。所有的犯罪行为人都应由同一法院进行审判，程序的合并具有强制性。[①] 在美国，控方经常倾向于合并多个被告人。美国最高法院也认为，对被告人的合并审判在刑事司法系统中发挥了重要的作用。[②] 在日本，通过合并多名被告人，可以为检察官对共犯以及其他犯罪事实相互重复的被告人举证提供很大的方便。对法院来说，也具有节省程序和统一确定事实两个好处，所以，如果不是规模过大，一般也愿意合并审理。[③] 在我国，最高法院等机关曾发布文件，明确了共同犯罪特别是集团犯罪案件以并案审理为原则，以分案审理为例外。除对其中已逃跑的成员可以另案处理外，对应当追究刑事责任的同案人，应当全案起诉，全案判处。不能将案件拆散，分开处理。[④] 在关联诉讼形态中，以并案审理为原则，但当并案审理可能出现诉讼拖延或不利于保障被告人辩护权时，则可以

---

① 参见［法］卡斯东·斯特法尼等:《法国刑事诉讼法精义》(上)，罗结珍译，中国政法大学出版社 1999 年版，第 480—481 页。

② 参见［美］约书亚·德雷斯勒、艾伦·C. 迈克尔斯:《美国刑事诉讼法精解》(第二卷·刑事审判)，魏晓娜译，北京大学出版社 2009 年版，第 136 页。

③ 参见［日］松尾浩也:《日本刑事诉讼法》(上卷)，丁相顺译，中国人民大学出版社 2005 年版，第 339 页。

④ 参见 1984 年《最高人民法院、最高人民检察院、公安部关于当前办理集团犯罪案件中具体应用法律的若干问题的解答》。

实行分案审理，即将关联案件还原为多个单一案件，适用单一案件的审理规则。

（三）复杂诉讼形态

复杂诉讼形态是以处理复杂诉讼案件为目标的诉讼形态。复杂诉讼案件是社会发展的产物。从历史的维度考察，无论民事诉讼还是刑事诉讼，其诉讼形态都经历了一个从简单到复杂的发展过程。在民事诉讼中，表现为群体诉讼案件。在刑事诉讼中，则表现为集团犯罪、有组织犯罪、涉众型经济犯罪等复杂犯罪案件。

刑事诉讼中的复杂诉讼形态是伴随着复杂犯罪案件的产生而出现的一种新型诉讼形态。犯罪作为一种社会现象，与社会发展相伴相生。在人类社会早期，由于社会生产力发展水平不高，人与人之间的社会关系相对简单，犯罪主要表现为一般的暴力性犯罪，如杀人犯罪。此后随着生产力的发展，社会物质生活逐渐丰富，财产性犯罪逐渐占据了主要地位。[①]但是，不论是传统暴力性犯罪还是财产性犯罪，一般仍然表现为一人一事的单一案件形态，或者表现为一人多事或多人一事的关联案件形态。到了近现代，社会化大生产日益发达，现代通信工具日益普及，人与人之间的交往联系逐渐紧密，尤其是在互联网出现后，新型的以互联网为工具的犯罪日益猖獗。如有组织犯罪、网络诈骗犯罪、非法集资犯罪、上市公司犯罪等。此类犯罪在

① 参见刘广三、吴长征：《犯罪进化论》，载王牧：《犯罪学论丛》（第一卷），中国检察出版社2003年版，第181—182页。

复杂程度上与一般犯罪明显不同。主要表现为：一是“人”的复杂性。实施某一犯罪行为往往需要多个犯罪主体紧密配合，共同完成犯罪行为，犯罪主体呈现出多样化、集团化、阶层化特征。二是“事”的复杂性。一方面表现为犯罪行为本身的复杂多样性，如存在多个犯罪事实的相互交织，犯罪行为持续时间较长，另一方面表现为危害后果的严重性，即犯罪行为所针对的是社会不特定多数人。换句话说，此类犯罪一经发生，往往侵犯了社会不特定公众的合法权益。上述“人”与“事”两方面的复杂性造成了该类案件“证据”的复杂性，即从涉案证据角度看，往往存在大量的侦查卷宗材料，给庭审证据调查带来严重影响。此类复杂犯罪案件进入刑事诉讼程序后，从诉讼形态上看则产生了复杂诉讼形态。

二、复杂诉讼形态的具体案件类型

（一）有组织犯罪案件

随着现代社会经济发展和国际交往的越发紧密，有组织犯罪也呈愈演愈烈之势。犯罪组织在本国和国内都建立了自己的网络，以公司化的结构形式从事犯罪活动。这些有组织犯罪涉及非法移民、贩卖妇女儿童、腐败、毒品、贩卖枪支、恐怖主义、盗窃和走私文物、洗钱等具体犯罪行为。[①]在有组织犯罪案件中，犯罪主体呈现出组织的严密性，层级明显，等级森严，犯罪主

① 参见陈光中：《联合国打击跨国有组织犯罪公约和反腐败公约程序问题研究》，中国政法大学出版社2007年版，第2—6页。

体“复杂性”程度很高。例如，在哥伦比亚，有两大犯罪组织领导着大大小小2000多个犯罪组织，一共拥有2.5万余名犯罪成员，控制着世界可卡因产量的70%—80%。[①] 从犯罪行为和危害后果看，“复杂性”程度也很高。有组织犯罪在实施过程中，分工复杂，互相配合，环环相扣，共同完成犯罪行为。有组织犯罪的危害后果更为严重。例如，在枪支、毒品、恐怖主义犯罪中，往往造成众多被害人伤残、死亡。例如，在日本奥姆真理教所制造的东京地铁毒气一案中，就有12人死亡，5500多人受伤。[②] 此类犯罪发生后，在诉讼过程中容易形成大规模诉讼案件，其间涉及的被告人人数、被害人人数均比较多，证据种类和证据数量均比较繁杂，远非单一案件和关联案件可比，属于复杂诉讼形态的一种。

（二）涉众型经济犯罪案件

涉众型经济犯罪案件是以犯罪人反复实施，侵害不特定多数人的财产权益为典型特征的案件。根据目前的司法实践，主要包括：非法集资类案件，如非法吸收公众存款案、集资诈骗案；非法经营类案件，主要涉及非法经营证券、期货、外汇的案件；组织、领导传销活动案件。涉众型经济犯罪案件中，犯罪主体的“复杂性”程度很高。例如，在组织、领导传销活动罪中，

---

① 参见陈光中：《联合国打击跨国有组织犯罪公约和反腐败公约程序问题研究》，中国政法大学出版社2007年版，第2页。

② 参见陈光中：《联合国打击跨国有组织犯罪公约和反腐败公约程序问题研究》，中国政法大学出版社2007年版，第6页。

法律明确规定只有达到一定层级标准的，才能构成本罪。在非法集资、非法经营类犯罪案件中，犯罪人主体同样呈现“复杂化”，层级明显，分工明确。犯罪过程持续时间长、危害后果严重，“复杂性”程度很高。此类犯罪从预谋、实施到最终完成，需要经历产品策划、人员招募、广告宣传、收益返还、项目投资等多个环节，层层相扣，一般需要经历一年或数年的时间。从危害后果看，此类犯罪的危害后果十分严重，极大侵犯了社会不特定公众的合法财产权益。涉案证据繁多，“复杂性”程度很高。此类案件由于持续时间长，涉案人数多，从涉案证据看，往往形成了大量的侦查卷宗，且随着案件的进展，相关的证据呈现不断补充、永无止境的状态。

（三）公司、企业犯罪案件

工业革命后，随着社会化大生产的逐渐普及，公司作为一种经济主体，在社会经济发展中起着越来越重要的作用。“商业性公司作为资本主义经济单元不断涌现出来，它最适于进行大规模的经济活动。”[①] 在美国，公司大约占所有商业资产的 75% 以上。[②] 在公司、企业的成立、运行、管理过程中，出现了公司、企业犯罪案件。如我国《刑法》规定的虚假出资、抽逃出资罪，欺诈发行股票、债券罪，违规披露、不披露重要信息罪，妨害

① [美] 罗纳德·J. 博格等:《犯罪学导论——犯罪、司法与社会》，刘仁文等译，清华大学出版社 2009 年版，第 223 页。

② 参见 [美] 罗纳德·J. 博格等:《犯罪学导论——犯罪、司法与社会》，刘仁文等译，清华大学出版社 2009 年版，第 223 页。

清算罪，虚假破产罪，内幕交易罪等。在这些犯罪案件中，有的比较简单，例如，在有限责任公司中，由于股东人数有上限规定，因此犯罪涉及的人员较少，危害后果相对确定，通过一般的诉讼规则就可以处理这些案件。但是在股份有限公司，特别是上市公司犯罪案件中，就很难用一般的诉讼规则处理。我国相关法律对股份有限公司，特别是上市公司的治理结构有明确的规定，存在董事会、监事会、股东大会等多种人员结构。因此，在这些犯罪案件中，相应的犯罪主体呈现明显的"复杂性"，即涉及多个犯罪主体紧密配合才能实施完成犯罪行为。从犯罪过程和危害后果看，同样呈现明显的"复杂性"。犯罪过程中，需要公司多个部门的配合。犯罪行为一旦发生，势必危害众多股东，尤其是中小股东的合法权利。例如，在美国安然公司内幕交易与诈骗一案中，安然公司利用其市场主导地位，操纵股价，最终给数千名投资者造成损失600亿美元。① 从涉案证据看，"复杂性"程度也很高。不仅从证据种类和证据数量上看，种类繁多，数量庞杂，且专业化程度很高。

（四）网络犯罪案件

随着互联网技术的飞速发展，人与人之间的交流越来越便利，不同国家和地区之间的经济往来、文化交流也越来越频繁，社会生产力得到极大提升。与此同时，犯罪作为社会进步的影

---

① 参见［美］罗纳德·J. 博格等：《犯罪学导论——犯罪、司法与社会》，刘仁文等译，清华大学出版社2009年版，第259页。

子，与社会进步相伴相生。在互联网时代，突出表现为网络犯罪的常态化。网络犯罪从狭义上说主要指以计算机信息系统或信息网络为犯罪对象的犯罪。例如，我国《刑法》所规定的非法侵入计算机信息系统罪、非法控制计算机信息系统罪、破坏计算机信息系统罪、非法利用信息网络罪、扰乱无线电通讯管理秩序罪。从广义上说，所有利用互联网等信息网络实施的犯罪均属于网络犯罪。例如，盗窃罪、诈骗罪属于传统犯罪，但在信息网络背景下，出现了利用互联网实施的盗窃、诈骗犯罪，此类犯罪从广义上讲也属于网络犯罪。

网络犯罪中，有的案件比较简单，如犯罪人利用互联网非法侵入了某单位的计算机信息系统，或者非法控制了某单位的计算机信息系统。这类案件只是以计算机信息系统作为犯罪对象，从犯罪主体、犯罪手段、危害后果等方面与单一案件或关联案件并无区别，可以用一般的诉讼规则、证据规则处理此类案件。因此，这类案件不能被称为复杂诉讼案件，其诉讼形态也不能被称为复杂诉讼形态。从目前的司法实践看，网络犯罪中，可以被列为复杂诉讼形态的主要有两种：一是电信诈骗犯罪案件。电信诈骗案件近年来呈现高发态势，严重侵犯了公民财产权。我国司法机关也出台了专门的司法解释，对此类犯罪予以重点打击。电信诈骗案件中，从犯罪主体看，一般多为多人共同犯罪，有的结成了犯罪集团，上下分工明确，组织严密，阶层明显，犯罪主体“复杂性”程度较高。从犯罪手段看，成功实施一起犯罪，需要经历“获取被害人电话号码、虚构事实骗取被害人信任、网络转账、洗钱”等多个环节，犯罪过程“复杂性”程度较高。从犯罪后果看，此类犯罪一旦发生，往往侵害了不特定多数人的财产权益，有的电信诈骗案件被害人达到数十万人之多，犯罪后果“复杂性”程度较高。从涉案证据看，此类犯罪在侦查过程中，涉及被害人陈述、银行账户、被告人供述、电子数据等多种证据种类，且从证据数量看，往往比较繁多。例如，笔者所办理的一起电信诈骗案件中，涉案侦查卷宗就有近2000册之多，涉案证据“复杂性”程度较高。二是利用伪基站实施的扰乱无线电通讯管理秩序的犯罪案件。此类案件在近年来也比较高发，严重扰乱了公民的日常生活。此类案件中，犯罪人通过在某一区域建立通信基站，利用无线电通信技术，占用移动通信公司的工作频段，强行接入公民的手机终端，发送大量的涉及发票、中介等广告短信，获取非法利益。扰乱无线电通讯管理秩序犯罪案件中，被告人一般也为多人，属于共同犯罪案件，有的案件分工明确，组织严密，初步形成了一定的犯罪集团，犯罪主体的“复杂性”有所显现。从犯罪过程和危害后果看，此类犯罪过程也需要多个环节紧密配合，一旦实施，势必侵犯不特定多数人的合法权益，扰乱不特定多数人的正常生活，犯罪过程和犯罪后果有一定的“复杂性”。从涉案证据看，一般涉及大量的言词证据和书证，侦查卷宗比较繁多，有一定的“复杂性”。

（五）涉及食品安全、公共卫生及环境犯罪案件

在当今社会，食品安全、公共卫生及环境安全问题越来越严峻。此类犯罪一经发生，势必严重危害不特定多数人的身体

健康甚至生命安全。此类犯罪案件中，涉及的犯罪主体可能是单一的自然人，也可能是法人或其他组织。因此，从犯罪主体方面看，部分属于单一犯罪主体，部分则呈现出主体的“复杂性”。但此类犯罪涉及食品安全、公共卫生或环境问题，即涉及公共领域，因此其危害后果呈现出明显的“复杂性”特征，即危害了众多不特定群体的合法利益。例如，在2008年三鹿集团“毒奶粉”案件中，涉及被害人近4万名。此后事件不断恶化，涉及国内多家知名厂商，其实际被害人人数可想而知。又如，在美国联合卡比德公司博帕尔分厂泄漏有毒气体一案中，因该公司设立于印度博帕尔分厂泄漏了致命有毒气体，造成5000人死亡、20万人受伤。[①] 因此，此类犯罪一旦发生，在诉讼过程中势必产生大规模诉讼，形成了复杂诉讼形态。

三、复杂诉讼案件的审理思路

从理论上说，刑事诉讼中应根据不同的诉讼形态制定相应的诉讼规则，以处理不同的刑事案件。但是，由于单一诉讼形态（即一名被告人、一个犯罪事实）作为原始的、最初的诉讼形态，也是最为常见的诉讼形态。因此，在刑事诉讼法上，均是以单一诉讼形态为基点进行程序设计。在单一诉讼形态前提下，通过设置合理的控辩审三方诉讼构造，以及立案侦查、审查起诉、审判执行等诉讼环节，最终实现国家刑罚权。此外，

① 参见［美］罗纳德·J.博格等:《犯罪学导论——犯罪、司法与社会》，刘仁文等译，清华大学出版社2009年版，第251页。

鉴于关联犯罪案件存在的普遍性，各国在刑事诉讼法上，也均针对关联犯罪案件进行了具体的程序设计。例如，对于共同犯罪案件中被告人的讯问规则、证据规则等，均有相关的程序规范。但是，对于复杂诉讼案件，则缺乏相应的程序规范。例如，当存在数量非常庞大的当事人时，如何保障当事人的诉讼权利？当存在非常繁杂的证据时，如何保障被告人的质证权？如何确保查明案件事实？这些问题通过现有的单一诉讼程序规范和关联诉讼程序规范均不能得到较好的解决。本书认为，在审理复杂诉讼案件时，应在坚持刑事诉讼基本原则的前提下，结合复杂诉讼案件“人”和“事”两方面复杂性的特征，结合司法实践经验，开拓思路，以务实的态度进行审理。

（一）坚持刑事诉讼基本原则

1. 无罪推定

无罪推定原则作为现代刑事诉讼的基本原则，是相对于封建纠问式诉讼中的有罪推定而言的，其基本含义是：被追诉者未经法院以合法程序最终判决有罪之前，应被假定为无罪。根据无罪推定原则，证明被追诉者有罪的责任由控诉方承担，被追诉者无义务证明自己无罪；被追诉者面对控诉方的指控时，既可以自愿作出陈述，也可以拒绝陈述，享有沉默权；当案件存疑时，应作出对被追诉者有利的解释，即当有罪无罪存疑时，按照罪疑从无处理，当重罪轻罪存疑时，按照罪疑从轻处理。无罪推定原则作为现代刑事诉讼中最为重要和最为基础的原则，是构建现代刑事诉讼各项具体制度的基石。因此，不论案件类型如何、复杂程度如何，或者被追诉者的认罪态度如何，都必须坚持无罪推定原则。

2. 证据裁判

证据裁判原则要求认定犯罪事实必须以证据为基础，且证据必须达到一定的程度，无证据或证据不充分不得认定犯罪事实。证据裁判原则是人类社会发展的必然产物。在人类社会早期，由于生产力水平不高，人类认识能力有限，在裁判案件时奉行神明裁判，即按照神灵的意志裁判案件。此后，随着人类文明的进步和认识能力的提升，在诉讼中逐渐由神明裁判转向了证据裁判，即由非理性的裁判转向了理性的裁判。证据裁判原则是整个证据法的构建基石，是证据法的帝王条款，对证据制度和诉讼制度而言都具有重要意义。因此，不论案件类型如何、复杂程度如何，或者被追诉者的认罪态度如何，都必须坚持证据裁判原则，即在认定犯罪事实时，必须做到犯罪事实清楚，证据确实、充分。

3. 庭审实质化

庭审实质化要求充分发挥庭审功能，使法庭成为案件事实认定和法律适用的关键场所，即案件的证据调查、法律适用、控辩辩论等均在法庭上完成。之所以强调庭审实质化，是因为庭审活动是体现司法权属性的最佳场所。司法权的属性通常表现为中立、公开、参与、理性。这些要素集中体现于庭审活动中：庭审活动在中立法官的主持下进行，法官要听取控辩双方的意见，不能偏听偏信，体现了司法的中立性；除不公开审理的案件以外，庭审活动向社会公开，体现了司法的民主性和公开性；庭审在控辩双方共同到场的情况下进行，且被告方可以获得律师帮助，体现了司法的参与性；法庭审理在控辩双方举证质证、理性辩论的基础上进行，体现了司法的理性。庭审实质化要求法官或陪审团直接接触证据，且相关证据主要以言词的方式向法庭展示。法官或陪审团以庭审中所接触到的证据作为裁判的依据。从庭审实质化的实现路径看，大陆法系国家通过直接言词原则，对法官直接接触证据提出要求，从正面保障庭审实质化。英美法系国家则相反，通过传闻证据规则，将法庭外的陈述予以排除，从另一方面保障庭审实质化。需要指出的是，庭审实质化原则虽然是法庭审理的重要原则，但对于不同的案件，庭审实质化有不同程度的要求。对于被告人认罪的轻微刑事案件，考虑到案情简单，被告人自愿认罪，因此可以简化或省略相关的证据调查环节，庭审实质化的要求程度较低。对于普通刑事案件，则庭审实质化的要求程度较高。

（二）明确复杂诉讼案件的特殊理念

1. 刑事诉讼谦抑

谦抑，顾名思义，即谦虚、抑制。在刑事法律中，说到谦抑一般是指刑法的谦抑性。刑法的谦抑性，又称刑法的谦抑精神，主要是指刑法的补充性、节俭性和刑罚的宽和性。[①] 刑法的补充性，主要是指在调整社会关系时，优先适用民事、行政等其他法律规范，只有当其他法律规范不能有效调整时，才能

① 参见王明星:《刑法谦抑精神研究》，中国人民公安大学出版社 2005 年版，第 47—49 页。

适用刑事法律规范，亦即刑法具有补充性和最后手段性。刑法的节俭性，主要是指在适用刑法时，应以最小的投入，实现最大化的价值和效益。刑法从制定到执行，需要投入大量的成本，因此不能轻易动用。即便动用刑法，也应以最小的适用达到最大的惩罚与预防的效果。刑罚的宽和性，主要是指刑罚不能过于严苛，应改变重刑主义理念，力求用较轻的刑罚控制犯罪，保护法益。在刑罚手段上，也应力求宽缓，实现矫正目的，而不能适用严酷的刑罚。

与刑法谦抑性相对应，在刑事诉讼过程中，也应体现谦抑性。我国有学者曾对刑事诉讼的谦抑性做了较为全面的概括：自从有了人类社会，就存在社会纠纷，而解决社会纠纷有多种方式，可以通过法律，也可以通过习惯、道德等。在通过法律解决纠纷时，优先适用民事法律、行政法律等解决纠纷，通过刑事诉讼解决纠纷应具有空间的萎缩性和时间的最后性。在通过刑事诉讼解决纠纷时，要保持克制性，慎用强制措施。刑事诉讼过程中，应在控辩平等的基础上，通过和解、协商等途径解决纠纷。通过刑事诉讼活动所获得的结果具有宽容性。例如，通过酌定不起诉使得刑事诉讼程序提前终结，限制就同一事实再次提起刑事诉讼程序等。[1]

可以说，刑事诉讼的谦抑性在所有刑事案件中均得适用。但在复杂诉讼案件中，该谦抑性更应引起重视，并成为构建此类案件具体规则的指导。在复杂诉讼案件中，该谦抑性表现为

① 参见郭云忠：《刑事诉讼谦抑论》，北京大学出版社 2008 年版，第 5—13 页。

以下三个方面。

一是刑事诉讼介入的谦抑性。在有的复杂诉讼案件，尤其是在涉众型经济犯罪案件中，刑事诉讼介入应谦抑慎重。在调整社会经济生活时，尽量适用民事、行政法律规范，不得已才能启动刑事诉讼程序。例如，在有的涉众型经济犯罪案件中，从单个的交易主体看，属于平等民事主体之间的合同纠纷，完全可以通过民事法律规范加以解决。此时，如果当事人双方均选择适用民事法律规范，则不应将之纳入刑事诉讼。在笔者所承办的一些非法集资案件中，许多被害人主张通过民事诉讼解决纠纷，拒绝成为刑事案件的被害人。有的已经向民事审判庭提起诉讼，有的已经作出了生效裁判，有的已经进入执行阶段或者已经执行完毕。对于这些纠纷，刑事诉讼在介入时应保持谦抑性，应尊重当事人双方的意愿，赋予民事审判庭生效裁判的合法性和执行力，不能大包大揽，以全案涉嫌刑事犯罪为由否定当事人的个人意思，否定民事裁判的法律效力。

二是刑事诉讼过程的谦抑性。在复杂诉讼案件中，普遍存在主犯、从犯、胁从犯等区分。处理此类案件，应明确打击重点，即主要将精力放在主犯的犯罪事实上。对于从犯、胁从犯等，应根据其参与程度，尽可能采用不起诉的方式分流案件。在适用强制措施时，可以根据比例原则，不用或用程度较弱的强制措施。此外，在因被害人人数众多而形成的复杂诉讼案件中，国家追诉权应有一定的节制，即应限制在一定的范围内，适可而止，不能简单以被害人人数作为界定犯罪个数的标准，进而不断追诉。

三是刑事诉讼结果的谦抑性。在复杂诉讼案件中，诉讼结果的谦抑性表现为：一方面，刑事裁判作出后，不能就同一事实再次启动刑事追诉程序，要受一事不再理原则的约束；另一方面，刑事诉讼结果的有限性。刑事诉讼的结果可以分为主体结果和附带结果。主体结果即确定国家刑罚权的有无及其范围，简单说就是对被告人定罪处罚的结果。附带结果是刑事裁判中的附属项，主要表现为附带民事诉讼的判决结果、赃款赃物的处理结果等。在一般刑事案件中，由于法律关系及案件事实比较简单，可以在刑事诉讼中一并处理被告人的刑事责任、民事责任及赃款赃物等，刑事裁判的主体结果和附带结果可以合并进行。但在复杂诉讼案件中，由于当事人、犯罪事实、证据材料及法律关系均呈现出复杂化状态，如果一并处理刑事责任、民事责任及赃款赃物等问题，则分散办案精力，使得刑事案件的办案重心不明，质量不高。因此，应坚持将办案重心放在处理被告人刑事责任问题上，即从诉讼结果上仅产生对被告人定罪量刑的主体结果。至于民事责任、赃款赃物处理等问题，可以通过其他法律途径解决，以保障刑事诉讼的及时性。

2. 刑事证据有限

复杂诉讼案件中，由于被告人及犯罪事实众多，且多数案件中涉及不特定多数被害人，因此相关的证据众多，纷繁复杂。此类案件在证据收集、证据调查、证据采纳过程中，与一般刑事案件不同，呈现出一定程度的“有限性”特征。

在证据收集过程中，对于相关言词证据（尤其是被害人陈述）的收集不可能达到没有遗漏的程度。以非法集资类案件为例，动辄存在数以万计的被害人。在一般刑事案件如诈骗案中，对被害人陈述均要一一收集。但在集资诈骗案件中，如何能够做到这一点呢？根本不可能。因此，此类案件在证据收集过程中，对于证明事项、证明内容一致的言词证据，如果数量过于庞大时，可以容忍侦查机关仅收集其中具有代表性的部分。

在证据调查过程中，一方面，证据出示具有有限性，即对于侦查机关收集的全案证据，不可能一一在法庭上出示。尤其是对于证明事项、证明内容一致的证据，公诉人可以在法庭上仅出示一部分，其他的如果被告人没有异议，则可以不予出示。另一方面，允许适度使用传闻证据，即相关的证人、被害人不必都出庭作证，而是由其中一部分代表出庭作证即可。其他未出庭的书面证言，经审查与其他证据能够印证的，可以作为定案的依据。

在证据采纳过程中，对于庭审出示的证据，法官可以分类归纳其证明内容，并在裁判文书中选取具有代表性的部分，无须一一罗列证据内容。

需要指出的是，刑事案件在认定犯罪事实时，必须坚持证据裁判原则，做到事实清楚，证据确实、充分。本书所称的证据有限性，仅是结合复杂诉讼案件的特点，对于证明内容、证明事项具有一致性的证据，择其代表收集、出示、采纳。只有这样，此类案件的庭审实质化才具有现实性。对于案件定罪量刑的关键证据，仍要坚持全面收集，充分质证，保障被告人的质证权，确保案件质量。

3. 案件规模适度

复杂诉讼案件由于涉及众多的当事人和众多的犯罪事实，容易形成大规模诉讼案件。此类大规模诉讼案件中，诉讼的公正性和效率性都很难得到保障。

从诉讼公正角度看：一是庭审虚化严重。在大规模诉讼案件中，由于当事人人数众多，犯罪事实纷繁复杂，证据材料繁多，容易造成诉讼指挥困难，庭审流于形式。二是被告人辩护权保障不力。各被告人之间容易出现敌对辩护，即某一被告人为自我防御，必须主张并提出证据证明其他被告人有罪而自己无罪。[①] 三是裁判者更容易存在有罪偏见。法官或陪审团对“被告人—犯罪事实—犯罪证据”之间的对应关系很难形成清晰准确的判断。这种情况下，基于“物以类聚，人以群分”的偏见，裁判者更容易先入为主，作出有罪认定。对此，美国联邦最高法院认为：“共同被告人违法行为的证据在某些情况下会错误地引导陪审团得出被告人有罪的认定，当许多被告人在一个复杂的案件中被合并审理，这种被错误定罪的风险就会更加突出。”[②]

从诉讼效率角度看，一般而言，并案审理会提高诉讼效率。但当案件规模过大时，诉讼效率反而会降低。在大规模诉讼案件中，由于被告人、辩护人、证人的人数太多，法院在案件排期、证据调查、诉讼指挥等方面均会出现困难，案件最终所耗费的时间成本、财务成本、人力成本急剧增加，诉讼效率反而不高。

---

① 参见王兆鹏：《美国刑事诉讼法》，北京大学出版社 2014 年版，第 631 页。

② 张泽涛：《刑事案件分案审理程序研究——以关联性为主线》，载《中国法学》2010 年第 5 期。

以案件排期为例，当被告人、辩护人、证人等人数众多时，为确保上述诉讼参与人均能到庭参加诉讼，法院往往在3个月以前或者更早的时间即开始协调各方，确定开庭时间。但即便如此，临时不能参加诉讼者仍屡见不鲜，导致开庭时间一再更改，拖延诉讼。又如，在日本的“五一节案件”中，受审的被告人达到260名，该案到做出一审判决为止，共花费了17年时间，而到生效为止则耗时达20年。[①]

综上，在复杂诉讼案件中，为了保障诉讼公正，提升诉讼效率，需要对案件规模进行控制，保持案件规模的适度性。具体说来，对于复杂诉讼案件中占据次要地位的被告人，或者次要犯罪事实，通过公诉机关分案起诉，或者法院主动分案审理，进而缩小案件规模，便于审理主要犯罪事实。

① 参见［日］松尾浩也：《日本刑事诉讼法》（上卷），丁相顺译，中国人民大学出版社2005年版，第341—342页。

第二章　涉众型经济犯罪案件被告人不被重复追诉权之保障

一事不两罚作为一项古老的法律原则，体现了朴素的自然正义观念。该原则在刑事诉讼中的具体表现，即为禁止重复追诉规则。禁止重复追诉，从国家追诉权角度看，即对于同一犯罪事实，不得提起两次以上的追诉。从被告人权利角度看，即产生了不被重复追诉的权利。我国刑事诉讼法律规范并未赋予被告人不被重复追诉的权利，相反，由于我国特有的再审制度，使得被告人因同一犯罪事实而面临多次追诉具有现实的可能性。例如，某一被告人因证据不足被终审宣告无罪的，公诉机关可以在补充证据的基础上再次启动追诉程序，该被告人仍然面临有罪判决的危险。这不仅严重损害了判决的既判力和法的安定性，也会使被告人长期处于不确定的危险之中，不利于被告人权利保障。在涉众型经济犯罪案件中，问题则更为复杂。该类案件中所普遍存在的“追加起诉”“另案起诉”问题，本质上是否属于一种重复追诉，需要结合刑事实体法与刑事程序法的相关理论，在论证是否属于同一案件的基础上，探讨禁止重复追诉的具体规则，保障被告人不被重复追诉权的实现。

第一节　禁止重复追诉的基础理论

一、禁止重复追诉的含义解读

刑事案件的基本构成要素有两个：一是人，即被告人；二是事，即犯罪事实。一人一事则构成一起刑事案件。在刑事诉讼中，对于一起刑事案件，要求公诉机关通过一次追诉活动实现国家刑罚权，禁止重复追诉，以保障被告人人权和法的安定性。所谓重复追诉，是指控诉方针对同一案件提起两次以上的追诉。构成重复追诉的基本条件有两个：一是必须存在两次以上的追诉，如果仅有一次追诉，则不论对此案件的追诉过程持续多长时间，经历了多少审级的审理，都不构成重复追诉；二是两次以上的追诉针对的是同一案件，即同一被告人的同一犯罪事实。① 如果两次以上的追诉针对的是不同被告人的犯罪事实，或者是针对同一被告人的不同犯罪事实，则属于一次新的追诉，不构成重复追诉。例如，刑事诉讼中的追加起诉制度，本质上是将在审判过程中新发现的犯罪事实，与此前所追诉的犯罪事实予以合并审理，通过一次诉讼解决，以提高诉讼效率。此时，由于前后两个诉所针对的是不同的事实，不属于重复追诉。

重复追诉可按不同的标准予以划分。

① 参见黄淳：《禁止重复追诉制度研究》，中国检察出版社 2010 年版，第 16—19 页。

1. 诉讼系属中的重复追诉与判决生效后的重复追诉

重复追诉过程中，存在前后两次追诉。根据后诉提起时，前诉是否终结，可将重复追诉分为诉讼系属中的重复追诉与判决生效后的重复追诉。当后诉提起时，前诉尚未终结，尚处于诉讼系属中，此时的重复追诉属于诉讼系属中的重复追诉。由于前诉尚未终结，尚未有终局裁判存在，故此类重复追诉并不涉及裁判的既判力问题，也不存在损害裁判终局性效力的问题。当后诉提起时，前诉已经终结，已经存在具有既判力的裁判，此时的重复追诉属于判决生效后的重复追诉。此类重复追诉中，由于前诉已经具有生效裁判，故重复追诉损害了裁判的终局性和司法的权威性。对于诉讼系属中的后诉，需要根据具体情况，或者通过变更起诉的方式与前诉一并处理，或者直接予以禁止。而对于判决生效后的后诉原则上必须禁止。

2. 分割追诉与重合追诉

根据前后两次追诉所针对的内容不同，可将重复追诉分为分割追诉与重合追诉。分割追诉是将构成同一整体的犯罪事实分割成一部与他部，分别提起两次追诉。重合追诉则针对完全相同的犯罪事实分别提起两次追诉。[①] 司法实践中，分割追诉的现象较为普遍，相应的规制也比较少。对于同一犯罪事实，原则上应通过一次诉讼解决。但实践中，犯罪事实往往比较复杂，尤其是连续犯、牵连犯等，多个部分事实构成一个整体的犯罪

---

① 参见黄淳:《禁止重复追诉制度研究》，中国检察出版社 2010 年版，第 36 页。

事实。但在侦查阶段初期，可能仅仅发现部分犯罪事实，进而提起追诉。在诉讼过程中，随着遗漏的被害人报案等，又发现了他部犯罪事实，进而提起第二次追诉。这在客观上就形成了分割起诉。对于重合追诉，则往往存在于再审程序中，通过再审程序，使得被告人基于一个犯罪事实面临两次追诉。分割追诉，如果前诉仍处于诉讼系属中，尚未有生效裁判存在，一般情况下需要重点关注前后两诉的合并问题，对于后诉不能一律禁止。当然，在考虑前后两诉合并问题时，也应考虑刑法谦抑性、诉讼及时性等原则，避免国家刑罚权滥用和诉讼过分拖延。对于重合追诉，原则上应禁止后诉。

3. 恶意与非恶意的重复追诉

按照控诉方是否是出于恶意滥用追诉权而提起重复追诉，可分为恶意的重复追诉与非恶意的重复追诉。[①]恶意的重复追诉，例如，控诉方出于报复、摧毁被告人的抵抗心理、迫使被告人认罪、公诉业绩考核等动机，故意滥用追诉权，对单一被告人本应一次追诉的单一犯罪行为分成前后两次乃至多次追诉。典型的表现为公诉机关明知被告人的犯罪行为属于牵连犯、连续犯等情况下，将目的行为与手段行为分割起诉，或将前后连续的行为分割起诉。非恶意的重复追诉，则是由于客观上出现初次追诉时未曾预料的新情况或因判断案件同一与否的复杂性等原因，控诉方误认为同一案件系不同案件而再次追诉。

① 参见黄淳:《禁止重复追诉制度研究》，中国检察出版社 2010 年版，第 34 页。

二、禁止重复追诉制度的理论基础

（一）大陆法系：一事不再理

一事不再理起源于古罗马法。古罗马法用“诉权消耗论”来解释一事不再理。诉权，即个人提起诉讼、接受裁判的权利。“古罗马人基于朴素的、物理的世界观，将诉权也看作物质的。由于在常识上物质的运动必然造成物质的消耗，因此，他们认为诉权的行使同样也会导致诉权消耗。”[①] 在这一理论下，一个案件的审理是基于诉权而启动的，诉权一经行使，就属于被消耗掉的，再次诉讼就没有诉权根据。但是，诉权消耗理论还存在较大的缺陷，突出表现为其效力仅及于原告，而被告仍可就同一案件再行起诉。为此，到公元 2 世纪，罗马的法学家们又发展出了“既决案件”规则。[②] 根据该规则，判决一经作出，即发生“既决案件”的效力，当事人双方对该案件不得再行诉讼。可见，罗马法上的“一事不再理”原则实际上包含了“诉讼系属的抗辩”和“既决案件的抗辩”这两个层次的意思，具有诉讼系属和既判力两种效力。

在现代诉讼法理论上，关于“一事不再理”有狭义说和广义说之分。狭义说将一事不再理等同于既判力的消极作用。“不论是有罪判决还是无罪判决，作出产生法律效力的判决后不允许对同一行为再启动新的程序。此原则的出发点，是国家刑罚

① 谢佑平、万毅：《刑事诉讼原则：程序正义的基石》，法律出版社 2002 年版，第 391 页。

② 参见周枏：《罗马法原论》（下册），商务印书馆 2014 年版，第 987 页。

权已经耗尽。”[①]广义说则延续了罗马法上双重内涵的理念，认为一事不再理原则不仅包含在判决生效后，不得再行起诉的要求，还包括在提起诉讼之后，裁判生效之前，也不得再行起诉。“一事不再理涵括了判决的既判力与诉讼系属两个层面，不仅判决确定后不得就同一案件再次追诉，而且诉讼一经提起就不得以同一案件再次追诉。”[②]可见，二者的区别在于，一事不再理原则是否包含诉讼系属层面的禁止重复追诉。对此，有学者从历史溯源出发，认为罗马法上的一事不再理原则从本来意义上即包含了诉讼系属效力和判决既判力效力两个方面。另一些学者则主张：“诉讼系属问题，即提起一个诉讼后不得另行起诉的问题，似应属于起诉效力约束的范畴，不应纳入一事不再理调整的范围。”[③]

广义说基于历史本源的考察，狭义说则基于历史发展与现实的考察，分别界定一事不再理原则的含义，均有合理之处。但从禁止重复追诉的角度看，无论诉讼系属的效力，还是既判力理论，均是禁止重复追诉制度的理论基础。

1. 诉讼系属

诉讼系属是指因诉讼的提起，使得诉讼上的请求处于法院审判中的状态。[④]诉讼系属基于起诉而产生。在刑事诉讼中，国

① [德]约阿希姆·赫尔曼：《〈德国刑事诉讼法典〉中译本引言》，李昌珂译，中国政法大学出版社1995年版，第14页。

② 谢佑平、万毅：《刑事诉讼原则：程序正义的基石》，法律出版社2002年版，第391页。

③ 宋英辉、李哲：《一事不再理原则研究》，载《中国法学》2004年第5期。

④ 参见张卫平：《重复诉讼规制研究：兼论“一事不再理”》，载《中国法学》2015年第2期。

家公诉机关或自诉人起诉并被法院受理后，即发生诉讼系属的效力，该刑事案件处于法院的审理之中。当诉讼提起者撤回起诉或法院作出生效裁判后，诉讼系属消灭。“诉讼系属，系因诉之提起而发生者，如起诉经撤回，诉讼关系即归消灭。既无诉讼关系之存在，法院即无从就该案为任何裁判。案件经法院为终局裁判者，其诉讼关系因而消灭。”① 法院也无从就该案进行审判。按照诉讼系属的具体原因不同，在理论上将其区分为事实上的系属与法律上的系属。所谓事实上的系属，是指起诉书所载明的被告人及犯罪事实，因为提起公诉这一事实，而系属于法院。所谓法律上的系属，则是指对起诉书未载明之案件事实，基于法律上的原因，如其与已经提起公诉的案件事实具有法律上的单一性，因此亦属于法院审判范围，从而实际上系属于法院。“既曰系属，一般固指事实上系属言，即其诉之效力所及之部分，亦因诉之发展而系属，称之为法律上系属。后者，如法院对未经起诉之被告或犯罪事实加以审判时，该案件即事实上系属于法院。”②

诉讼系属的法律效力主要表现在两个方面：一方面，对于系属于法院的被告人及其犯罪事实，法院有审判职责；另一方面，对于诉讼系属中的案件，不得在其他法院或同一法院再行起诉。此即诉讼系属在禁止重复追诉方面的效力。例如，德国学术界通行的观点认为，经由诉讼即建立了在特定法院的系属

① 陈朴生:《刑事诉讼法实务》，三民书局 1987 年版，第 101 页。
② 陈朴生:《刑事诉讼法实务》，三民书局 1987 年版，第 102 页。

关系。如果对于系属中的案件再次在另一法院提起诉讼，则后一诉讼允许以诉讼系属抗辩为由中止程序。如果后一法院不知已有之前的起诉，而已开始审判程序时，只要之前的诉讼并非早已开启审判程序，则后一个法院有优先审判权。[①] 在日本，“因提起公诉，案件开始由法院诉讼隶属。犯罪嫌疑人变成了被告人，案件进入了新的诉讼关系。诉讼隶属的积极效果是法院产生了审判的权利义务关系。诉讼隶属的消极效果是，在公诉事实范围内禁止双重起诉”[②]。亦即，诉讼系属的积极效果在于法院获得案件的审判权，而消极效果在于对案件禁止重新起诉。

2. 既判力

依大陆法系学者的一般见解，判决生效后即具有确定力，分为形式上的确定力和实质上的确定力。既判力就是指判决实质上的确定力。日本学者就此解释道：“诉讼是根据国家审判权作出的公权性的法律判断，是以解决当事人之间的纠纷为目的的，而终局判决正是这种判断。它不但拘束双方当事人服从该判断的内容，使之不得重复提出同一争执，同时作为国家机关的法院当然也必须尊重国家自己所作出的判决，即使是把同一事项再次作为问题在诉讼中提出时，也应以该判断为基础衡量当事人之间的关系。这种确定判决表示的判断不论对当事人还是对法院都有强制性通用力，不得进行违反它的主张或者判断

① 参见［德］克劳思·罗科信：《刑事诉讼法》，吴丽琪译，法律出版社 2003 年版，第 365 页。

② ［日］田口守一：《刑事诉讼法》，张凌、于秀峰译，中国政法大学出版社 2010 年版，第 156 页。

的效果就是既判力。”[①] 既判力具体有如下效果。

（1）当事人之间的权利义务关系因既判力而确定。这可称为“既判力对事的效力”。在刑事诉讼中，裁判生效后，依据既判力，若是无罪判决即确定被告人无罪，若是有罪判决即发生刑罚执行权。

（2）当事人不得就该诉讼标的再行提起诉讼，法院也不得再予受理。这可称为“既判力对人的效力”，即当事人因为既判力而丧失对同一诉讼标的再次起诉的权利，法院亦因此丧失再次审判的权力。日本有学者认为，既判力针对“出现后诉”的情形而发生作用。当存在具有既判力的裁判时，当事人不能提出与既判力的判断相反的主张，法院也不能接受这种与既判力的判断相反的主张，而是应当予以驳回。[②] 在德国，刑事判决的既判力意味着国家刑罚权已经耗尽，即不得就同一案件再进行新的诉讼程序，也不能产生新的实体判决，即一事不两罚。一事不两罚原则为德国基本法第 103 条第 3 项所规定，具有宪法层次的地位。[③] 在日本，裁判一经发生法律效力后，根据法律安定性的要求，就不得对案件再度起诉，如果再度起诉，法院即应以欠缺实体的诉讼条件为由作出免诉判决。[④]

① [日] 兼子一、竹下守夫:《民事诉讼法》，白绿铉译，法律出版社 1995 年版，第 155 页。

② 参见 [日] 高桥宏志:《民事诉讼法：制度与理论的深层分析》，林剑锋译，法律出版社 2003 年版，第 483 页。

③ 参见宋英辉、李哲:《一事不再理原则研究》，载《中国法学》2004 年第 5 期。

④ 参见 [日] 田口守一:《刑事诉讼法》，张凌、于秀峰译，中国政法大学出版社 2010 年版，第 341 页。

由上文可见，无论诉讼系属的消极效力，还是既判力理论，均禁止重复追诉，只不过前者侧重于诉讼系属中重复追诉之禁止，后者则侧重于裁判生效后重复追诉之禁止。

（二）英美法系：禁止双重危险

英美法系国家通过禁止双重危险原则，对刑事诉讼中的重复追诉问题进行规制。禁止双重危险原则要求，被告人不得因同一罪行而受到两次起诉、审判和科刑。禁止双重危险的理念源于罗马法。英国自盎格鲁撒克逊时代开始，其立法深受罗马法影响，直到15世纪，对罗马法的继受才真正中断。12世纪时期，英国存在两个不同甚至相互平行的法院体系：教会法院和世俗法院。由于世俗法院与教会法院在管辖权方面的重叠，教士在犯重罪后，可能面临教会法院和世俗法院的双重处罚。对此，英国教会大主教托马斯·贝克特认为，这一做法违背了“任何人均不应因其同一项犯罪而受到两次惩罚”的箴言。此后，世俗法院对于教士的司法管辖权均遭废止。[①]禁止双重危险原则在英国普通法初步形成。后几经曲折反复，至18、19世纪，英国的禁止双重危险原则方至成熟阶段。[②]

17世纪，英国法学家库克第一次阐述了禁止双重危险原则。库克称，在英国的法庭上，对已经正式作出无罪判决的案件来

① 参见［美］哈罗德·J.伯尔曼：《法律与革命》（第一卷），贺卫方等译，法律出版社2008年版，第250—258页。

② 参见黄淳：《禁止重复追诉制度研究》，中国检察出版社2010年版，第76页。

说，前已作出无罪判决的抗辩理由是基于这样一个具有普遍意义的箴言，即任何人都不应因其同一犯罪而不止一次地被置于使其生命遭受危险的境地。[①]18世纪英国法学家布莱克斯通可以说是系统研究禁止双重危险原则的创始人。美国联邦最高法院指出，禁止双重危险原则是通过布莱克斯通才被引入国家法律体系中的。根据布莱克斯通的观点，当一个人的某一行为经有管辖权的法院判决无罪或者有罪，则先前控诉中的无罪或有罪判决可以很好地禁止对相同行为的再次控告。这是源于英国习惯法上的格言：任何人不得因相同行为而受到一次以上的生命或者肢体的危险。[②] 此后，查尔斯·巴彻尔德比较完整地论述了禁止双重危险原则。他指出：针对整个犯罪的有罪或无罪判决作出后，则禁止对整个犯罪或部分犯罪再次起诉；起诉整个犯罪但仅对部分犯罪作出了有罪判决，则禁止对整个犯罪或部分犯罪再次起诉；起诉部分犯罪被判决有罪或无罪的，则禁止对整个犯罪或部分犯罪再次起诉。[③] 在英国，禁止双重危险原则包括两项主要内容。一是既决案件规则。如果法院针对某人的罪行已经做出了生效裁判，则不管是有罪裁判还是无罪裁判，行为人都不能以相同罪名再次受到指控。二是滥用程序规则。既决案件规

① 参见张毅：《刑事诉讼中的禁止双重危险规则论》，中国人民公安大学出版社2004年版，第44页。

② 参见［美］乔治·C.托马斯Ⅲ：《禁止双重危险：历史沿革与法律规定》，郭志媛译，中国政法大学出版社2013年版，第7—27页。

③ 参见［美］乔治·C.托马斯Ⅲ：《禁止双重危险：历史沿革与法律规定》，郭志媛译，中国政法大学出版社2013年版，第31页。

则仅适用于前后两次追诉罪名相同的情况，如果前后两次追诉罪名不同，则不能适用该规则抗辩。此后，英国在既决案件规则之外又建立了滥用程序规则，为被告人提供更为宽泛的禁止双重危险的保护。滥用程序规则是一项衡平法规则，通常在两种情形下适用：一是被告人不能获得公平审判的场合。如审理时间的延误、陪审团的偏见等。二是尽管被告人获得了公平审判，但将其置于审判本身就是不公正的。如控方违背不起诉或者终止诉讼的承诺，以非法方式将被告人置于审判之中等。①

17 世纪，禁止双重危险原则在北美殖民地落地生根。1641 年，马萨诸塞州《自由宣言》明确规定，任何人均不应因同一犯罪、违法行为或过错而被法庭判刑两次。1784 年，新罕布什尔州《宪法》规定，任何人在被作出无罪判决后，均不得因同一犯罪或违法行为而再次受到审判。1789 年，禁止双重危险规则被纳入美国联邦宪法第五修正案中。美国联邦宪法第五修正案规定，任何人均不得因同一罪行而两次受到生命或身体上的危险。虽然条文规定“危险”是指将一个人置于“生命或者身体的危险”之中，但联邦最高法院明确指出，禁止双重危险规则适用于所有的犯罪，而不仅仅适用于被判处死刑或者身体刑的犯罪。② 原因是：（1）禁止双重危险是建立在普通法关于“前经开释”或者“前经定罪”的答辩的基础上的；（2）虽然最初几

① 参见孔军：《禁止双重危险原则及其在我国的确立》，中国社会科学院研究生院 2012 年博士学位论文。

② 参见宋英辉：《刑事诉讼原理》，法律出版社 2007 年版，第 155 页。

乎每一个犯罪中关于“前经开释”或者“前经定罪”的答辩都是针对死刑或者身体刑进行的，但这样的答辩逐渐适用于所有的重罪、轻罪和轻微罪等犯罪；（3）禁止双重危险的规定应当随着普通法关于答辩的扩展而适用于所有的犯罪，而不仅仅是特定类型的犯罪。①

禁止双重危险规则的核心价值理念，在于通过对国家追诉权的有效限制，避免被告人被反复追诉，从而使其免遭反复审判所带来的痛苦，并避免被增加定罪的危险。但由于美国特有的双重主权的政治体制，在很长一段时间内，该原则仅适用于联邦，而不能适用于各州的司法实践。亦即，对于同一案件，联邦司法系统和州司法系统可以分别提起指控，不受双重危险规则的制约。20世纪60年代末，美国联邦最高法院通过司法判例，正式确认禁止双重危险的权利是正当程序的权利，进而可以通过联邦宪法第十四修正案的规定直接适用于各州。

在美国刑事诉讼中，当一个人在符合下列情况下被置于审判，禁止双重危险规则开始发生作用，即产生了第一次危险：具有合格的起诉书；在一个合格的法庭之上；一个合格的陪审团已经宣誓（在没有陪审团的案件中，当第一个证人已被传到法庭并已宣誓）。② 对刑事被告人的危险产生之后，根据第一次危险的完成状态，禁止双重危险原则亦可分为两项内容。其

---

① 参见宋英辉：《刑事诉讼原理》，法律出版社2007年版，第155页。

② 参见杨宇冠：《论禁止双重危险原则》，载《北京市政法管理干部学院学报》2000年第3期。

一，如果第一次审判顺利完成，法庭针对被告人作出了有罪或者无罪的判决，则不得对该被告人就同一罪行再次进行追诉。此相当于英国的既决案件规则的内容，不同的是，美国法并不限定两次危险均需以同一罪名。其二，即使第一次审判并未以有罪或无罪判决告终，被告人也可能被认为已经承受了一次危险，从而禁止对其同一罪行再次追诉。因此，当第一次危险开始后，无论裁判结果如何，原则上不得就被告人的同一罪行再次追诉。①

根据美国法院的司法判例，禁止双重危险原则有如下具体的要求：任何人都不得因为一项错误的行为而受到连续的起诉；任何人都不得因为同一罪行而受到两次刑罚；按照罪行包容理论，法院对于某一包容在更严重罪行之中的较为轻缓的罪行，作出无罪判决或者在未被撤销的有罪判决之后，不得再对该重罪进行审判；即使是为了纠正某一错误和无效的科刑判决，法院也不能对同一行为加以重复判刑，但前提是该判决已经得到执行；如果被告人被法院判决无罪，那么，即使审判中存在导致公诉方利益受到损害的法律错误，即使起诉书本身存在瑕疵，甚至即使该判决与证据的证明力明显不符，公诉方也不得提起任何形式的上诉。②

可见，在英美法系国家，根据禁止双重危险规则，当被告

① 参见孔军：《禁止双重危险原则及其在我国的确立》，中国社会科学院研究生院 2012 年博士学位论文。

② 参见陈瑞华：《刑事诉讼中的重复追诉问题》，载《政法论坛》2002 年第 5 期。

人受到第一次危险后，不论裁判结果如何，即不得就同一罪行再次起诉同一被告人，从而使得禁止重复追诉在最大范围内得以实现。

三、禁止重复追诉制度的价值分析

1. 法的安定性

法的安定性是法的重要价值之一。正如拉德布鲁赫所言："给法律观点之间的争议做出一个结论，比给它一个正义的且合目的性的结论更重要；正义和合目的性是法律的第二大任务，而第一大任务是所有人共同认可的法的安定性，也就是秩序与安宁。"① 只有在安全、和平、有序的社会环境中，人类的基本需要才能得以满足，正义才能确保得到普遍的实现。法的安定性有两层含义，一是透过法律达成的安定性，二是法律本身的安定性。② 前者是指法对于稳定和维护社会秩序的价值；后者则体现了法自身的安定性要求，其中包括了立法层面的法的安定性和司法层面的法的安定性两方面内容。就立法层面而言，要求法律明确清晰，具有可预测性、可操作性，一经制定，即不能朝令夕改。就司法层面而言，则要求保持司法判决的确定力，避免矛盾判决，维护司法权威。

禁止重复追诉制度的重要价值之一就在于维护法的安定性。禁止重复追诉制度的首要作用就是在一次诉讼已获得具有实体

① ［德］拉德布鲁赫：《法哲学》，王朴译，法律出版社 2005 年版，第 74 页。

② ［德］考夫曼：《法律哲学》，刘幸义等译，法律出版社 2004 年版，第 274 页。

确定力的判决之后，禁止就同一案件再次追诉。大陆法系国家基于一事不再理的理念，认为禁止重复追诉有确认实体判决的既判力、维护裁判权威的作用。如德国学者认为，判决的效力分为形式的及实质的法律确定力，形式的法律确定力是指一裁判在同一项诉讼程序中不得再上诉，即终结效力；实质的法律确定力则使已确定判决之案件不得再为另一诉讼程序之标的。[①]英美法系国家虽以禁止双重危险理论解释禁止重复追诉问题，但判决的终局性仍然是禁止双重危险原则的目的之一。例如，美国联邦最高法院在 United States v. Difrancesco 一案中指出，宪法禁止双重危险条款的一个或主要的目的是保证判决的终局性。[②]

禁止重复追诉制度不仅在已有生效判决的情况下，起到禁止再次追诉，确认裁判终局性，维护司法权威的作用。而且，通过禁止诉讼系属中的重复追诉，避免了可能产生的矛盾裁判，有利于实现法的安定性。在诉讼系属中的再次追诉，导致同一案件出现多次审判，容易出现矛盾裁判。通过禁止重复追诉制度，在案件已经处于诉讼系属的情况下，以先系属者为主导，从而可以避免矛盾裁判。

此外，禁止重复追诉制度可以使被告人的地位处于安定状态。通过禁止重复追诉，可以使被告人避免陷入尴尬、消耗、折磨，迫使其生活在焦虑和不安之中，不仅有利于保障被告人人权，也有利于维护法的安定性价值。

---

① 参见［德］克劳思·罗科信:《刑事诉讼法》，吴丽琪译，法律出版社 2003 年版，第 475 页。

② 参见黄淳:《禁止重复追诉制度研究》，中国检察出版社 2010 年版，第 101 页。

2. 保障人权

现代刑事诉讼十分重视人权保障，尤其是作为被追诉者的犯罪嫌疑人、被告人的人权保障。就禁止重复追诉制度而言，通过避免犯罪嫌疑人、被告人受到多重追诉，多重处罚，进而保障犯罪嫌疑人、被告人的人权，此也是该制度的重要价值之一。在英美法系，禁止重复追诉制度是以禁止双重危险原则为基础的。1957 年，美国联邦最高法院大法官布莱克在 Green v. United States 一案的判决书中对该原则的内在精神作了精辟的概括："禁止双重危险原则的宗旨在于保护个人免遭因某一被指控的犯罪不止一次地被强行置于审判的危险之中而被作出可能的有罪判决。禁止双重危险原则的深层理念是，拥有各种资源和权力的国家不应当被允许因为一个公民一项被指控的犯罪，而反复作出试图使他得到定罪的努力，以至把他置于尴尬、消耗和使其意志遭受痛苦磨难的状态之中，迫使他生活在一种持续的焦灼和不安全状态之中，同时增加即便他无罪，但也会判定有罪的可能性。"[①] 布莱克法官的话形象描述了被追诉者在面临双重危险的情况下，其人权所遭受的严重侵害。无疑，以禁止双重危险原则为依据解释禁止重复追诉制度，该制度的人权保障功能不言而喻。在大陆法系，则以一事不再理原则作为禁止重复追诉的理论基础。虽然传统的一事不再理原则主要体现了维护裁判权威和法的安定性，避免矛盾判决等方面的价值，并没有从被追诉者人权保障方面予以特别关注。但是，随着现代刑

① 张毅:《刑事诉讼中的禁止双重危险规则论》，中国人民公安大学出版社 2004 年版，第 70 页。

事诉讼对人权保障的日益重视，大陆法系国家在贯彻一事不再理原则并进行禁止重复追诉制度设计时，均不同程度借鉴了人权保障理念。例如，在法国，在启动再审时不能启动对不利于被告人的再审。在德国，启动不利于被告人的再审条件较之启动有利于被告人的再审条件严格很多。这均体现了人权保障理念。因此，有学者指出：一事不再理原则和禁止双重危险原则发展到现代，形成了基本相同的价值取向，即为了保障人权而对发现真实的价值目标进行适当的抑制，以实现刑事诉讼价值目标的平衡。①

3. 诉讼经济

诉讼经济价值是由诉讼效益来衡量的。效益本是一个经济学上的概念，指生产过程的成本投入与收益产出之比。如果一个生产过程以最少的总成本投入生产出既定水平的产出，或者一个生产过程可使既定的投入组合达到最大的产出水平，那么这一过程在生产上就是有效益的。法律制度的制定和实施必须讲究经济效益，避免成本过高。

对于禁止重复追诉制度的诉讼经济价值，我国学者认为，适用禁止双重危险规则是在资源稀缺与交易成本核算下提高刑事诉讼效率的功利性选择，是通过提高诉讼效率促使程序公正实现的重要手段，也是通过提高效率增强刑罚的实际效果，激

① 参见陈光中：《〈公民权利和政治权利国际公约〉与我国刑事诉讼》，商务印书馆 2005 年版，第 320 页。

励有效的侦查、起诉、审判的重要途径之一。[①] 可以避免就同一事实进行多次重复的起诉和审判活动，有利于实现诉讼经济原则。[②] 美国有学者认为，禁止对已决案件的重复追诉，是通过节约稀缺的检控和审判资源、提高诉讼效率服务于公共利益的。[③] 日本学者则认为，既判力从制度角度看，是为了回避对同一事件进行再度审理、判决（诉讼经济）。[④] 可见，不论是英美法系以双重危险原则为基础的禁止重复追诉制度，还是大陆法系以既判力理论为基础的禁止重复追诉制度，都具有解决诉讼成本，提高诉讼效益的诉讼经济价值。

第二节　涉众型经济犯罪案件同一性之认定

重复追诉是指对同一案件进行了两次以上的追诉。因此，案件同一性是构成重复追诉的前提。但如何判断案件具有同一性，存在不同的学说和判断标准。在涉众型经济犯罪案件中，被害人人数众多，且由于信息不畅、路途遥远，或存在观望心理等原因，大量的被害人在立案、侦查阶段并没有报案，没有

① 参见张毅：《刑事诉讼中的禁止双重危险规则论》，中国人民公安大学出版社 2004 年版，第 118—130 页。

② 参见陈瑞华：《问题与主义之间——刑事诉讼基本问题研究》，中国人民大学出版社 2003 年版，第 327 页。

③ 参见黄淳：《禁止重复追诉制度研究》，中国检察出版社 2010 年版，第 94 页。

④ 参见［日］中村英郎：《新民事诉讼法讲义》，陈刚等译，法律出版社 2001 年版，第 229 页。

进入刑事司法程序。随着案件的进展，被害人陆续报案，造成了追加起诉和另案起诉现象十分普遍。对于这种追加起诉以及另案起诉，不论是侦查人员还是检察官、法官，甚至是被告人、辩护人，都认为这种多次起诉和多次审判并不存在法律和法理上的障碍，并不属于重复追诉，理由在于这种追加起诉或另案起诉所针对的被害人是不同的，因此就不属于同一案件，自然不构成重复追诉。因此，解决这一问题，首先要明确涉众型经济犯罪案件中同一案件的认定标准问题。只有在认定前后多次追诉属于同一案件的基础上，才能进一步就禁止重复追诉问题展开论证。

一、同一案件的认定标准问题

（一）相关学说

1. 自然历史进程说（自然事实同一说）

该说源于德国，又称为自然事实同一说。在德国，通说认为，刑事诉讼法上的犯罪行为并不是某一特定的法律构成要件或由检察机关所认定的某一犯罪事实的片段，而是犯罪的一个完整过程，即刑事诉讼法上的行为概念与实体法上并无依赖关系，而是指作为刑事诉讼基础的整个历史过程。[①] 对于自然历史进程说，我国台湾地区学者有更为明确的论述："诉讼法上的犯罪事实，是指依照自然观察而来的一个具体的生活事件，即某

① 参见［德］克劳思·罗科信：《刑事诉讼法》，吴丽琪译，法律出版社2003年版，第179—180页。

个单一的历史过程，这个历史过程得以和其他相类的或相同的历史过程相区别，并且被告在这个历史过程中已经或应该实现了某个构成要件；反过来说，如果某个整体历史进程评价为两个事件，将会产生不自然的割裂时，即应认为属于同一个自然的历史进程。换言之，不管实体法上的评价是一罪或数罪，历史过程的单数才是构成诉讼法上的犯罪事实的概念的基础。只要行为人的整体举止，根据自然的观点，足以合成为一个相同的生活过程，或者更白话地说，成为一个自然的生活事件时，便是一个诉讼法上的犯罪事实。”①

依据自然历史进程说，诉讼法上的犯罪事实是否同一，以能否形成单一的自然历史进程或自然事实为判断标准。当判断为一个自然历史进程时，法院可在该自然事实范围内自由适用法律，对被告人定罪处罚。当该自然事实被起诉后，即产生诉讼系属的效果。当法院对该自然事实依法裁判后，即产生既判力的效果。公诉机关不得对该自然事实重复追诉。因此，采用自然历史进程说，可以在尽可能宽的范围内适用一事不再理原则，以避免同一被告人的同一犯罪事实反复受到追究、审理。

2. 法律事实同一说

法律事实同一说在自然事实同一的基础上，加入法律评价因素，从而作为判断同一性的标准。该说认为，公诉机关起诉的事实不但是自然事实，而且是经过法律评价后的事实，只有当罪名或罪质相同时，才能认定为同一犯罪事实。法律事实同

---

① 林钰雄：《刑法与刑诉之交错适用》，中国人民大学出版社 2009 年版，第 116—117 页。

一说又可分为以下两种类型。

（1）罪名同一说。该说认为对于同一事实，只有在前后两次追诉的罪名相同时，才属于同一案件，产生一事不再理的效果。反之，当前后两次追诉的罪名不同，即便是自然事实相同，也不受一事不再理的约束。例如，在法国，1956 年之前，最高法院认为，事实同一是指罪名同一。据此，当某一行为被以甲罪名起诉、判决后，仍然可以按照乙罪名再次起诉该同一行为，以纠正司法错误。此后，法国《刑事诉讼法》明确规定，被告人经宣告无罪后，不得对该同一犯罪事实再次起诉，而不论前后罪名是否相同。但法国最高法院于 1983 年通过判决，又恢复使用了罪名同一说。该案中，被告人以过失杀人罪被判决有罪，法国最高法院认为，对于该行为，仍然可以以故意杀人罪提起追诉。因为过失杀人罪和故意杀人罪的构成要件是不同的。①

（2）罪质同一说。该说认为，起诉事实不单是自然的、社会的事实，更是经过法律评价之后的特定的事实，应受构成要件的“类型化的本质”，即罪质的制约。罪质相异时，不具有同一性；罪质相同时，如本身基本事实相同，则具有同一性。例如，日本学者小野清一郎认为，决定案件的同一性，并非指构成要件的同一性，而系犯罪事实的同一性，罪名是否同一，则并不必要。法院虽然有权力变更起诉罪名，但该变更罪名仍然要受一定的约束，并非可以任意变更，而应在不妨害案件同一性范

① 参见［法］卡斯东·斯特法尼等:《法国刑事诉讼法精义》（下），罗结珍译，中国政法大学出版社 1999 年版，第 882—885 页。

围内进行变更。例如，在故意杀人罪与过失杀人罪、欺诈罪与侵占罪之间，法院可以变更罪名。这些犯罪的构成要件虽然不同，但从宽泛的意义上看，仍然属于同一范畴类型。至于不属于同一范畴类型的案件，则不得变更。例如，以盗窃罪起诉的事实，不能变更罪名为毁损名誉罪。[①]与罪质同一说相类似者还有构成要件共通说、指导形象类似说等。总体而言，此种学说在自然事实同一性的基础上，虽然不要求罪名相同，但也要求罪质相同或相似，即两罪的法益相同或相似。换句话说，对于同一自然事实，公诉机关以某一罪名起诉后，即产生诉讼系属的效果。法院在作出生效裁判后，公诉机关不得以同一罪名或类似罪名再次起诉。从而较之于罪名同一说，扩大了一事不再理的适用范围。

（二）具体判断标准

从禁止重复追诉的原则看，采用自然历史进程说或自然事实同一说，不论法律评价如何，公诉机关均被禁止再次起诉。有利于扩大禁止重复追诉的效力范围，维护既判力，也与我国的职权主义诉讼模式相适应。笔者也基本同意采用自然历史进程说。但是，自然历史进程说系依据日常生活经验而判断，本身具有一定的不确定性和主观性。不同的人根据不同的生活经验和立场，可能会得出不同的结论。因此，有必要对自然历史

① 参见［日］小野清一郎：《犯罪构成要件理论》，王泰译，中国人民公安大学 1991 年版，第 125—128 页。

进程说进行要素分析和评判，即如何确定某一犯罪事实构成了单一的自然历史进程？对此，我国台湾地区学者林钰雄认为，判断是否构成单一自然历史进程的关键，“即在于其间紧密的事理关联性，尤其是行为时间、行为地点、行为客体以及攻击方向，在此并应将保护法益的种类及持有人考虑在内，借以判断大致的非难方向”①。或者认为，“犯罪之日时、处所、方法、行为之态样以及被害法益之内容等，不能不予考虑，其间之一致、类似、相近、包含等关系，当属判断同一性所不能或缺者”②。

1. 德国的司法实践

在德国，其理论上认为，当起诉书所记载的案件“具有一致性的历史经过”时，则认为属于同一案件。但是，如何判断属于“一致性的历史性经过”，尚无一致性看法。某些新近判例认为，不论法律特质如何，所有实际上无法分割并且交错复杂的事件经过均可视为一行为。③但这种观点仍然存在很强的主观性，何为无法分割？何为交错复杂的事件？仁者见仁、智者见智。因此，需要进一步予以明确。在德国，虽然认为刑事诉讼法上的行为概念与刑事实体法上的行为概念并不相同，“诉讼上之行为概念必须与实体法上的行为的单一、行为复数及结合犯罪加以区别”④。但鉴于刑事实体法与刑事诉讼法的特殊关系，实践中在判断刑事诉讼法上何为“同一历史进程”时，刑事实体

① 林钰雄：《刑法与刑诉之交错适用》，中国人民大学出版社 2009 年版，第 117 页。
② 林钰雄：《刑法与刑诉之交错适用》，中国人民大学出版社 2009 年版，第 117 页。
③ 参见［德］克劳思·罗科信：《刑事诉讼法》，吴丽琪译，法律出版社 2003 年版，第 180 页。
④［德］克劳思·罗科信：《刑事诉讼法》，吴丽琪译，法律出版社 2003 年版，第 180 页。

法上的行为概念及罪数理论仍然具有重要的参考意义。

首先，实体法上想象竞合的一行为，原则上是诉讼法上的一行为。想象竞合，即行为人的一个行为触犯数个刑法规范，从而使得数个刑法规范皆可适用的现象。想象竞合犯本质上存在一个行为，在诉讼法上也属于一行为，即同一历史进程。例如，同一时间内违法进口武器及麻醉药品，此属一行为。如因犯武器罪而告判决确定者，则不容许稍后再依麻醉药品法加以审判。再如，无照驾驶与其在驾驶期间所犯其他罪因具有行为单数关系而成立同一行为。①

其次，实体法上真实竞合的数行为，原则上是诉讼法上的数行为。真实竞合的形成条件有三个：一是必须有复数构成要件的实现；二是必须有复数规范的存在；三是复数构成要件的实现，必须系在同一诉讼程序中。真实竞合的前提是存在数个行为。如果实体法上数犯罪行为真实竞合，则通常成立诉讼法上的多数行为，即多个自然历史进程。②

但是，该原则也存在例外，当案件发生的过程具有同一性时，可例外成立诉讼法上的一行为。例如，行为人造成了交通事故，事后驾车逃逸。造成交通事故的行为与驾车逃逸的行为在实体法上属于数个独立的行为，构成实质竞合。但由于从事件整体而言，属于一个密不可分的整体，因此构成诉讼法上的一行为。在德国，判例就何时可以将某事件的经过视为有一致

① 参见［德］克劳思·罗科信：《刑事诉讼法》，吴丽琪译，法律出版社 2003 年版，第 181 页。

② 参见柯耀程：《刑法竞合论》，中国人民大学出版社 2008 年版，第 167—168 页。

性、同一性，倾向于主张需根据各部分事件经过在刑法上的意义而定。一般对在先行为的不法范围与在后行为的不法范围进行比较，如果后者大于前者，则不属于同一行为。如果前者大于后者，则倾向于认定两行为具有同一性。①

最后，结合犯并非实体法上的单一行为，而是数个行为。因此，在诉讼法上，结合犯也不属于单一行为，而是数个自然历史进程。②

结合上述德国的诉讼理论和司法实践，我们可以看出，在判断何为"一个自然历史进程"时，仍然要结合刑事实体法上的行为概念和罪数理论进行把握，而非完全脱离刑事实体法。或者说，刑事实体法中的行为概念和罪数理论对于判断何为同一案件具有重要的指导意义。

2. 本书的观点

无行为则无犯罪。行为是犯罪构成要件要素之一，在构成要件中具有重要意义。行为数是确定罪数的标准，所以原则上，一个行为成立一罪，数个行为成立数罪。然而对此也有例外，即存在数个行为成立一罪的情况。③因此，在刑事法律中，如何恰当判断界定行为数，是解决罪数等法律问题的前提和基础。刑法上的行为并非纯粹的身体动静，而是具有一定的社会意义。因此，在评价属于行为单数或行为复数时，必须从法律及社会

---

① 参见张小玲：《刑事诉讼客体论》，中国人民公安大学出版社2010年版，第80页。

② 参见［德］克劳思·罗科信：《刑事诉讼法》，吴丽琪译，法律出版社2003年版，第183页。

③ 参见马克昌：《比较刑法原理——外国刑法学总论》，武汉大学出版社2002年版，第685页。

一般意义上进行。本书认为，在判断何为一个自然历史进程时，也要结合刑事实体法关于行为数的规定，从法律及社会一般意义上进行界定。

（1）单纯的行为单数与一个自然历史进程。“行为人出于一个意思决定，而在客观上单纯地显现为一个意思活动的，在法律评价上属于一个单一行为，即为单纯的行为单数。”① 又可称为一个自然的身体动作。例如，A 丢掷一颗手榴弹，炸死三人，毁坏三辆汽车。A 出于一个行为意思，客观上显现为一个丢掷手榴弹的动作，属于一个单一行为，纵然行为所破坏的法益涉及数个人身专属法益与财产法益，亦属于行为单数。

单纯的行为单数，是构成所有行为单数的基石，是行为单数的最小基本单位，不能再予以切割。因此，在刑法评价上属于一行为，而不论侵害法益的种类如何，也不论侵害法益的多寡如何。反之，自然意义的数行为，在刑法评价上可能是数行为，也可能是一行为。对于单纯的行为单数，以一般的生活常识看，均构成诉讼法上的一个自然历史进程。

（2）自然的行为单数与一个自然历史进程。行为属于单数或复数的判断，也可从自然的生活观念来加以判断，认为整体事件从外观上虽然可以分割为数个部分行动，但是如果行为人系出于单一的意思决定，而且数个部分行动在时空上又存在紧密联系，从一个未参与其中的旁观者的立场看，也认为系一个

① 参见林山田：《刑法通论》（下册），北京大学出版社 2012 年版，第 190 页。

单一行为者，即属自然的行为单数。[①]或认为，行为人出于一个犯意，实施数个同种类行为，数个行为之间具有紧密的时空联系，且从第三人角度观察亦可辨别出数行为之间相关性的，属于自然的行为单数。自然的行为单数包含两种类型：一是反复实施型。行为人以数个相类似、紧接的个别举动，一再实现同一犯罪构成要件的。例如，A殴打B数拳，致B身上多处受伤。二是接续实施型。行为人历经先后不同的行为阶段，最后达到实现犯罪结果的目的。亦即，行为人基于单一犯罪意思，以一步一步量的提升的方式，最后实现了犯罪构成要件。例如，利用多次机会接连慢性下毒致人死亡，接连数日拆除毁坏同一建筑物。

对于自然的行为单数，不论是反复实施型还是接续实施型，由于行为人系出于单一的意思决定，而且数个部分行动在时空上又存在紧密联系。因此，从一般生活观念看，仍属于诉讼法上的一个自然历史进程。

（3）构成要件的行为单数与一个自然历史进程。构成要件的行为单数，指通过对构成要件的解释而产生的一行为，也可以说是立法者在刑法分则各犯罪构成要件规定中所预设的一行为，亦即，犯罪构成要件所规定的行为，在概念上、事实上是数个个别的自然行为或意思活动，但立法者将其融合或拟制为一个独立的构成要件行为。[②]因此，在法律上将其评价为一行为。

① 参见林山田：《刑法通论》（下册），北京大学出版社2012年版，第191页。

② 参见林钰雄：《刑法与刑诉之交错适用》，中国人民大学出版社2009年版，第135页。

此种行为单数的类型主要有以下几种。

继续犯。继续犯指一个已经实现犯罪既遂的行为，在既遂后的相当长时间内持续侵害同一或相同客体的犯罪。[①]继续犯是一个犯罪行为所构成的犯罪。在主观上，支配行为的犯意是一个，无论行为延续时间多长。在客观上，持续行为从起始到终了，虽然从自然意义上看，可能存在多个行为，但从构成要件看，只有一个构成要件行为，并不因行为的持续，行为地的转移、犯罪既遂形态的延长而认为是数个行为。例如，非法拘禁罪，行为人非法拘禁被害人时间长短、地点是否转移，从构成要件看，均系在一个犯意支配下的一个拘禁行为，属于构成要件的行为单数。

结合犯。结合犯指本来是刑法上各自独立成罪的数个行为，由法律明文规定结合成为一罪的情况。结合犯包含一系列要素，如客观上存在数行为；数行为各自独立成罪；数个独立罪的罪名不同；不同罪名的犯罪结合成新的犯罪；新罪由法律明文规定。如德国刑法中分别规定了强盗罪和过失杀人罪，又将二者相结合单独规定了强盗过失杀人罪。[②]

集合犯。集合犯是指，立法者在构成要件中所描述、所预设的该当行为，本身就具有不断反复实施的特征，所以该反复实施的行为，虽然在自然意义上是数个行为，但法律上被总括

① 参见林亚刚：《金融犯罪罪数形态的探讨》，载《法商研究》2000年第4期。

② 参见马克昌：《犯罪通论》，武汉大学出版社2010年版，第639—647页。

地拟制为一个构成要件的集合行为。[①]从社会生活常识判断，构成要件所规定的行为通常是多次反复实施而非单次实施，即以多次反复实施为常态。在法律评价上，将多次反复实施的行为进行总体评价，而非割裂进行评价。例如，伪造货币罪，以行为人反复印制假币为构成特征。非法经营罪，以反复实施非法经营行为为构成特征。此类犯罪，虽然从自然意义上看存在数个行为，但该数个自然行为均系在一个概括的犯意下反复实施，在法律上被总括为构成要件的一行为。

对于构成要件的行为单数能否构成一个自然历史进程，应区别对待。一个自然的历史进程，即一个独立的故事。对继续犯而言，支配行为的犯意只有一个，虽然行为延续的时间较长，但从一般社会观念看，仍然属于一个自然历史进程。如行为人非法拘禁他人三日，从自然历史进程看，属于一个事件而非三个事件，因此构成一个自然历史进程。对于结合犯，由于存在刑法上各自独立成罪的数个行为，如强盗和过失杀人。因此，虽然从刑法上属于构成要件的行为单数，但从自然历史进程看，则属于多个自然历史进程，或属于多个独立的故事。对于集合犯，由于该罪所规定的行为本身就具有不断反复实施的特性，且行为人是在一个犯意支配下，接连不断地反复实施同一行为，而法律所评价的正是这一行为整体，而非单独某一行为。因此，从自然历史进程看，仍然属于一个自然历史进程。例如，我国《刑法》所规定的开设赌场罪，行为人在三年内连续不间断开设

① 参见林钰雄：《刑法与刑诉之交错适用》，中国人民大学出版社 2009 年版，第 137 页。

赌场，从一般生活常识判断，此三年内的开设赌场系一个整体行为，而非可以分解为多个开设赌场的行为，即从整体看构成诉讼法上的一个自然历史进程。

二、涉众型经济犯罪案件同一性之认定

（一）涉众型经济犯罪案件性质：集合犯

集合犯理论源于德国，德国刑事社会学派代表人物弗兰茨·冯·李斯特较早使用了集合犯的概念。他认为，集合犯是出于一个犯罪故意而实施数个行为、科处一个刑罚的犯罪。① 在日本，认为集合犯是以同种行为的反复为构成要件要素的犯罪，因此被评价为一个犯罪。② 在我国台湾地区，认为集合犯的构成要件，自始即预定了具有反复实施数个同种行为的特征。因此，将其反复实施的数个行为仅作一次评价，构成一罪。③ 我国大陆刑法理论认为，集合犯是指行为人基于同一犯罪意图，反复实施同种性质的犯罪行为，刑法规范将其包括在同一犯罪构成中的犯罪形态。④ 集合犯是一种特殊的构成要件类型，在该构成要件类型中，行为本身具有不断重复实施、反复实施的特质，故行为人所实施的数个单个行为在构成要件上被总结成一个行为。因此，集合犯的数个自然意义的一行为，基于构成要件的规定而成为构成要件

① 参见［德］弗兰茨·冯·李斯特：《德国刑法教科书》，徐久生译，法律出版社 2000 年版，第 357 页。

② 参见马克昌：《比较刑法原理——外国刑法学总论》，武汉大学出版社 2002 年版，第 778 页。

③ 参见甘添贵：《罪数理论之研究》，台湾元照出版公司 2006 年版，第 63 页。

④ 参见林亚刚：《论集合犯》，载《法学研究》2001 年第 3 期。

的行为单数，多次行为只具有单一的违法性与罪责，只需要进行一次违法性评价与罪责评价即可。[①] 集合犯的特点在于把行为人数次犯罪的行为集合在一起作为一罪，而不是构成数罪。

客观上，集合犯所关注的是行为人实施同种危害行为的反复性，数个同种危害行为是否独立构成犯罪并非其所关注。主观上，集合犯的行为人多次实施危害行为，仅是基于一个概况的犯罪故意。集合犯的数个行为，是建立在一个犯罪故意的基础上，即数个行为经由一个概况的犯罪故意，从而连接成法律上的一行为。

集合犯是立法现象，即虽然存在多数行为，但基于刑事政策的考量，将其视为法律上的单一行为。立法之所以将多次行为规定为一罪，是考虑到这类犯罪通常具有多次实施的可能性，或者以反复多次实施为常态。从诉讼经济的角度看，由于此类犯罪以反复实施为常态，如果将单个行为独立入罪，则势必产生众多的轻微刑事案件，浪费司法资源。而按照一罪处理，使得法律适用和实务运作，均能更加迅速进行，符合诉讼经济原则。对此，我国台湾地区有学者进行了精辟的论述："在刑法实务上，将连续行为（集合犯）当作一种法的行为单数，使法官在定罪量刑时可以不必就每一个单独行为，逐一定罪量刑，其后再决定所执行的刑罚，不仅可以省却一系列繁杂而无意义的多余负担，符合刑法经济原则，也可以避免出现因数罪并罚而导致量刑过重、罪刑失衡的现象。在刑事程序上，将一连串行为（集

① 参见张莉琼：《集合犯研究》，武汉大学 2009 年博士学位论文。

合犯）当作一个诉讼客体，则法院对于连续犯判决的既判力及于整个连续行为，对整个连续行为产生一事不再理的法律效果。故以连续犯判决确定后，若发现有遗漏属于连续行为中的单一行为时，对该单一行为不得再行追诉。因此，可以不必浪费刑事司法资源。”[①] 此外，从犯罪控制的角度看，多数国家的犯罪统计资料表明，那些能谋求到经济利益的犯罪往往会被行为人反复实施，而对每次行为单独评价难以有效控制这种犯罪。因此，基于刑事政策的考虑，将这种多次反复实施的同种危害行为规定为一罪，并规定较重的法定刑幅度，有利于对这类犯罪进行有效的社会控制。[②]

在我国刑法中，集合犯虽然存在数个行为，但包含于同一个犯罪构成中，只需对该数个行为作一次总的刑法评价即可。如何判断某一具体犯罪构成是否能够包括可能多次实施的行为？有些从刑法的规定可以明确得知，如刑法明确规定的以多次行为构成一罪的情况。有些却难以从刑法的规定直接判断，如非法吸收公众存款罪、非法经营同类营业罪、非法经营罪等犯罪规定中并没有明确将多次行为规定为一罪，需要借助犯罪构成的规范目的与日常生活经验进行判断。如非法经营同类营业罪，从本罪的常态与典型类型看，行为具有多次实施的特性，这是经营自身的属性所决定的。再如非法吸收公众存款罪，其所针对的对象通常具有不特定性，表明这种行为实施的常态是反复实施，以谋

---

① 林山田：《刑法通论》（下册），北京大学出版社 2012 年版，第 228—229 页。

② 参见张莉琼：《集合犯研究》，武汉大学 2009 年博士学位论文。

求最大的非法经济利益。①

我国1979年《刑法》规定了惯窃、惯骗、以赌为业、一贯制造、贩卖、运输毒品等犯罪。刑法理论上，将上述刑法规定的犯罪统称为惯犯，实际上均属于集合犯。1997年《刑法》删除了惯犯的规定，只保留了以赌博为业的赌博罪客观要件的规定。但我国刑法中仍有较多的隐性集合犯的规定，其中主要存在于破坏社会主义市场经济秩序的犯罪和危害社会管理秩序的犯罪中。具体有以下几种。②

常业犯，指以一定的行为为常业的犯罪。我国《刑法》第303条所规定的赌博罪即属于常业犯。对于赌博罪，法律规定以赌博为业的构成该罪。可见，反复实施赌博行为是构成犯罪的必要要件。换言之，对这种犯罪来说，只实施一次行为，犯罪还不能成立，只有反复实施同种犯罪行为，才能构成该罪。

营业犯，指通常以营利为目的，以反复实施一定行为为业的犯罪。该类犯罪中，行为人主观上通常出于营利目的，意图实施多次同种犯罪行为。行为人反复实施了数个同种行为，仍然只能构成一罪。

据此，我们可以得出如下结论：涉众型经济犯罪案件中，不论是非法吸收公众存款罪，还是集资诈骗罪、非法经营罪等，均是在一个犯意的支配下，以反复实施同一经营性犯罪行为为典型状态或常态，以获取私利，属于集合犯中的营业犯。因此，

① 参见张莉琼：《集合犯研究》，武汉大学2009年博士学位论文。

② 参见林亚刚：《论集合犯》，载《法学研究》2001年第3期。

在判断涉众型经济犯罪案件同一性时，也应结合集合犯的特点进行判断，即集合犯是在一个犯意支配下，以反复实施同一犯罪行为为典型特征的犯罪，立法上将此等反复实施的多个自然行为概括为构成要件的一行为。从一般人的观念或常识判断看，行为人基于一个犯意，在一段时间内反复实施某一经营性犯罪行为，可以认定为属于一个自然历史进程。例如，行为人在一段时间内从事非法吸收公众存款活动，或者从事非法经营活动，不论该行为持续的时间有多长，所针对的对象有多少，从行为整体看，仍然属于一个完整的故事，即一个自然历史进程。而不能对该经营行为按照对象或时间进行分割，如以月为单位将一年内的同一非法经营行为分割为 12 个非法经营行为，或以行为对象为单位将针对 100 人的经营行为分割为 100 个非法经营行为。因此，在涉众型经济犯罪案件中，基于集合犯的法律特征和一般的经验判断，对于行为人在一个犯意支配下所从事的单一的具体的经营性犯罪行为，从整体上认定为一个自然历史进程，具有同一性。

（二）被害人不同能否影响案件同一性的认定

在涉众型经济犯罪案件中，影响人们判断案件同一性的主要障碍在于该类案件存在人数众多的被害人。有的观点认为，被害人对确定案件同一性起到决定作用，被害人不同，即属于不同的案件，即便从行为数上判断属于一行为，也不能认定为同一案件。因此，对于同一犯罪行为侵犯多个被害人合法权益的，对于遗漏的被害人，属于新的犯罪事实，可以追加起诉或另行起诉。对此问题，可以结合被害法益的性质进行论证。

法益是刑法保护的社会公众的生活利益。根据法益性质的不同，可以分为个体法益和全体法益。个体法益如人的身体、生命、自由、财产等。全体法益如社会公共秩序、国家安全等。① 其中对于个体法益，又可以分为专属法益和非专属法益。专属法益即专属于法益保有人自身所有，如生命、身体、自由等。非专属法益则主要指财产法益。在德国，通说认为，对于专属法益，则排除连续行为的适用。或者说，连续行为仅仅适用于涉及财产法益的案件。② 我国台湾地区有学者认为："惟行为所破坏的法益若系一身专属法益，并且数个相同违犯方式的个别行为乃系针对各个不同的法益持有人而违犯者，则虽属破坏相同的法益，但亦不能成立连续行为。"③ 具体说来，当行为人基于一个概括的犯罪故意，连续多次实施同种类或相似的犯罪行为时，能否认定为一个犯罪行为，需要根据侵害法益的性质而定。对于侵害财产法益的犯罪，法益持有人的数量并不是判断行为数的标准。例如，行为人同时连续盗窃多人钱财，此时，不因钱财属于不同的被害人而认定为多个行为，仍然属于一个行为。相反，如果所侵犯的是高度个人专属法益时，即便属于在某一概括故意下反复实施的同种类行为，也不能成立行为单数，而

① 参见［德］汉斯·海因里希·耶赛克、托马斯·魏根特：《德国刑法教科书》，徐久生译，中国法制出版社 2001 年版，第 317 页。

② 参见柯耀程：《刑法竞合论》，中国人民大学出版社 2008 年版，第 304 页。

③ 林山田：《刑法通论》（下册），北京大学出版社 2012 年版，第 227 页。

是属于数行为，应按照数罪并罚原则处理。[①]亦即，在侵害多个被害人人身专属法益的情况下，应以被害人的个数作为判定构成要件实现个数的标准。其理由在于："个别行为侵害一身专属法益，不但在行为及结果不发，且在行为罪责内涵，均不同于其他法益，故不能舍弃个别区分之评价。"[②]例如，行为人同时非法拘禁甲乙二人，公诉机关指控时仅指控非法拘禁甲。事后发现还非法拘禁乙，对于该遗漏的犯罪事实，由于被害法益的专属性，因此可以作为新的犯罪事实追加起诉或另案起诉。又如，在我国台湾地区曾经发生一起故意杀人案件。行为人用轮船运载大陆 13 名女子私渡至台湾地区，途中为了逃避追缉，将 13 名女子推落海中，其中 6 人死亡。台湾地区法院认为，行为人的故意杀人行为属于同时、同地实施，无分别先后，应属于一行为，最终以一个故意杀人罪判罚。但台湾地区学者则认为，由于本案涉及的是个人生命这一专属法益，因此不属于一行为而属于数行为，即存在 13 个杀人行为，应按照数罪并罚的原则处理。[③]

综上，从涉众型经济犯罪案件的行为数看，基于该类犯罪的集合犯特征，应属于诉讼法上的一个自然历史进程。该类犯罪虽然侵犯了众多被害人的财产权益，但由于该财产权益不具有法益专属性，被害人数量的多少并不影响同一案件的认定。

① 参见林钰雄：《刑法与刑诉之交错适用》，中国人民大学出版社 2009 年版，第 141—142 页。
② 柯耀程：《刑法竞合论》，中国人民大学出版社 2008 年版，第 305 页。
③ 参见林钰雄：《刑法与刑诉之交错适用》，中国人民大学出版社 2009 年版，第 142 页。

第三节 涉众型经济犯罪案件被告人不被重复追诉权之保障

一、涉众型经济犯罪案件中追加起诉的性质：补全起诉

目前的司法实践中，对于涉众型经济犯罪案件大多存在追加起诉现象。但追加起诉的含义，是指追加新的犯罪事实，即在同一案件之外追加新的案件事实。如前所述，涉众型经济犯罪案件属于集合犯，从总体上构成一个完整的自然事实。因此，所谓追加起诉的事实与前诉事实实际上属于同一犯罪事实。可见，涉众型经济犯罪案件中的追加起诉并非真正意义上的追加起诉，而是一种补全起诉，即公诉机关先起诉同一犯罪事实的一部，再补全起诉同一犯罪事实的他部。

根据前文分析，这种补全起诉因针对同一犯罪事实而提起，属于因分割起诉而导致的诉讼系属中的重复追诉。对诉讼系属中的重复追诉规制的目的在于：消除多余的诉讼系属，并保证同一犯罪事实于一个诉讼程序中接受完整的审判。因此，对于诉讼系属中的重复追诉，并非绝对禁止，一般情况下在消除多余诉讼系属后，采取移送案件、变更起诉等办法，以确保同一案件事实接受完整的审判。例如，在我国台湾地区，对于诉讼法上的同一犯罪事实起诉后，检察官发现还有属于同一犯罪事实

范围内的他部事实，由于该同一犯罪事实已经产生诉讼系属的效果，故检察官不能就新发现的他部事实再行起诉，只能以“函请并案”的方式，请求法院注意并予以审理。若检察官再行起诉，法院则以不受理判决驳回起诉。①

诉讼系属中的重复追诉，如果前后二诉均在同一法院，不产生管辖权竞合问题。对于这种情况，法院对后诉应驳回起诉，之后公诉机关可以对前诉予以变更，将后一部分犯罪事实以变更起诉的方式纳入审判范围，以确保起诉事实的完整性。如果前后二诉分别属于不同的管辖法院，则通过以下途径解决：（1）确定管辖法院。在管辖权竞合的情形下，首先应确定案件的管辖法院，消除其他诉讼系属。从级别管辖来说，一般应由上级法院管辖。当级别管辖相同时，则一般由案件最初受理的法院管辖，必要时可以由主要犯罪地的法院管辖。（2）驳回起诉。被确定不对该案进行审判的法院应禁止控方就该案件向其提出起诉，具体可采用驳回起诉的方法。（3）公诉机关移送案件。分割起诉意味着同一犯罪事实被分割处理。因此，在驳回起诉之后，公诉机关需将后诉移送到有管辖权的法院，由该法院对全部事实一并审理，避免漏审漏判。（4）变更起诉。当案件诉讼资料移送后，需要对原起诉进行变更，形成具有同一性的完整案件，并通过同一诉讼程序继续审理。

① 参见林钰雄:《刑法与刑诉之交错适用》，中国人民大学出版社 2009 年版，第 120 页。

二、补全起诉的次数：以两次为限

在一般案件中，通过补全起诉，在消除多余的诉讼系属后，可以通过一个审判程序审理全部案件事实，避免遗漏部分犯罪事实。并且对于这种补全起诉，因前诉尚未形成有既判力的判决，并不涉及维护法的安定性和裁判权威性等价值追求。因此，对于这种补全起诉，各国在立法上和司法实践中并没有加以禁止，反而是在消除多余的诉讼系属后，要求公诉机关补全起诉，以维护审理的完整性。

但是，涉众型经济犯罪案件有其自身的特殊性，即涉及众多的被害人，且被害人存在较大的不确定性。在如此大规模诉讼案件中，如果不对补全起诉的次数加以限制，则会导致多次补全起诉，从被告人权利保障及诉讼效率来说，都是不利的。因此，本书认为，在涉众型经济犯罪案件中，补全起诉应有次数限制，即以两次为限。公诉机关在第一次起诉后，如果新发现了同一犯罪事实范围内的他部事实，可以补全起诉或变更起诉的方式纳入审判范围，但补全起诉或变更起诉以两次为限。超过两次的，不得再予补全起诉或变更起诉，即不得纳入审判范围。理由有以下几个方面。

刑事诉讼虽然是一种实现国家刑罚权的活动，但实现国家刑罚权并非刑事诉讼唯一追求的目标。在现代刑事诉讼中，同时要考虑多种价值追求，在多种价值之间寻求平衡点，不能将某一价值追求极端化、绝对化。例如，刑事诉讼以实现诉讼公正为首要目标，但诉讼效率也不能不加以考虑，甚至在某些轻微刑事案件中，对于诉讼效率的追求应放在更加突出的地位。刑事诉讼以发现案件真实为前提，但也不能为了发现案件真实而不择手段。在发现案件真实的过程中，要加强对被追诉人的权利保障，防止国家权力滥用。总体而言，现代刑事诉讼活动要在惩罚犯罪与人权保障、诉讼公正与诉讼效率、实体公正与程序公正等方面实现一种动态的平衡。需要指出的是，刑事诉讼中的平衡是一种宏观层面的平衡。在微观上进行某一具体制度设计时，应根据具体情况有所侧重，不能一味强调平衡。例如，针对轻微刑事案件进行程序设计时，就要把效率放在更加重要的位置。在非法证据排除规则中，则要把保障人权放在更加突出的位置。

针对诉讼系属中的补全起诉，通过消除多余的诉讼系属，进而使审判更加具有完整性，以免放纵犯罪，遗漏打击。但是，对审判完整性的追求不能绝对化，而要综合考虑诉讼效率、实现的可能性、被告人权利保障等多方面的因素。首先，在涉众型经济犯罪案件中，如果不对补全起诉的次数加以限制，则补全起诉会无休无止，没有尽头，直接影响案件的诉讼效率，对被告人的迅速审判权来说也是一种侵犯。其次，在涉众型经济犯罪案件中，由于存在大量的潜在被害人，追求绝对的审判完整性实际上是不可能的。最后，根据刑法的谦抑性与节俭性原则，国家刑罚权应合理、有限度地使用。对于一些案件，只有当双方当事人之间的矛盾无法协调需要公权力介入时才应当启动刑事诉讼程序。① 国家在运用刑罚规制社会生活时，力求以最

① 参见李卫红：《刑事政策学》，北京大学出版社 2009 年版，第 109 页。

小的刑罚成本达到最大的刑罚社会效果。在涉众型经济犯罪案件中，通过一次追诉，已经可以使被告人受到刑事处罚，可以实现刑罚的报应效果。随后的补全起诉，在增加被告人刑罚量方面所起的作用很小，其主要作用在于赔偿被害人的经济损失。

综上，在涉众型经济犯罪案件中，结合案件特点，综合考虑审判的完整性、诉讼效率、被告人权利保障等多种价值追求，通过刑事诉讼平衡论以及刑法谦抑性、节俭性视角审视，补全起诉应有次数的限制。之所以建议以两次为限，一方面是因为经过了两次补全起诉，大多数案件已经尽可能做到了审判的完整性，再次补全起诉就会严重降低诉讼效率，不利于被告人的权利保障。另一方面，是由于我国《刑事诉讼法》中也规定了某些诉讼行为以两次为限。如检察机关审查案件，发现需要补充侦查的，补充侦查以两次为限。

三、补全起诉的范围：仅针对新发现的他部事实

补全起诉的事实范围，应限于公诉机关第一次起诉时尚未发现的他部事实。如果在公诉机关第一次起诉时已经发现的事实，则不得补全起诉，而应在第一次起诉时一并起诉。根据起诉不可分原则，公诉机关在起诉时应起诉全部犯罪事实，而不能仅仅起诉部分犯罪事实，这是公诉机关控诉职责的当然要求。如果公诉机关在起诉时明明知道还有其他事实，则应一并起诉，不能先起诉一部分，再补全起诉另一部分。否则，公诉机关可能会利用控诉权力，通过恶意分割起诉拖延诉讼。

在涉众型经济犯罪案件中，经常会出现恶意分割起诉的

情况。由于此类案件证据繁多，公诉机关的审查起诉期限有限。基于结案考核的压力，公诉机关对于公安机关移送的全部案件事实，经审查后先将其中一部分起诉到法院，之后再对其他部分进行审查，审查完毕后再起诉到法院。这是对起诉不可分原则的严重违反，也是对客观公诉义务的严重背离，人为造成了对被告人的多次起诉，应该严格予以禁止。因此，有必要明确补全起诉的事实必须是公诉机关第一次起诉后新发现的他部事实。

四、补全起诉的时间：法庭辩论终结前

补全起诉属于公诉变更的一种。公诉变更包含公诉的追加、减少与撤回。根据我国《人民检察院刑事诉讼规则（试行）》的规定，在法院宣告判决前，检察院可以变更起诉、追加起诉、补充起诉，也可以撤回起诉。可见，我国的公诉变更时间限制在法院宣告判决前。但这一时间限定过于宽泛，实践中也出现了不少问题。例如，对于公诉机关撤回起诉的，往往是在合议庭评议拟判决无罪之后，甚至是在案件经过审判委员会讨论确定判决无罪之后，使得被告人本应被宣判无罪的，最后以撤回起诉处理。因此，对于公诉变更的时间限定，多数学者主张予以修改，一种意见认为应限定在法庭开庭审理前，另一种意见认为应限定在法庭辩论终结前。[①]在日本，关于诉因变更的时间，有学者认为，在诉讼的最后阶段，在被告人开始进行防御活动

① 参见王新环:《公诉权原论》，中国人民公安大学出版社 2006 年版，第 248—254 页。

的阶段，变更诉因属于检察官滥用职权的追诉活动，违背忠诚行使权力和禁反言原则，因此是不被允许的。[①]

在涉众型经济犯罪案件司法实践中，公诉机关的补全起诉可以在判决宣告前任意阶段提起，不仅造成法院审理十分被动，也造成了诉讼期限延长，案件久拖不决，侵犯了被告人合法权益。实践中，有的案件已经开庭审理完毕，有的已经经过合议庭评议，有的甚至准备宣判，此时公诉机关又追加起诉，造成诉讼旷日持久。本书认为，对于公诉变更的，应限定在法庭辩论终结前。在法庭辩论终结前，由于经过了庭审证据调查，案件事实和证据已经得到展示，合议庭对案件事实也有了初步的判断。在法庭辩论阶段，被告方的防御观点也已陈述完毕，防御手段用尽。因此，在法庭辩论终结后，公诉机关不能再进行公诉变更。对此，有学者以撤回起诉为例指出：从全国各地检察机关撤回起诉案件适用情况看，发现错误适用和滥用撤回起诉程序现象严重。由此可以看出，撤回起诉的阶段限制在判决前过于宽泛，应当限定在第一审法庭辩论终结前为宜。[②]

五、判决生效后的另案起诉：予以禁止

涉众型经济犯罪中，还存在前诉判决生效后的另案起诉现象，即被告人在被作出生效判决后，甚至在服刑期间，公诉机

---

① 参见［日］田口守一：《刑事诉讼法》，张凌、于秀峰译，中国政法大学出版社 2010 年版，第 263 页。

② 参见王新环：《公诉权原论》，中国人民公安大学出版社 2006 年版，第 252 页。

关又以新发现的同一犯罪事实范围内的他部事实为由，向审判机关提起公诉。虽然这种现象比较少见，但不容忽视。司法实践中，对这种另案起诉也没有规制办法。但如前文分析，涉众型经济犯罪案件从整体上属于同一案件。对于同一案件，在判决生效后，即产生既判力。因此，即便发现同一案件范围内的他部事实，仍要维持裁判的既判力，不得再次起诉，即禁止重复追诉。

第三章 涉众型经济犯罪案件被告人质证权之保障

质证权属于被告人辩护权的核心内容，是体现诉讼公正的基本要素。在法治发达国家，质证权不仅是被告人的基本权利，更体现了公民权利对国家权力的控制，体现了防止国家权力滥用原则，具有宪法层次的地位。在我国，虽然立法上并未明确质证的权利属性，而是将其作为一种证据调查方法或诉讼证明环节，但同时又强调“证据未经质证，不得作为定案的根据”。这实际上已经将质证放在非常突出和重要的地位，成为认定案件事实的必经程序。在这一程序中，从被告人角度看，则是行使质证权的过程。由于案件复杂程度不同，被告人认罪态度不同，加之司法资源的有限性，如何根据不同案件设计不同的质证规则，确保被告人质证权的有效实现，是摆在我们面前的一个重大课题。在涉众型经济犯罪案件中，该问题显得尤为突出，解决该问题也显得尤为迫切。需要指出的是，本书所称的质证是一种广义的概念，而不仅仅指与证人面对面地对质。

第一节 被告人质证权的基础理论

一、被告人质证权的含义

在刑事诉讼中，大体在两种语境下使用质证一词：一是将质证作为刑事诉讼证明的基本环节之一，即将质证与举证、认证相并列，三者共同构成了完整的诉讼证明环节。在这个意义上，质证是控辩双方反驳和攻击对方证据的重要手段。“刑事诉讼中的质证，指的是控辩双方在审判过程中针对对方举出的证据所进行的质疑和质问。”① 二是将质证作为被告人的一项基本诉讼权利，从质证权的角度加以界定。认为“质证权是被告人当庭对于控方证据进行反驳、质疑的权利”②。不论是从诉讼证明环节而言，还是从被告人诉讼权利而言，质证对被告人而言都至关重要。刑事诉讼活动是国家追诉犯罪人、实现国家刑罚权的活动。基于无罪推定原则，证明被告人有罪的责任由控诉方承担。因此，在刑事诉讼实践中，绝大多数情况下举证方是国家公诉机关或自诉人。被告人一般情况下不实施举证行为，而主要是针对控诉方的举证提出质疑、反驳，动摇、消除控诉方证据的证据能力和证明力。唯有如此，被告人才能获得有利于己的诉讼结果。因此，从证明手段和证明环节看，质证对被告人至关重要。

① 刘广三：《刑事证据法学》，中国人民大学出版社 2015 年版，第 339 页。

② 参见王晓华：《我国刑事被告人质证权研究》，中国政法大学出版社 2014 年版，第 12 页。

从被告人诉讼权利而言，质证权是被告人诉讼主体地位的体现，是诉讼参与原则和程序正义的重要组成部分。有学者认为："质证权是被告人辩护权的核心内容之一，是体现被告人诉讼主体地位的重要标志。"①

正是基于质证权的特殊性和重要地位，世界上许多发达国家都以法律形式明确规定了被告人的质证权，甚至有的国家将质证权上升为一项宪法原则。以美国为例，其联邦宪法第六修正案规定，被告人"在所有的刑事起诉中，应当享有与反对他的证人对质的权利，并且有权通过强制的程序取得对他（她）有利的证人"。另外，在美国50个州的宪法中，都有类似条款。在其他国家，多数情况下将被告人质证权的保障规定在刑事诉讼法中。例如，德国刑事诉讼法第239条规定了类似英美法系的交叉询问条款，同时在第240条中规定了被告人的发问权。②

不仅如此，在国际上几个重要的人权公约中，对质证权也有明确的规定。联合国《公民权利与政治权利国际公约》第14条第3款规定：在判定对他提出的任何刑事指控时，人人完全平等地有资格享受以下最低限度的保证：亲自或通过他人询问对其不利的证人，并使对他有利的证人在与对他不利的证人相同的条件下出庭和受询问。联合国人权事务委员会指出，该条款在于确保被告人及其律师进行有效辩护，保障被告人询问和诘问任何证人。被告人的质证权被认为是公正审判权的重要组成

---

① 王晓华：《我国刑事被告人质证权研究》，中国政法大学出版社2014年版，第12页。

② 参见岳礼玲：《刑事审判与人权保障》，法律出版社2010年版，第191—192页。

部分，体现了平等武装的基本理念。[①] 此外，联合国人权事务委员会通过一些具体案例，来判定是否违反这一基本权利。例如，在 Fuenzalida v. Ecuador 案中，一个同性恋男人被指控强奸一个美国和平社团的志愿者，在审理过程中，法院拒绝传唤专家证人就被告人的血液和精子所做的鉴定进行质证，最后被告人被定罪。联合国人权事务委员会在该案中，认为被告人的质证权没有得到保障，是对公正审判权的违反。在 Grant v. Jamaica 案中，被告人的女朋友在宣誓证言上作证说在案发的一整夜她都与被告人在一起。但是该证人由于不能负担相关费用而没有出席法庭审理当庭作证。对此，联合国人权事务委员会认为，这违反了保障被告人质证权的规定，认为法官应该延期审理，向证人发传票，警察应在交通方面保障证人出庭作证。[②]

在比较重要的区域性人权公约中，也都规定了被告人的质证权。以《欧洲人权公约》为例，该公约第 6 条第 3 款第 4 项规定：任何被指控犯罪者均享有下列权利：自行或者让他人询问对自己不利的证人；按照对待不利于自己证人的条件，传唤并询问有利于自己的证人。[③] 在欧洲人权法院的司法实践中，对于被告人质证权的保证，判决所体现的原则是：原则上所有证据都应在被告人出席的、公开审判的、采用对抗式辩论的审理中被提出。但是，欧洲人权法院在某些案件的审理中，对个

① 参见岳礼玲：《刑事审判与人权保障》，法律出版社 2010 年版，第 188 页。

② 参见岳礼玲：《刑事审判与人权保障》，法律出版社 2010 年版，第 189 页。

③ 参见［瑞士］萨拉·J. 萨默斯：《公正审判：欧洲刑事诉讼传统与欧洲人权法院》，朱奎彬、谢进杰译，中国政法大学出版社 2012 年版，第 170 页。

别的以书面形式作证而非出庭作证的证据进行了有弹性的审查。其中主要审查证人不出庭的理由；是否对不出庭有补救措施；辩护方是否在先前的阶段有其他机会与证人对质；提出证据的方式对被告人的权利有较小的侵犯；辩护方是否提出过要求证人出庭的请求；等等。[①]

二、被告人质证权的内容

在法治发达国家，质证权被视为被告人的一项基本权利。虽然在表现形式上各国不尽相同，但是关于质证权的内容，一般认为包括两个部分：面对面对质与互动性沟通。

（一）面对面对质

面对面对质是质证权的首要内容。没有面对面对质，质证权便无从谈起。在这方面要求最为严格的是美国。

但是，在质证权发展的早期，人们对面对面对质的认识并不深刻，而是经常将面对面对质与交叉询问混为一谈。在 20 世纪 80 年代以前，美国联邦最高法院对于面对面对质的要求并不是非常严格，认为对质仅仅是实现交叉询问权的一个手段，对质与交叉询问的界限并不明确。在 1965 年 Douglas v. Alabama 一案中，美国联邦最高法院认为，只要有足够的诘问机会，即使证人与被告人不在一个空间，即没有面对面对质，也是符合质证权条款要求的。直到 1987 年，美国联邦最高法院通过 Coy v.

① 参见岳礼玲：《刑事审判与人权保障》，法律出版社 2010 年版，第 189 页。

Iowa 一案，才将对质权从交叉询问权中分离出来，宣布被告人享有与证人面对面对质的权利。本案中，最高法院认为，在面对刑事指控时，任何人都会出于本能而要求与指控他的人面对面对质，这也是确保公正审判的精髓。最高法院还认为，一般人通常会在别人背后捏造事实污蔑他人，而当他人之面时则很难如此。因此，让证人与被告人面对面质证能够更好地揭露证人虚伪的证词。基于面对面对质对于被告人的重要意义，最高法院在该案的多数意见认为，即便是在性侵案件中需要保护被害人免受二次伤害，但这也不能成为限制、剥夺被告人面对面对质权的正当理由。①

（二）互动性沟通

互动性沟通，即要求被告人与证人通过言语方式进行沟通交流，提出问题并由对方回答问题。质证权强调提问者与回答者之间互动性的沟通。之所以强调互动性，在于只有通过互动性沟通，提出问题，回答问题，才能形成争议焦点。如果沟通双方无法进行互动性沟通，双方自说自话，按照各自的逻辑和思路陈述事实，则无法形成争议焦点，进而无法查明争议的焦点事实，这显然不符合质证权行使的客观需要。

互动性沟通是被告人质证权最为重要的内容。在互动性沟通的方式上，根据英美法系和大陆法系的不同，可以分为交叉询问方式和轮替询问方式。

---

① 参见王晓华:《我国刑事被告人质证权研究》，中国政法大学出版社 2014 年版，第 22—24 页。

1. 交叉询问

在英美法系国家，实行当事人主义诉讼模式，证据的提出由当事人主导，对证据的质证以双方交叉询问证人的方式进行。交叉询问包括以下基本程序。

举证方主询问。请求传唤证人的一方对该证人首先进行询问，这被称为“主询问”或“直接询问”。询问的内容应当针对与案件基本事实相关的问题，采用问答的方式引导证人逐步向法庭展示证言内容。在主询问过程中，原则上禁止诱导性询问。但在以下情况下可以例外采用诱导性询问：（1）与案件核心问题无直接关系的事项；（2）证人作意外回答时；（3）证人理解能力有限时；（4）启发证人记忆时；（5）对鉴定人即专家证人进行询问时；（6）对于明确为有敌意的证人询问时。①

对方反询问。在主询问结束后，对方当事人可以针对证人在主询问时陈述的内容或与此相关的事项，对该证人进行反询问。② 反询问的目的有两个：一是暴露对方证人证词的矛盾、错误或不实之处，以降低其作为证据的价值，或者证明证人不可靠。二是使对方证人承认某些有利于本方的事实。③ 在反询问中，对证人的质疑可以采用多种方法和策略，例如，可以质疑对方证人的感觉缺陷、证人品格、精神状态、重罪前科等，从而达到质疑对方证言或认为对方证言不具有可信性等目的。反询问

---

① 参见刘广三：《刑事证据法学》，中国人民大学出版社 2015 年版，第 351—353 页。

② 参见王国忠：《刑事诉讼交叉询问之研究》，中国政法大学 2006 年博士学位论文。

③ 参见龙宗智：《论我国刑事审判中的交叉询问制度》，载《中国法学》2000 年第 4 期。

是交叉询问制度的核心内容，与质证权的关系最为密切。在反询问过程中，诱导性询问往往是反询问的重要手段，反询问中大量存在诱导询问，并被认为是交叉询问的一大特点。[①]反询问方通过数个诱导询问为证人挖下陷阱，使证人的前后证词自相矛盾，从而使证词不具有可信性。

举证方再主询问与对方再反询问，之后举证方结束询问。交叉询问所采用的方法属于问答式，可以使问题相对集中，与案件的关联性较强。且问答式可以使相对一方能够及时发现不当提问，并及时予以制止，防止不当提问误导陪审团。

2. 轮替询问

轮替询问，是指法官、当事人及其他参与人可以轮流质问证人，就其所陈述的内容及其可信性进行质疑。轮替询问是相对交叉询问而言，其主要特点是诉讼及询问并不严格区分控辩两大阵营，只是体现多元诉讼主体共同参与询问，通过协力探讨并发现案件事实真相。[②]这种做法的代表是德国。在德国刑事诉讼法上规定了两种质证程序：一是交叉询问程序，二是一般发问程序。由于交叉询问程序以当事人主义和对抗制为存在前提。在这种诉讼模式下，法官消极中立，当事人双方对抗激烈，相应的交叉询问规则更为精密，也更具有可操作性。这与德国的职权主义诉讼模式并不相容，交叉询问程序在德国具有天然的排斥性。相比之下，一般发问程序深受欢迎，并演变成轮替询

① 参见龙宗智：《刑事庭审制度研究》，中国政法大学出版社 2001 年版，第 290 页。

② 参见尚华：《论质证》，中国政法大学 2011 年博士学位论文。

问的质证模式。[①]

有学者指出："就德国法庭之实务而言，以英美法为蓝本所定的交叉询问规定，几乎无用武之地，这也是德国文献的一致见解，甚而将交叉询问评断为与德国刑事诉讼'不相称的异物'。德国的庭审活动形成了'轮替诘问'的实务，即由审判长先行讯问，再由其他诉讼参与人轮替或补充发问。"[②]在这种轮替询问的质证模式下，法官拥有较大的权力，对于庭审具有较强的控制力，角色较为积极主动。相关的讯问、发问由法官许可进行。法官可以制止不适当的或者与案件无关的问题。当出现滥用询问权时，法官可以制止并剥夺发问人的询问权。这些规定体现了法官在询问过程中拥有强大的指挥权。在询问顺序上，并没有严格的规定，而是由法官根据调查需要进行，属于法官诉讼指挥权的范畴。具体在考虑询问顺序时，考虑更多的是如何发现案件事实真相。在询问方式上，不采用一问一答式的询问，而是采用叙述式的方式进行。所谓叙述式作证，即证人站在证人席上进行系统的案情陈述，或者宣读一份较长的关于案情的证言，而后再由法官和控辩双方提出一些问题并由证人回答。采用叙述式的方式，证人连续地、完整地叙述证词，较之于一问一答式询问，降低了双方的对抗性。在询问的主体上，参与询问的主体较多，并不局限于控辩双方。这种多主体的参与发问显然不同于交叉询问，它是在法官主持下，通过多方参与来

---

① 参见尚华：《论质证》，中国政法大学2011年博士学位论文。

② 林钰雄：《严格证明与刑事证据》，法律出版社2008年版，第210页。

查明案件事实。①

综上，德国的轮替询问以职权主义诉讼模式为前提，法官享有较大的诉讼指挥权，可以依照职权积极主动探知案件事实，控辩双方的对抗性较小，通过多方参与询问证人，达到发现真实的目的。

三、被告人质证权的理论基础

（一）真实性理论

刑事诉讼中，法官或陪审团通过证据认定案件事实。因此，刑事诉讼活动首先是一种司法认识活动，需要遵循认识活动的一般规律。从认识论角度看，通过争议双方的不断辩论、质疑，更有助于裁判者准确认定事实，正所谓"兼听则明""真理越辩越明"。"就发现真实层面而言，当事人诘问证人以发现瑕疵，非法官讯问所能取代。"②这主要是因为当事人作为案件事实的亲历者，最了解案件的背景及发生过程，更容易发现证人证言的矛盾不实之处。在刑事诉讼中，通过被告人行使质证权，面对面质疑、询问证人，总体上有助于发现案件真实。美国有学者也认为："诘问制度，乃人类为发现真实，所发展出的最伟大的法律器具。"③

在美国，从19世纪起，真实性理论一直是解释质证权基础

① 参见尚华：《论质证》，中国政法大学2011年博士学位论文。

② 王兆鹏：《美国刑事诉讼法》，北京大学出版社2014年版，第450页。

③ 王兆鹏：《美国刑事诉讼法》，北京大学出版社2014年版，第451页。

的主流理论。美国联邦最高法院在 1895 年 Mattox v. United States 一案中确立了真实性理论。该案中，被告人被判决犯谋杀罪，后来通过上诉予以重审。重审中，有的证人已经去世，故只能使用初审时的证言笔录。后被告人再次被判决有罪。被告人再次上诉，认为重审中使用证言笔录侵犯了他的质证权。美国联邦最高法院认为，质证权的主要目的在于通过交叉询问手段发现案件事实。当未出庭的证言笔录具有可信性时，可以作为证据使用。该案在重审时所使用的证言笔录已经经过初审的交叉询问，具有可信性，因此可以作为证据使用。①

按照真实性理论，判断是否侵犯被告人质证权要看是否影响发现真实的目的。这一理论显然是站在程序工具主义的立场上，将被告人质证权的功能工具化，不利于人权保障。实际上，保障被告人质证权不仅仅局限于发现真实，更为重要的是，被告人质证权本身即正当程序原则的体现。因此，真实性理论受到广泛的批评，并最终为正当程序理论所替代。

（二）正当程序理论

现代刑事诉讼区别于封建纠问式刑事诉讼的根本点，在于现代刑事诉讼是在追求法律正当程序的基础上实现国家刑罚权。依照法律的正当程序，国家在追究被告人的刑事责任时，应当尊重被追诉者的诉讼主体地位，确保其获得人格尊严。在刑事诉讼过程中，被追诉者有权利参与整个诉讼程序，发表意见，

① 参见王晓华：《我国刑事被告人质证权研究》，中国政法大学出版社 2014 年版，第 37—38 页。

影响裁判结果。不仅如此，在刑事诉讼过程中，国家作为追诉机关，应该严格按照法律履行职责，不能滥用权力。而上述正当程序理念，在被告人质证权方面表现得尤为突出。正是被告人质证权的存在，才赋予了被告人面对面质疑、询问对其不利的证人的机会，才能通过质证活动反驳对方证据，最大限度地发挥程序参与的实质性，进而影响裁判结果。可以说，质证权作为辩护权的核心内容，同时也是最能体现被告人诉讼主体地位和程序参与权的一项重要的诉讼权利，是正当程序理论的集中体现。

在美国，对正当程序的理解表现为“防止国家权力滥用理论”。该理论将质证权看作个人对抗国家权力的工具。在刑事诉讼中，由于国家处于绝对优势地位，因此必须对国家权力加以限制，防止国家权力滥用。如果国家以秘密方式询问证人，则更容易造成权力的滥用。基于此，通过法庭公开的对质，可以有效防止国家权力滥用。美国联邦最高法院在 2004 年 Crawford v. Washington 一案中认为，质证权被视为检验国家指控的工具，如果被告人无法对证人质证，则失去了对国家追诉的控制，将容易导致国家在刑事诉讼中滥用权力，侵犯人权。[①] 在欧洲，质证权被作为公正审判权的下属权利，并被规定在《欧洲人权公约》中，成为公正审判权不可分割的一部分。

按照正当法律程序理论，被告人质证权体现了被告人的程序参与原则和诉讼主体地位，有利于防止国家权力滥用。可以

① 参见王兆鹏：《美国刑事诉讼法》，北京大学出版社 2014 年版，第 462 页。

说，较之于真实性理论，正当法律程序理论从更深层次揭示了被告人质证权的理论基础和正当性，也使得被告人质证权具有更为独立的地位和更为深刻的内涵。

第二节　我国刑事诉讼中被告人的质证权

一、我国刑事诉讼中被告人质证权所存在的问题

从我国立法上看，较早使用“质证”这一词语的是《民事诉讼法》。1991 年《民事诉讼法》条文中曾规定：证据应由当事人互相质证。我国 1996 年以及 2012 年《刑事诉讼法》也均使用了“质证”一词，规定：证人证言必须在法庭上经过控辩双方质证查实后，才能作为定案的根据。结合我国的法律规定和司法实践，我国刑事诉讼中被告人质证权面临如下问题。

第一，被告人质证权法律规定不明确，被告人行使质证权“师出无名”。前文指出，质证既是一种证据调查方法和诉讼证明环节，又是被告人一项重要的诉讼权利。从证据调查方法和诉讼证明环节看，通过控辩双方对证据进行质证，有利于查明案件事实。从被告人诉讼权利角度看，质证权是被告人所享有公正审判权的一个重要体现，也是体现审判公正性的基本要求。但是，从我国《民事诉讼法》及《刑事诉讼法》规定看，均将质证界定为证据调查方法，是查明事实真相的一个手段，并未明确规定被告人享有质证权。虽然从逻辑推论看，被告人享有

质证权是不言而喻的。但是，由于立法上的缺失，使得被告人行使质证权“师出无名”。实践中，被告人对案件证据有异议，申请证人出庭作证。此时，如果法律明确规定质证是被告人的一项诉讼权利，则不论法官认为是否有必要，均要保障被告人的诉讼权利。但根据目前的法律规定和司法实践，证人是否出庭归根结底在于法官认为是否有必要，认为有必要的才予以允许，认为没有必要的，则通常会予以拒绝。

第二，以证言笔录作为质证的对象，限制了被告人质证权的行使。我国《刑事诉讼法》规定，证人证言经过质证并查证属实后才能作为定案的根据。据此，质证的对象似乎可以明确为证人证言。但对物证、书证等其他证据种类而言，能否不经质证直接作为定案的根据呢？回答显然是否定的。我国法律将质证作为一种证据调查方法，其目的在于帮助查明案件事实。因此，对于物证、书证等其他证据种类，仍然要经过质证后才能作为定案的根据。这一点在我国相关司法解释中也予以了明确，规定证据未经质证等法庭调查程序查证属实，不得作为定案的根据。可见，此处质证的对象已不限于证人证言，而是包括了其他全部证据种类。司法实践中，对于物证、书证客观证据，质证的对象即为客观证据本身，对此没有异议。但对于证人证言、被害人陈述、鉴定意见等言词证据，质证的对象是什么，到底是证人证言本身，还是证言笔录，这直接关系到被告人质证权的实现问题。如果质证的对象是证人证言本身，则需要证人出庭接受询问和对质。如果质证的对象是证言笔录，则证人可以不出庭，控辩双方针对该证言笔录发表质证意见即可。

根据我国《刑事诉讼法》第190条的规定，接受质证的对象可以是证言笔录。如此一来，司法实践中所出现的大量证人不出庭，以证言笔录代替证人接受质证现象已不足为奇。笔者作为一名基层法院刑事审判庭的法官，办理的刑事案件超过1000件，但证人出庭的案件也不足10件。根据学者开展的实证研究，在某市法院系统的19个刑庭中，2004年度有9个刑庭没有证人出庭，有证人出庭的案件为26起，涉及68名证人，以全部6810起案件为基数，证人出庭率仅为0.38%。另外，根据相关报道和研究，刑事审判中证人出庭率普遍在5%以下，有的地方甚至不足1%。[①] 如果证人不出庭，则被告人质证的对象只能是不会说话的证言笔录，被告人无法通过言辞方式与证人展开对话，证人也没有亲自到庭让法官切身感知其证言过程。因此，其质证的效果大打折扣。甚至可以说，对于证言笔录的质证已经不是典型意义上的质证权行使方式。可见，在以证言笔录为质证对象的前提下，被告人的质证权显然无法得到充分的行使，甚至流于形式。

二、相关改进措施

针对上述情况，为了切实保障被告人质证权，我国学者积极建言献策，我国2012年《刑事诉讼法》也重点针对该问题做了立法修改和完善。学者建议和立法修订的主要措施有以下几个方面。

---

① 参见张军：《新刑事诉讼法法官培训教材》，法律出版社2012年版，第178页。

（一）明确质证权的权利属性

权利与义务是法律关系的基本内容。从主体的角度看，权利作为法律主体所享有的一种资格，既可以行使，也可以放弃。从国家的角度看，权利作为法律赋予或认可的一种资格，国家有义务保障权利主体实现法律所规定的权利，即权利表现为一种法律上的“力”。对法律主体而言，只有法律赋予其某种权利，才能谈及该权利的实现问题和国家对该权利的保障问题。就质证而言，其在我国刑事诉讼中仅仅是证据调查的手段和方法，是法官认定案件事实的必经程序，而非被告人的一种诉讼权利。在这一前提和定位下，质证的功能在于发现案件事实，而不在于保障被告人的公正审判权。决定某一证据是否需要质证、怎么质证属于法官的权力，而非被告人的权利。从质证的功能和价值分析看，其存在工具价值和独立价值。从工具价值看，通过质证有利于查明案件事实，发现案件真相作为诉讼程序的一种，具有工具价值和独立价值。就工具价值而言，通过质证有利于查明案件事实，准确定罪量刑。就独立价值而言，质证是尊重被告人独立人格和诉讼主体地位的表现，体现了诉讼程序自身的公正性。显然，工具价值不是质证的全部内容，甚至不是最重要的内容。质证所体现出的程序参与、诉讼主体性、公正审判等正当法律程序更为重要。因此，质证并不仅仅是诉讼程序中调查证据、发现真实的手段，更是公民接受公平审判所必不可少的核心权利。只有从质证的权利属性、基本权利方面重新界定质证的法律地位，才能从根本上做到名正言顺，进而保障质证权的实现。

（二）限制侦查笔录的证据能力

我国目前制约被告人质证权实现的最大障碍在于法官过于依赖侦查笔录和侦查卷宗，以至形成了“办公室作业”的工作习惯和工作模式。在这种模式下，法官审查判断证据基本上依靠侦查笔录，而不是当庭的证言。这种模式对法官而言，更加具有效率，且基于以往的经验判断，这种模式也并没有造成大量的冤假错案。因此，法官不仅从内心过于依赖侦查笔录，且从内心不愿证人出庭，认为证人出庭过于麻烦，害怕证人出庭后作出与侦查笔录不一致的证言。因此，只有限制侦查笔录的证据能力，不赋予侦查笔录预决的证据资格，才能从根本上保障被告人质证权的实现。此外，限制侦查笔录的证据能力，也是以审判为中心诉讼制度改革成败的关键所在。以审判为中心，一方面要做到审判权贯穿于刑事诉讼的全过程，即包括侦查、起诉、审判在内的全部诉讼过程中，都要有审判权或裁判权的存在，通过审判权的运行约束审前诉讼行为，保障被追诉者的人权。另一方面，则要做到庭审实质化，即案件的证据都要在法庭上展示、体现，庭前的侦查笔录不具有预决的证明效力。如果对侦查笔录的证明效力不加以限制，则法庭上质证的对象仍然会是相关侦查笔录，证人、被害人、鉴定人仍然不出庭，庭审的意义何在？以审判为中心诉讼制度改革如何能够实现？

在法治发达国家，不论是英美法系还是大陆法系，对于侦查笔录的证据能力原则上予以否定。在英美法系国家，认为侦查笔录属于法庭外的证言，属于传闻证据，除了明确的例外情形外，如证人临终的陈述、证人已经死亡或丧失行为能力、证人在其他审判程序中所作的陈述等，原则上不具有可采性，此即传闻证据规则。[①] 在大陆法系国家，实行直接言词审理原则，强调法官在审理过程中要亲自接触证人。因此，证人在庭前所作的笔录原则上不具有证据能力。例如，在法国，重罪法庭不能将侦查卷宗带入评议室。在德国，侦查卷宗内容原则上不得作为裁判的依据。[②]

我国司法实践中，关于侦查笔录的证据能力，可以分别认定，对于控辩双方无争议的，具有证据能力。对于控辩双方有争议的，该侦查笔录原则上不具有证据能力，应该通知证人出庭作证，证人无正当理由拒绝到庭的，庭前证言不得作为定案的根据。值得关注的是，在中央全面深化改革领导小组及最高人民法院通过的相关文件[③] 中，均明确规定，当双方对于案件的关键证言有异议的，该证人应当出庭。据此，证人出庭作证由三个条件放宽为两个条件，实际上也是鼓励证人出庭作证，其实施效果也必然会限制侦查笔录的证据能力，实现庭审实质化，从而推进以审判为中心诉讼制度改革的实现。

---

① 参见刘广三:《刑事证据法学》，中国人民大学出版社 2015 年版，第 97—105 页。

② 参见魏晓娜:《以审判为中心的刑事诉讼制度改革》，载《法学研究》2015 年第 4 期。

③ 参见《关于推进以审判为中心的刑事诉讼制度改革的意见》《最高人民法院关于全面推进以审判为中心的刑事诉讼制度改革的实施意见》。

（三）加强对证人的保护和补偿

出庭作证是证人的法定义务。与此相对应，当证人因为履行国家所规定的作证义务而受到威胁、伤害等不利后果时，国家有义务对证人实施保护措施。司法实践中，被告人为了逃避法律追究，对证人及其近亲属实施威胁、打击报复的情况时有发生，甚至出现了“证人被害人化”的现象。这种情况如果不加以制止，则证人很难自愿出庭作证，即便出庭，也很难如实向法庭提供证言。因此，在法治发达国家，均通过立法形式对证人进行保护。例如，美国1982年《被害人及证人保护法》、加拿大1996年《证人保护计划法》等，均对证人保护问题进行了详细的规定。不仅如此，联合国在《打击跨国有组织犯罪公约》及《反腐败公约》中也规定，各缔约国应对证人、证人的近亲属等提供有效保护，避免其被报复或恐吓。具体的保护手段包括向证人提供人身保护、通过信息技术变通作证方式等。[①]

在我国，由于证人出庭作证率极低，绝大多数案件中证人均不出庭作证。因此，对证人保护问题重视程度不够。近年来，随着司法观念的更新，越来越强化证人出庭作证。与此相适应，为了使证人免受报复或威胁，我国2012年《刑事诉讼法》确立了证人保护制度，以确保证人及其近亲属的人身安全。具体的保护措施有：不公开证人的个人信息、变通作证方式、禁止特定的人接触证人及其近亲属、对人身和住宅采取专门性保护

① 参见联合国《打击跨国有组织犯罪公约》第24条、联合国《反腐败公约》第32条。

措施等。[①]

对于上述证人保护措施，大体上可以分为两种：一种是影响被告人质证权的证人保护措施，另一种则是不影响被告人质证权的证人保护措施。影响被告人质证权的证人保护措施，是指所采取的证人保护措施直接限制了被告人的质证权，即证人保护与被告人质证权保障之间存在矛盾冲突。例如，不公开证人的个人信息，虽然有利于保障证人的安全，但这种方式显然会损害被告人的质证权。被告人在无法知晓证人个人信息的情况下，自然无法对证人品格、是否有偏见、有敌意、不可信等问题进行质疑发问，影响了质证权的有效行使。又如，采用不暴露外貌和真实声音的方式作证，则被告人与证人无法做到"面对面"沟通，无法做到有效质证。并且，这种"非面对面"的作证也会影响法官或陪审团对证人证言的采信程度。因此，对于影响被告人质证权的证人保护措施，必须严格限制其案件范围，即以我国《刑事诉讼法》所明确规定的四类案件为限。不影响被告人质证权的保护措施，则主要是指国家司法机关为了保护证人及其近亲属的安全，对其所采取的专门性保护措施，如接触禁令、人身保护令等。这些属于法庭之外的证人保护措施，采用这种措施不会影响被告人的质证权。因此，这种保护措施的案件范围可以扩展到其他案件类型，即所有需要保护的证人均可以要求国家司法机关向其提供此类保护措施。

① 参见史立梅：《我国刑事证人出庭作证制度的改革及其评价》，载《山东社会科学》2013 年第 4 期。

证人出庭作证势必会给证人造成一定的经济负担。例如，证人出庭作证需要支出交通费、餐饮费等，还需要向其工作单位请假，影响其正常工作。因此，从鼓励证人出庭作证的立场出发，需要建立对证人的经济补偿制度。这也是权利义务相一致原则在证人出庭作证制度中的具体体现，也是法治发达国家的共同做法。例如，在德国的司法实践中，证人有得到公平待遇的权利，法院依照公平审判原则给证人诉讼费用补助。另在德国制定了专门的《证人及鉴定人补偿法》，证人可要求相应的补偿。①

我国立法和司法实践中，往往强调证人作证的义务，对于证人因作证而支出的必要费用，并没有纳入国家财政预算，不能给予相应的补偿。这最终不利于鼓励证人出庭作证。因此，从我国实际出发，2012 年《刑事诉讼法》明确规定了证人补偿制度，就证人作证而支出的交通费、餐饮费、住宿费等，给予补助，并由同级财政予以保障。根据此规定，各地方根据地方经济发展水平，制定了相应的实施细则，明确了补偿的标准、范围等。例如，在北京，一般的标准为每日交通费、餐饮费 100 元、住宿费 240 元、外地交通费 900 元。

通过建立证人保护制度和证人补偿制度，一方面解决了证人出庭作证的后顾之忧，另一方面可以使证人得到一定的经济补偿，二者相结合，可以提高证人出庭作证的积极性。

① 参见［德］克劳思·罗科信:《刑事诉讼法》，吴丽琪译，法律出版社 2003 年版，第 258 页。

（四）建立强制证人出庭作证制度

出庭作证是证人的法定义务。“在现代诉讼制度下，作证义务被具体化为三项义务：到场义务、陈述义务、如实陈述义务。”[①] 上述三项义务中，证人到场义务是证人出庭作证的前提和基础。证人在出庭作证过程中，需要向法官或陪审团清晰描述其对案件过程的所见所闻。因此，证人作证的自愿性就显得尤为重要。只有在证人自愿出庭作证的情况下，其才能以平和、放松的心态向法庭提供证言。鉴于此，出庭作证应以证人自愿为原则，即原则上证人应自愿到场，并如实向法庭作陈述。但是，在现代刑事诉讼中，强调直接言词审理或者实行传闻证据规则，对于不到庭的证人，其庭前证言原则上不具有证据资格。这种情况下，国家为了查明案件事实，赋予证人出庭作证的义务，并大都规定了强制证人出庭作证制度。在英美法系国家，虽然实行当事人主义，证据的提出、举证均由当事人双方主导，但法官也有权依照当事人的申请签发要求证人出庭作证的令状，从而体现了国家对证人出庭的强制干预。[②] 在大陆法系国家，基于发现事实真相的需要，当证人拒不出庭时，法院可以强制其到庭。例如，在德国，证人有义务在接受法官合法传唤后到场。如果不到场，则法官可对其处以最高1000马克的罚款或最长不

① 陈卫东：《模范刑事诉讼法典》，中国人民大学出版社2011年版，第185页。

② 参见陈光中：《〈中华人民共和国刑事诉讼法〉修改条文释义与点评》，人民法院出版社2012年版，第270页。

超过 6 个星期的拘留。[①]

在我国长期的司法实践中，证人出庭率极低。出现这种情况的原因很复杂，但不可否认，由于我国传统“息讼”“无讼”文化的影响，使得大多数证人对出庭作证抱有消极甚至抵触的心态。这是造成我国证人出庭率极低的一个重要原因。因此，我国有必要建立强制证人出庭作证制度，通过司法强制力，督促证人出庭作证，履行作证义务。根据我国 2012 年《刑事诉讼法》第 188 条的规定，经法院依法通知后，证人无正当理由拒不出庭作证的，法院可以强制到庭。据此，法院强制证人出庭的前提有两个：一是该证人应当出庭；二是经法院依法通知，证人无正当理由拒不到庭。至于如何把握有无正当理由，应结合个案具体认定。一般情况下，证人在庭审期间身患疾病、身居国外境外等，可以认为具有正当理由。但需要指出的是，证人出庭作证毕竟以证人自愿作为原则，以强制出庭为例外。因此，对于强制证人出庭作证，应慎重适用，即在不得已的情况下才能强制证人到庭。在具体适用强制证人到庭制度时，应区分控方证人还是辩方证人。对于控方证人，由于控方掌握着强大的国家资源，完全有能力、有条件督促证人到庭，并如实向法庭提供证言。这也是控方履行举证责任的具体要求。因此，控方证人到庭应由控方负责，法院不得强制控方证人到庭。控方证人经法院依法传唤，无正当理由拒不到庭的，其庭前证言不具有证据资格，不得作为定案的根据。只有这样，才能使控方举

① 参见［德］克劳思·罗科信:《刑事诉讼法》，吴丽琪译，法律出版社 2003 年版，第 242 页。

证责任实质化。对于辩方证人，原则上应由辩方负责证人到庭。只有当辩方尽其所能而证人仍不愿出庭时，经过辩方申请或依职权，法院可以依法通知辩方证人到庭，辩方证人无正当理由拒不到庭的，可以强制证人出庭。

第三节　涉众型经济犯罪案件被告人质证权之保障

在我国刑事诉讼实践中，由于普遍存在证人不出庭，法官依靠侦查卷宗认定案件事实的现象。因此，对于被告人质证权的保障，重点着眼于如何确保证人出庭作证方面。可以说，在普通刑事案件中，解决了证人出庭作证问题，被告人质证权即可以得到较为充分的保障。但是，在涉众型经济犯罪案件中，鉴于涉案证据众多，证人、被害人人数动辄以数千数万计，这种情况下，简单地以证人出庭作证这一思路远远不能解决问题。因此，有必要根据涉众型经济犯罪案件的证据特点，探索该类案件中保障被告人质证权的相关措施。

我们可以先通过一个具体案件了解涉众型经济犯罪案件中的证据概况。

被告人周某某、郭某某、谢某某等 30 余人，于 2012 年至 2014 年间，在北京市朝阳区国贸三期、金地中心及万通中心等地，未取得相关资质，以北京易胜百投资管理有限公司及安华联合资本管理（北京）有限公司名义，单独或以合作方式，以港股经营、短期借款、委托理财及投资白银、大明水产、黄金股权、鲁联石煤矿、绿金嘉园、楠香传奇、松原石油、亿隆地产、银信通等项目为由，承诺以货币、股权等方式高额返本付息，向社会公开宣传，吸收或变相吸收10000余名投资人的资金，经审计，共计人民币41亿余元。

该案是一起典型的涉众型经济犯罪案件，涉案侦查卷宗达到1000余册，根据我国《刑事诉讼法》所规定的证据种类的不同，可以将该案的证据作如下分类。

1. 物证，即查获的作案工具电脑、作案地点的照片等。

2. 书证，主要包括涉案公司的工商登记材料、股东名册、董事会决议、被害人与公司签订的投资协议，涉案银行账户流水明细、涉案的查封、扣押、冻结手续等，共约400册。

3. 证人证言，主要包括公司其他员工的证言，涉案第三方项目负责人的证言，共约10册。

4. 被害人陈述，主要是报案的被害人的陈述材料，共约500册。

5. 犯罪嫌疑人、被告人供述与辩解，共约30册。

6. 司法会计鉴定意见，共10册。

7. 其他证据材料，包括讯问光盘等，共2册。

该案中，存在如此众多的证据，如何确保庭审证据调查的顺畅高效进行，如何确保被告人质证权的实现，是一个急需解决的棘手问题。针对这一问题，结合司法实践和相关法律规定，本书认为可以从以下几个方面进行。

一、创新取证方式

取证是举证、质证的前提。尤其是在我国采用卷宗移送制度的情况下，侦查机关的取证水平、取证方式、证据固定形式直接影响案件的证据调查工作。在目前的涉众型经济犯罪案件司法实践中，之所以出现大量的卷宗材料，与侦查机关取证方式和证据固定方式落后有很大关系。前文指出，涉众型经济犯罪案件中大多数证据属于被害人陈述。被害人陈述作为直接证据的一种，可以比较完整地证明案件事实。因此，在刑事案件和刑事证据种类中，被害人陈述都占据着比较重要的地位。尤其是在涉及存在具体被害人的刑事案件，如诈骗案、盗窃案、故意伤害案等，侦查机关在收集证据时对于被害人陈述力求完整、全面收集。这些案件如果没有被害人陈述，即便犯罪嫌疑人作出了有罪供述，仍然不能认定案件事实。但在涉众型经济犯罪案件中，全面、完整收集被害人陈述不仅不太可能实现，也没有必要。一方面，涉众型经济犯罪案件中的被害人人数众多，如前文列举的“e租宝案”中涉及被害人90余万名，且被害人人数不确定，存在大量的潜在被害人。另一方面，涉众型经济犯罪案件中被害人陈述所证明的内容较为固定，主要包括参与经过、投资数额、损失数额等。根据涉众型经济犯罪案件中被害人的特殊情况，侦查机关在收集证据时可以有所创新和突破：一方面，可以对一部分被害人做详细的询问笔录，让其做完整的陈述，力求通过这部分被害人陈述能够反映案件的基本事实。另一方面，对于其他被害人陈述，侦查机关没有必要做详细的询问笔录，而是可以制定统一制式笔录，让被害人如实填充并针对填充内容提供相应证据材料。填充式笔录，应当包括但不限于被害人的基本信息（姓名、住址、联系方式、身份证号）；影响案件事实认定的基本信息（投资时间、投资金额、返款金额、损失金额）等事项。甚至可以在对部分被害人取证制作笔录后，对于其他的被害人，可以通过网络平台登记申报权益，不再制作相应的笔录。如此一来，此类案件的证据数量将会大大减少，有利于突出主要证据，保障被告人质证权的实现。

二、简化举证内容

举证是质证的前提和基础。没有举证，质证就无从谈起。目前的司法实践中，之所以庭审走过场、流于形式，很大程度上是因为举证不力。尤其是在涉众型经济犯罪案件中，公诉机关面临如此大量的证据材料，仍然按照传统案件的举证方式进行，其结果不仅导致公诉机关举证的工作量过大，且由于所有证据全部出示，争议的焦点不突出，被告方在如此众多的证据面前，准备不足，甚至不知所措，难以发表有效的质证意见。因此，在涉众型经济犯罪案件中，确保被告人质证权实现的首要前提在于改革现有的举证方式，大幅简化举证内容，力争化繁为简，突出争议焦点。

根据我国法律和司法解释的相关规定，证据只有经过质证等法庭调查程序查证属实后，才能作为定案的根据。据此，质证成为认定案件事实的必经环节。在我们的刑事判决书中，在审理查明的事实之后，会列明认定上述事实的证据名称和证据内容，在罗列证据之后，往往会写上这么一句话："以上证据，经庭审举证、质证，本院予以确认。"因此，在司法实践者心中，所有证据都必须经过庭审举证、质证，否则不能作为定案的根据。这实际上是一种认识上的误区。尤其是在涉众型经济犯罪案件中，面对如此数量繁多的证据，如果再坚持有证必质，显然不太可能，也会徒增司法成本。其实，从质证的本源含义看，讲究的是质疑，质询，即有疑才问、问以解疑。因此，质证的对象应该是指双方有异议的证据，如果控辩双方对某一证据没有疑问，则质证就失去了存在的前提。因此，有学者认为，就具体的质证程序而言，证据成为质证对象应该考虑证据质证的必要性，有疑才质，考虑诉讼成本和诉讼效率。①

从被告人质证权的角度看，完整意义上的质证权既包括积极的质证权，也包括消极的质证权。积极的质证权表现为当庭向对方证人进行质疑、询问，抵消对方证据的证明力。消极的质证权即表现为对质证权的放弃，即对不利于己的证据的认可。实际上，即便在被告人质证权非常发达的国家，放弃质证权的情况仍然非常普遍。不论是在大陆法系国家如德国，还是在英美法系国家如英国，抑或是在混合制国家的日本，当诉讼各方当事人一致同意采用书面证言的，该书面证言具有可采性。使用书面证言，一方面意味着被告人放弃了与对方证人面对面对质的权利，另一方面也意味着被告人认可了该份书面证言所记载的内容，实际上意味着放弃了质证权。此外，法治发达国家均有高效的程序分流机制，对于认罪案件一般不经过正式的开庭审理程序或仅仅经过非常简单的开庭审理程序予以处理。我

① 参见刘广三:《刑事证据法学》，中国人民大学出版社 2015 年版，第 344 页。

们比较熟知的美国的辩诉交易程序、德国的处罚令程序、日本的简易命令程序等都是其中的代表。在通过这种非正式的庭审程序处理案件过程中，证据并没有经过控辩双方在法庭上举证、质证，或者仅仅经过形式上的非常简略的举证、质证，这些案件中，由于被告人自愿认罪，承认控诉方所指控的犯罪事实，对证据也没有争议，因此放弃了质证权。可见，被告人放弃质证权是非常普遍的现象。我们通常所认为的“所有证据均要在法庭上经过控辩双方质证”的理念，实际上是错误的，实践中也是不可能完全实现的。

我国目前刑事诉讼中，存在普通程序、简易程序和速裁程序三种繁简不同的诉讼程序，三种程序在对证据进行质证方面的要求也不尽相同。对于速裁程序案件，法律明确不再进行庭审证据调查，不再进行举证、质证和辩论。对于简易程序案件，由于举证非常简化，仅仅宣读证据名称和所证明的事项，因此质证的形式意义大于实质意义。这两种程序中，总体上看被告人已经放弃了质证权。对于普通程序案件，由于被告人不认罪或者案情重大疑难复杂，原则上尽可能保障被告人的质证权，对于争议的焦点问题，可以一证一质。但即便是适用普通程序的案件，控辩双方也并非对每一个事实都存在争议。对于没有争议的事实，仍然可以分组举证、质证，甚至经过控辩双方同意，不再进行质证。

具体到涉众型经济犯罪案件中，虽然存在繁多的证据，但是这些证据从总体上进行分类后，可以看出绝大多数属于被害人陈述和书证，其中书证主要是投资合同等。这类证据往往占据了全案证据的 80% 以上。从证据内容看，被害人陈述主要证明的事项是：投资项目、介绍人、投资金额、返息金额、损失金额等，相对具有较高的可信性。而相关的投资合同因系被害人与被告方所签订的，客观性较强。根据笔者的司法实践，这类案件中，被告人对被害人的陈述和相关书证往往不持异议。因此，可以通过庭前证据合意程序对这些控辩双方无争议的证据予以固定，开庭时公诉方仅仅选取其中具有代表性的证言笔录加以宣读即可。这样可以使控辩双方集中精力解决争议焦点问题。至于控辩双方争议的焦点，要根据不同案件进行区分，一般说来，以下问题容易成为争议的焦点，相应地，质证也要着重围绕这些问题展开。①

第一，关于犯罪故意问题。此类犯罪中，被告人往往辩解其主观上不明知犯罪，尤其是涉案公司的非核心人员（如员工、行政管理人员等）常常辩解对公司非法吸收公众存款不明知，该如何处理？这一问题牵涉到罪与非罪的界分，容易成为控辩双方争议的焦点。实践中，对于此犯罪故意的证明，一般要根据被告人是否具备一定的涉金融活动相关从业经历、专业背景、任职情况、培训经历、此前任职单位、本人因从事此类活动受到处罚情况、是否故意规避法律规定以逃避监管等进行综合认定。对于较低层级或者较边缘的岗位，一般从以下方面判断其主观明知问题：（1）其主要职权是否涉及接触集资参与人、资金流向等关键环节；（2）其主观上是否明知公司的运营模式，对于

① 该部分内容主要参考了姜淑珍、刘丽娜：《非法集资犯罪案件证据审查要点》一文。

从事行政岗位、综合岗位等不是非法募集资金这一链条中关键岗位，且级别较低，只领取固定工资，接受上级指示开展工作的，慎重认定其主观明知；（3）在单位犯罪中，对于纯属执行单位领导指派参与实施犯罪，但是从业时间短暂，在单位犯罪中层级较低，无相关职业经历、专业背景，提出不明知辩解，如无其他证据证明其具有主观故意的，不作为犯罪处理。因此，在对犯罪故意问题进行质证时，可以重点围绕上述几个方面，结合被告人供述与辩解、相关业务人员的证言，公司账户与个人账户收入情况，集资参与人证言、辨认笔录，各类会议记录、视听资料、相关工作制度、业务培训文件、各类合同、协议、宣传资料、视听资料等进行综合质证。

第二，关于“非法性”问题。涉众型经济犯罪作为一种经营性犯罪，扰乱了市场经济秩序。此类犯罪在构成要件上要求犯罪主体不具备从事某一市场经营行为的资质，表现为“未经许可”从事什么样的行为。如非法吸收公众存款罪中，要求未经批准吸收或变相吸收公众存款。因此，实践中非法性也容易成为控辩双方争议的焦点，主要表现为行为人在金融监管机构有某些登记备案，这种情况下能否认定具有非法性。司法实践中，不仅要结合公司工商登记营业执照，还要结合其他证据，准确区分登记备案与行政审批，不能将金融监管机关的登记备案等同于具备特定金融从业资格。以私募股权投资基金为例，根据2014年8月《私募投资基金监督管理暂行办法》的规定，私募基金实行私募基金管理人登记与私募基金备案制度，并不存在审批的问题，不能类推认定其具备吸收资金等从事特定金融业务的资格。对于此类案件，要重点审查其行为本质，把握行政违法与刑事犯罪的界分，防止打着合法私募的旗号非法集资。按照上述文件规定，私募基金只能向合格投资者募集，合格投资者需具备不低于100万的单只私募基金的投资金额。这可以作为判断“合法性”的参考因素，对于完全不审查集资参与人资质，面对不特定群体公开吸收资金且承诺保本付息的行为，应当认定为非法集资。

实践中，对“非法性”问题进行质证时，重点围绕以下几个方面展开：（1）公司营业执照、经营许可证及相关批准文件，了解成立时间、股东构成、经营范围、资产状况、组织机构、人员结构，核实是否合法、是否超过经营范围、是否以合法形式掩盖非法目的等；（2）相关行政监管单位证明材料，核实涉案公司是否获得金融监督等行政管理部门批准；（3）个人账户、公司账户，结合被告人供述和员工证言，核实账户是否混同、是否形成资金池；（4）是否符合相关行政法律规定的主体资格要求和经营方式。

此外，对其中几类特殊情形尤其要引起重视：一是以私募基金的形式募集资金，应当核实是否按照规定登记备案、是否对集资项目进行风险评估和风险控制、其是否履行了对投资者风险识别能力和风险承担能力的审查义务、是否设置100万元的最低投资数额、是否对投资者做出投资风险提示、是否承诺还本付息。

二是以股权众筹为形式的集资行为，应当重点核实是否按照规定备案登记，是否从事自融业务或为关联方融资，是否对募集资金设置专门账户，是否对投融资双方进行必要的审核，是否对投资者进行风险提示，是否通过公开或者变相公开的方式向社会公众发行债券，是否向投资者承诺本金不受损失或者承诺最低收益，是否在同一时间通过两个或者两个以上的股权众筹平台就同一融资项目进行融资，是否在股权众筹平台以外的公开场所发布融资信息。

三是以 P2P 为名的集资行为，重点核实是否从事自融业务，是否参与出借人与借款人的交易，并归集资金形成“资金池”，是否将债权转让获得的资金分配给出借人，或者将债权转让获得的资金出借形成新的债权，是否承诺在一定期限内以货币、实物、股权等方式还本付息或者给付回报，是否建立第三方资金托管机制，是否将借贷资金存于个人账户，是否履行审查义务、禁止借款人实施非法集资活动。

第三，关于“利诱性”问题。在实践中常见的涉众型经济犯罪非法吸收公众存款罪中，因为其犯罪对象是公众的存款，而存款的本质是保本付息，因此，该犯罪要求行为人承诺在一定期限内以货币、实物、股权等方式还本付息或者给付回报，即具备保本付息的“利诱性”。实践中，非法吸收公众存款的表现形式多种多样，有的在投资合同中明确记载了保本付息内容，有的则并不明确，有的甚至明确记载了不保本付息，以规避利诱性问题。因此，利诱性问题容易成为控辩双方争议的焦点。对于这一问题，分析时不能机械理解，对于没有明确表明无风险，但是采用夸大措辞或者片面宣传方式，导致一般集资参与人作出无风险预判的，也应当认定为具有利诱性。对此，可以参考中国证券投资基金业协会于2016年4月15日发布的《私募投资基金募集行为管理办法》第24条规定，募集机构及其从业人员推介私募基金时，禁止有以下行为：以任何方式承诺投资者资金不受损失，或者以任何方式承诺投资者最低收益，包括宣传“预期收益”“预计收益”“预测投资业绩”等相关内容；夸大或者片面推介基金，违规使用“安全”“保证”“承诺”“保险”“避险”“有保障”“高收益”“无风险”等可能误导集资参与人进行风险判断的措辞。

对“利诱性”问题进行质证时，重点围绕以下事项：（1）集资书面协议，核实是否有风险约定事项，对于有书面约定风险的，则需进一步审查被告人供述、员工证言、投资参与人证言，核实是否口头承诺在一定期限内以货币、实物、股权等方式还本付息或者给付回报；（2）涉案公司宣传传单、网页宣传语等其他客观证据，核实是否承诺还本付息或者足以让社会公众误以为无风险；（3）被告人供述、公司员工证言，核实公司宣传用语是否有还本付息的含义；（4）投资人证言，核实被吸引投资的情况，被告人一方是否审查过投资人的风险识别能力和风险承担能力，是否对投资人进行风险提示；（5）对于存在第三方担保的，核实担保公司的营业执照及公司负责人员，查明担保公司的股东构成、是否与涉案公司实际由同一人或同一伙人操控，是否存在虚假担保的情况。

第四，关于“社会性”问题。涉众型经济犯罪要求面向社会公众实施，例如在非法集资等案件中，明确要求非法集资要面对社会公众，是社会不特定对象，在亲友或者单位内部针对特定对象吸收资金的，不属于非法集资。实践中，控辩双方对是否面向社会不特定公众非法集资往往存有争议，对此问题，重点是查明该公司扩散消息的范围，对于采用口口相传、公司员工入职后拉拢亲人、朋友投资的，如果涉案公司对吸收资金的对象和范围没有限定，即通过集资参与人再介绍，口口相传，而被告人对此予以放任，则可以认定具有公开性，属于向社会公众非法集资。

对于"社会性"问题的质证，重点围绕以下几个方面：（1）集资参与人身份信息、与涉案公司签订的各类合同，结合被告人供述、集资参与人证言，核实是否系亲友或单位内部人员；（2）被告人供述、员工证言，核实公司主要扩散消息的范围、宣传渠道及实际经营情况；（3）集资参与人证言，核实获取投资信息的方式、投资时间、投资金额、投资合同签署、履行等情况；（4）其他客观证据，核实涉案公司或被告人是否利用微信平台、公司宣传传单、公司网页等公开渠道宣传信息，相关电子聊天记录是否反映面向不特定人进行宣传等。

第五，关于集资诈骗罪中非法占有目的问题。根据我国《刑法》规定，集资诈骗罪要求行为人主观上具有非法占有目的，2010年《解释》第4条的规定，对于是否具有非法占有目的提出了6项判断标准，但在实践中，如何准确适用准确判断行为人具有非法占有目的，仍然比较困难，也容易成为控辩双方争议的焦点：（1）对"拒不交代资金去向，逃避返还资金"的认定问题。对于被告人拒不交代资金去向，逃避返还资金的，应当认定为具有非法占有的目的。但实践中，多数情况是，被告人并非拒绝交代资金去向，而是虚构资金去向或者虚报、夸大投向项目的资金数额，或者编造投资境外项目，给侦查机关的调查取证工作制造障碍，从而达到掩盖资金去向的目的。这种情况下，只要侦查机关按照被告人交代的去向查证不属实的，可以认定被告人具有非法占有的目的，除非被告人能够协助司法机关查明资金真实去向。（2）对“集资后不用于生产经营活动或者用于生产经营活动与筹集资金规模明显不成比例，致使集资款不能返还”的认定问题。对于“生产经营活动”的界定，理解不一，有的认为应是有实际利润产出的投资项目，既包括实业项目，也包括金融领域的资本项目、银行理财等。有的认为，公司运营的房租、员工工资等属于犯罪成本，不能算作生产经营活动内容，同时，公司的还本付息、提成佣金以及公司给员工的赠与等都不能算是此司法解释中的“生产经营活动”。对于“明显不成比例”如何判断的问题。本书认为要根据具体情况具体判断。比如某投资实体项目募集资金的非法集资案例，以投资该实体项目的名义募集资金 1 亿余元，而最终实际投资到这个项目的仅有 1000 余万元，不到十分之一，此时应当认定为非法占有目的。而以投资项目获得回报为由非法募集资金的，经查证项目是虚假，则应区分情况判断，如果实际宣传的是 A 项目，最后投资的是 B 项目，也实际投资了，如果没有明显不成比例，则不宜认定非法占有目的；如果实际宣传了 A、B、C 等多个项目，结果只投资了 A 项目，但是 A 项目的投资回报率不仅能够覆盖 A 项目的还本付息还能覆盖别的项目，则不宜认定明知没有还款能力和还款意愿。如果前期以部分真实投资项目为诱饵，虚报注册资本成立多个空壳公司以夸大公司规模，编造各种欺骗性强的投资理财项目，进行虚假宣传，以高回报率吸引资金。这种情况下，由于大部分属于虚假项目，真实项目的盈利水平与投资人的本金及承诺回报相比，存在较大差距的，最终必然“崩盘”，对于这种经营方式，可以直接认定其具有非法占有目的。（3）对“肆意挥霍集资款，致使集资款不能返还的”中“肆意挥霍”的理解问题。对于明显高于行业水平的大额奖励、赠与、个人奢侈品的支出等应理解为“挥霍”，而对资金使用的决策极度不负责任或肆意挥霍造成资金缺口较大的，原则上也认定具有非法占有目的。（4）对“集资款用于违法犯罪活动的”的认定问题。对于用于赌博、贩毒、涉黄、涉恐等的，明显属于违法犯罪活动；对于将集资款用于非法搭建的P2P公司等用途的，如果行为人明知为非法平台的，可以认定用于违法犯罪活动。（5）对“隐匿、销毁账目，或者搞假破产、假倒闭，逃避返还资金的”的认定。有些案件中，高管在公司资金链断裂时或者公司运营中，出于逃避法律责任等多种目的，销毁大量合同或者财务账目，如果其他证据足以证明公司并没有虚假项目、资金去向也很明确多数用于生产经营的，则不能仅凭这一项认定非法占有目的。

针对上述疑难争议问题，实践中对于是否具有非法占有目的进行质证时，重点围绕以下几个方面：（1）投资合同、宣传资料、培训内容等与实施非法集资整体行为模式相关的证据，核实集资是否用于生产经营活动及用于生产经营活动的比例；（2）资金往来记录、会计账簿和会计凭证、公开宣传材料等证据，结合被告人供述、相关证人证言，核实资金使用成本（包括利息和佣金等）、资金决策使用过程、吸收资金所投资项目内容、投资实际经营情况、财产转移情况等证明资金用途的情况，以及公司盈利能力、归还本息资金的主要来源、负债情况、是否存在虚构业绩等虚假宣传行为等证明归还能力的情况；（3）司法会计鉴定，核实集资是否用于生产经营活动、用于生产经营活动的比例、是否肆意挥霍集资款、资金缺口等情况。

第六，关于单位犯罪问题。涉众型经济犯罪一般依托单位实施，对外以单位的名义进行，所获收益部分用于单位开支等，表面上构成了单位犯罪。根据我国《刑法》规定，对单位犯罪实行双罚制，即既处罚单位同时也处罚单位直接负责的主管人员和其他直接责任人员。但从司法实践掌握的一般标准看，构成单位犯罪的，对其中的自然人（包括直接负责的主管人员和其他直接责任人员）所判处的刑罚较之自然人犯罪为轻。因此，实践中此类案件多数辩护人会倾向于认为构成单位犯罪，控辩双方争议较大。

结合我国法律和司法实践标准，对于是否构成单位犯罪，一般需要以下几个条件：一是犯罪活动经单位决策实施。二是单位的员工主要按照单位的决策实施具体犯罪活动。三是违法所得归单位所有，经单位决策使用，收益亦归单位所有。但在认定单位犯罪过程中，需要明确以下几个问题：一是个人为进行违法犯罪活动而设立的公司、企业、事业单位实施犯罪的，或者公司、企业、事业单位设立后，以实施犯罪为主要活动的，不以单位犯罪论处。实践中对于单位既有合法经营，又有非法活动的，则需要区分是否以从事违法犯罪活动为主，为主的则不认定单位犯罪。二是盗用单位名义实施犯罪，违法所得由实施犯罪的个人私分的，不构成单位犯罪，而是依照有关自然人犯罪的规定定罪处罚。三是犯罪活动虽然经单位决策实施，但是违法所得归个人所有的，仍然应当认定为个人犯罪。四是对于分支机构是否构成单位犯罪的，需要具体分析，对于参与实施犯罪活动，全部或部分违法所得归分支机构所有并支配的分支机构，应当作为单位犯罪主体追究刑事责任，该分支机构相关涉案人员应当作为该分支机构的“直接负责的主管人员”或者“其他直接责任人员”追究刑事责任；违法所得完全归分支机构上级单位所有并支配，上级单位与分支机构之间存在实际控制关系时，该上级单位构成单位犯罪，分支机构相关涉案人员可以作为该上级单位的“其他直接责任人员”追究刑事责任。

实践中，围绕是否构成单位犯罪，重点要对以下证据进行质证：（1）涉案公司的决策、管理、考核等相关文件，OA 系统等电子数据，资金往来记录等证据，核实犯罪活动是否经单位决策实施；（2）被告人、同案犯供述、员工证言，了解公司组织架构、运营情况等，核实单位员工是否按照单位决策实施具体犯罪活动；（3）公司账目、审计鉴定报告等证据，结合被告人、同案犯供述，核实收益是否归单位所有，区分合法经营与非法经营时间节点，单位是否以从事违法犯罪为主。

第七，关于犯罪金额问题。多数涉众型经济犯罪属于数额犯，犯罪数额是认定行为人是否构成犯罪及确定量刑档次的主要依据。实践中，由于涉案被告人较多、层级结构较复杂，对于每一名被告人犯罪数额的认定，直接关系到被告人定罪及刑罚轻重。与此同时，为了起诉方便，此类案件公诉机关制作的起诉书中涉及的数额往往比较概况笼统，例如，被告人张三、李四、王五等人非法吸收公众存款，涉案金额共计人民币多少亿余元。但这些被告人实际从事犯罪行为的时间不等，犯罪能力不同，具体的犯罪金额并不相同，根据起诉书不能显示每一名被告人具体的犯罪金额，这往往引发被告人辩护人的质疑，在审判实践中容易成为争议焦点。

实践中，如何认定每一名被告人的犯罪金额，主要围绕以下证据认定:（1）被告人、同案犯供述、员工证言，核实涉案公司整体架构、部门结构、人员层、经营流程，以明确每个犯罪嫌疑人承担的刑事责任范围;（2）涉案公司电脑或第三方服务器上存储的交易记录等电子数据，核实交易对手信息;（3）书面合同、银行账户交易记录、POS 机支付记录、会计凭证及会计账簿、资金收付凭证、审计报告、集资参与人言词证据，综合认定犯罪对象人数和具体犯罪数额。另外，在必要时可以制作涉案人员层级表、公司整体架构、部门结构图、经营流程图、集资参与人情况统计表，以明晰每个犯罪层级对应的犯罪数额。

需要指出的是，在认定犯罪金额过程中，有几个问题需要明确：一是合同记载金额与实际投资金额不等值时，以实际投资金额认定犯罪数额。涉众型经济犯罪案件，被告人吸引集资参与人投资，承诺的回报主要有三种形式:（1）预期返利，即投资一定期限后，分期或一次性返利；（2）即时返利，即投资当时，立即支付全部或者部分返利;（3）预先返利，即投资时协议书登记的投资款为实际投资款及预期的返利之和，主要存在“借款”类案件中。在第一种返利模式下，协议书记载的金额与实际投资的金额是等值的，第二种和第三种模式下，协议书记载的金额大于实际的投资金额。举例而言，假定双方约定投资款100万元，利息10万元，那么在第一种返利模式下，集资参与人投资时交付的金额是100万元；在第二种返利模式下，因即时返利10万元，集资参与人投资时实际交付90万元；在第三种返利模式下，集资参与人投资时实际交付100万元，但协议记载金额包含了返利，为110万元。在协议书登记金额与实际投资金额出现不等值时，应当以实际交付的金额认定犯罪数额。理由在于：基于文义解释，根据2010年《解释》第3条规定，非法吸收或者变相吸收公众存款的数额，以行为人所吸收的资金全额计算。案发前后已归还的数额，可以作为量刑情节酌情考虑。“吸收的资金全额”为实然而非应然，即已经吸收的全部资金，也就是说投资人实际上已经交给被告人的资金。此外，根据我国《合同法》第200条规定，利息预先在本金中扣除的，应当按照实际借款数额返还借款并计算利息。比照此规定所蕴含的法理，非法吸收公众存款行为中行为人在吸收公众存款时预先扣除利息或者在投资协议书中记载的数额包含了约定的利息的，不应当计入犯罪数额，以实际收到的投资款认定犯罪数额。

二是反复投资金额应当累计计算。投资人在每期投资结束后，利用投资账户中的资金（包括每期投资结束后归还的本金、利息）进行反复投资的金额应当累计计算，但对反复投资的数额应当作出必要说明。但在确定投资人经济损失时，应以实际损失为限，不能将本金累计计算。例如，投资人甲投资第一笔10万元，一年后返本付息11万元，甲又将该10万元投入，半年得利息0.5万元，后案发。此时，被告人非法吸收的资金金额应为20万元，但甲的实际经济损失则是8.5万元。

三是两类数额不应当计入犯罪数额。被告人及其近亲属所投资的资金金额，以及对于记录在被告人名下，但其未实际参与吸收且未从中收取任何形式费用的资金不应当计入犯罪数额。但是所涉金额仍应计入相对应的上一级负责人及所在单位的吸收金额。认定“近亲属”，建议适用民法中“近亲属”的范畴，包括配偶、父母、子女、兄弟姐妹、祖父母、外祖父母、孙子女、外孙子女。

四是应以立案时间作为认定直接经济损失数额的时间节点。在非法吸收公众存款罪中，直接经济损失数额是认定被告人是否有罪，以及确定法定刑幅度的依据之一，例如，2010年《解释》规定，个人非法吸收或者变相吸收公众存款，给存款人造成直接经济损失数额在10万元以上的，单位非法吸收或者变相吸收公众存款，给存款人造成直接经济损失数额在50万元以上的，应当以非法吸收公众存款罪追究刑事责任；个人非法吸收或者变相吸收公众存款，给存款人造成直接经济损失数额在50万元以上的，单位非法吸收或者变相吸收公众存款，给存款人造成直接经济损失数额在250万元以上的，属于数额巨大或者有其他严重情节。但是，司法解释并未进一步明确直接经济损失数额计算的时间节点，也就是说以哪个时间节点来认定被告人吸收公众存款给存款人造成的直接经济损失数额，存在三种分歧意见：一种认为以立案时为节点，即刑事案件立案时，被告人吸收的存款与返还的存款数额之差；另一种认为以起诉时为节点，即公诉机关提起公诉时，被告人吸收的存款与返还的存款数额之差；还有一种认为以宣判时为节点，即人民法院宣告判决时，被告人吸收的存款与返还的存款数额之差。如案件有二审的，一种意见认为仍以一审法院宣告判决时为节点；另一种意见认为以二审法院宣告判决时为节点。本书认为，直接经济损失数额的计算时间应截止到立案时，理由为：刑法和司法解释中类似的规定较多，典型的如《刑法》第397条关于滥用职权罪、玩忽职守罪的规定：国家机关工作人员滥用职权或者玩忽职守，致使公共财产、国家和人民利益遭受重大损失的，处……。2005年7月26日《最高人民检察院关于渎职侵权犯罪案件立案标准的规定》明确，造成个人财产直接经济损失10万元以上构成滥用职权罪，造成个人财产直接经济损失15万元以上构成玩忽职守罪。关于时间节点的问题，2004年11月22日最高人民法院研究室对浙江省高级人民法院《关于对滥用职权致使公共财产、国家和人民利益遭受重大损失如何认定问题的答复》（法研〔2004〕136号）指出：人民法院在审判过程中，对于行为人滥用职权、致使公共财产、国家和人民利益遭受的损失计算至侦查机关立案之时。立案后，判决宣告以前追回的损失，作为量刑情节予以考虑。因此，本书认为非法吸收公众存款罪中关于直接经济损失的规定与玩忽职守罪、滥用职权罪的立法模式相符，应比照最高人民法院的答复，非法吸收公众存款给存款人造成的直接经济损失计算至侦查机关立案之时。立案后，将被告人退赔的情况作为量刑情节予以考虑。

五是并不以集资参与人言词证据为认定犯罪数额的必要条件。确因客观条件的限制无法收集到全部集资参与人的言词证据的，可结合已收集的集资参与人的言词证据和依法收集并查证属实的书面合同、银行账户交易记录、会议凭证及会计账簿、资金收付凭证、审计报告、互联网电子数据等证据，综合认定非法集资对象人数和吸收资金数额。

六是在对部门负责人、销售人员的犯罪金额及主从犯认定上，要结合案情具体分析。实践中，对于部门负责人的犯罪金额的认定标准存有争议：一种意见基于共同犯罪“部分行为全部责任的理论”，认为应以所有犯罪数额认定；另一种意见以实际参与为标准，区分被告人的职务高低、职务性质分别认定。以非法吸收公众存款的销售人员为例，第一种意见对部门负责人以所有犯罪数额认定，第二种意见对部门负责人以本部门吸收的数额认定，对销售员以个人销售数额认定犯罪数额。在对部门负责人认定主犯还是从犯问题上，也存在争议：一种意见以公司全部数额认定部门负责人的犯罪数额，同时一律认定从犯，以区分公司全面控制人；另一种意见以部门所有犯罪数额认定部门负责人的犯罪数额，但就此部分犯罪数额，认定其为主犯；还有一种意见以部门所有犯罪数额认定部门负责人的犯罪数额，同时认定从犯。以非法吸收公众存款的销售部门负责人为例，第一种意见以公司全部数额认定，同时认定为从犯；第二种意见以部门所有人员吸收数额认定，在此范围内认定主犯；第三种意见以部门所有人员吸收数额认定，同时认定从犯。此外，审判实务中，对销售部门业务员的犯罪金额以其直接吸收的数额认定不存在争议，但对其在共同犯罪中的地位，即认定主犯还是从犯却存在争议：一种意见认为其在他人指示下实施犯罪行为，属于从犯；另一种意见认为其对直接吸收的数额起主要作用，属于该部分犯罪事实的主犯。本书认为对部门经理、团队长、部门主管等中层负责人员，其犯罪数额及其在共同犯罪中的地位应当具体案件具体分析：（1）对参与公司经营决策的中层负责人，应当按照全部数额认定其犯罪金额，视其对经营政策的决定力认定主从犯；（2）对不参与公司经营决策，在公司控制人指示下管理本部门业务，但对其他业务部门具有管理权的中层负责人，应当按照其所管理的部门及具有管理权的部门犯罪数额认定其犯罪金额，视其管理程度认定主从犯；（3）对不参与公司经营决策，在公司控制人指示下管理本部门业务，且对其他业务部门没有管理权的中层负责人，应当按照其所管理的本部门犯罪数额认定其犯罪金额，视其管理程度认定主从犯；（4）销售部门的业务员，按照其直接吸收的数额认定犯罪金额，在此范围之内，其属于直接实施者，对涉案公司吸收该部分资金起主要作用，应当认定为该部分犯罪数额的主犯。此外，负责或从事行政管理、财务会计、技术服务等辅助工作的被告人，应当按照其参与的犯罪认定犯罪数额，但是在犯罪情节上可以结合其在犯罪中的地位和作用，依法认定主从犯，并确定相应的刑事责任。

综上所述，对于涉众型经济犯罪案件，可以通过我国《刑事诉讼法》所规定的庭前会议制度进行证据合意工作。我国2012年《刑事诉讼法》规定了庭前会议制度。该制度一方面有助于在庭前解决程序性争议事项，即有关管辖、回避、非法证据排除等事项，进而使庭审真正集中于与定罪量刑有关的实质性问题上。另一方面，该制度还具有明确案件争点，整理案件证据的功能。在明确争点，整理证据的过程中，实际上要求控辩双方在开示证据的基础上，明确案件的争议证据和无争议证据。对于控辩双方认可的无争议证据，可以不再进行专门的举证、质证。据此，在涉众型经济犯罪案件中，可以用足、用好庭前会议制度，通过庭前会议中的证据整理，按照控辩双方争议问题归纳争议焦点，同时将无争议的证据予以明确。这样将极大减少庭审举证的内容，使得公诉机关集中力量就争议问题进行举证，被告人、辩护人也可以集中精力对争议的焦点问题充分质证，保障被告人质证权的实现。

三、赋予被告人庭前阅卷权

现代刑事诉讼中，被告人不再是被追究的客体，而是具有诉讼主体地位。被告人享有一系列的诉讼权利，可以实质参与刑事诉讼过程，发表意见，对抗国家指控。在此过程中，辩护权的有效行使具有非常重要的地位。被告人不仅可以自行行使辩护权，也有权委托辩护律师为其辩护。为了保障辩护权的充分有效行使，法律赋予了辩护人以阅卷权、会见权、调查取证权等诉讼权利。但长期以来，在我国刑事诉讼立法和理论中，所关注的主要是如何保障辩护人的阅卷权、会见权等，至于被告人自身是否享有阅卷权，则并未有明确结论。甚至在司法实践中，出现了因辩护人向被告人透露案件证据而被追究刑事责任的情况。

2012年《刑事诉讼法》第37条规定，辩护律师自案件移送审查起诉之日起，可以向犯罪嫌疑人、被告人核实有关证据。该条规定引发了理论界和实务界对于被告人是否享有阅卷权的激烈争论。一种观点认为，该条实际上赋予了犯罪嫌疑人、被告人阅卷权。其理由在于：通过辩护律师向犯罪嫌疑人、被告人核实证据这一形式，实际上是允许辩护律师告知犯罪嫌疑人、被告人相关的案卷材料和证据内容，等于变相承认了犯罪嫌疑人、被告人的阅卷权。① 另一种观点认为，辩护律师向犯罪嫌疑人、被告人核实证据时，只能告诉犯罪嫌疑人、被告人实物证据，不能告诉言词证据。并且，在实物证据方面，也只能告诉证明有罪的实物证据，不能告诉证明无罪的实物证据。其理由在于：实物证据客观性、稳定性较强，改变的风险较小。相反，言词证据具有易变性的特点，犯罪嫌疑人、被告人知晓相关言词证据后，可能会翻供或者威胁、利诱证人作伪证。② 还有观点认为，辩护律师核实证据时，可以"将案内有关证据的内容，特别是与犯罪嫌疑人、被告人陈述不一致，甚至是有较大出入的证据告知犯罪嫌疑人、被告人，必要时还可把有关物证、书证的照片或复印件出示给犯罪嫌疑人、被告人，让其辨认"③。其理由在于：将相关证据告诉犯罪嫌疑人、被告人是核实证据的前提；对核实证据进行限制缺乏法律依据，不符合诉讼原理；律师核实相

① 参见陈瑞华：《论被告人的阅卷权》，载《当代法学》2013年第3期。转引自韩旭：《辩护律师核实证据问题研究》，载《法学家》2016年第2期。

② 参见朱孝清：《刑事诉讼法实施中的若干问题研究》，载《中国法学》2014年第3期。

③ 顾永忠：《以审判为中心背景下的刑事辩护突出问题研究》，载《中国法学》2016年第2期。

关证据并将之告诉犯罪嫌疑人、被告人，是控方承担举证责任的应有之义。[①]

上述观点的主要分歧在于核实证据的范围大小不同。本书认为，辩护律师向犯罪嫌疑人、被告人核实证据，虽然在客观上可以使犯罪嫌疑人、被告人知悉在案全部或部分证据，但这并不意味着犯罪嫌疑人、被告人享有阅卷权。权利作为一种法律上之“力”，应由法律予以明确并给予保障。当权利受到侵害时，应由法律加以救济，即所谓“无救济则无权利”。因此，犯罪嫌疑人、被告人的阅卷权只能通过法律明确规定，并在该权利受到侵害时可以寻求法律救济途径。在辩护律师核实证据时，辩护律师是核实的主体，具有单向性，即辩护律师可以向犯罪嫌疑人、被告人核实证据，也可以不向其核实证据。辩护律师与犯罪嫌疑人、被告人之间是核实与被核实的关系。这其中显然并无阅卷权的权利属性存在，也无救济途径存在。如果犯罪嫌疑人、被告人享有阅卷权，则其权利的行使不受辩护律师的左右。相反，国家应有义务保障犯罪嫌疑人、被告人的阅卷权。综上所述，不能根据辩护律师核实证据推导出犯罪嫌疑人、被告人享有阅卷权。可见，虽然从辩护权的来源角度以及诉讼公正的角度看，赋予犯罪嫌疑人、被告人阅卷权很有必要。但在我国目前的刑事诉讼立法上，则并未赋予犯罪嫌疑人、被告人阅卷权。

本书认为，基于涉众型经济犯罪案件的特殊性，当案件起诉到法院后，有必要赋予被告人阅卷权。

① 参见顾永忠:《以审判为中心背景下的刑事辩护突出问题研究》，载《中国法学》2016年第2期。

首先，案件起诉到法院后，相应的证据随案移送。此时，根据起诉书的记载，公诉机关指控的事实和罪名已经确定，法院审理的事实范围也已经确定，相应的证据包括公诉机关在审查起诉阶段所补充的证据均已收集固定完毕，控辩双方即将围绕起诉事实展开公开的平等对抗，诉讼的特征即将得到充分的展现。在审判阶段，赋予被告人庭前阅卷权，更加符合诉讼平等对抗原则。加之此阶段证据均已收集固定，被告人在此阶段查阅卷宗并不会改变案内证据。

其次，涉众型经济犯罪案件证据繁多，赋予被告人庭前阅卷权，不仅可以给其充分的准备辩护的时间，更为重要的是，通过被告人的庭前阅卷，可以及时了解被告人无争议的事实和证据，进而及时通过庭前证据合意，整理案件争点，明确质证重点。这不仅有利于保障被告人质证权，更有利于庭审高效进行，查明案件事实。

最后，从目前的司法实践看，如果被告人在庭前不阅卷、不知悉相关证据的话，则根本无法有效行使质证权。根据目前的举证、质证实践，公诉人在此类案件中一般通过全文宣读案件审查报告的形式进行举证，原始的卷宗材料并不在法庭上展示。而公诉机关的案件审查报告往往系摘录、节选对于控诉有利的部分，并不能全面反映案件事实和证据全貌。因此，当公诉人宣读案件审查报告后，由于信息量过大且不准确不全面，被告人有时根本记不住公诉人所宣读的证据内容，更难以及时发表有效的质证意见。

综上，本书建议在涉众型经济犯罪案件中，赋予被告人庭前阅卷的权利。当然，鉴于该类案件证据繁多，考虑到可操作性的需要，具体阅卷的范围可由被告人决定。可行的做法是，由辩护律师阅卷后，将案件的证据种类、证明的事项等概括告知被告人，由被告人确定哪些证据需要阅卷。

四、被害人代表出庭作证①

质证权是一种庭审中的权利。法庭是被告人行使质证权的最佳场所。在被告人行使质证权过程中，证人、被害人出庭作证具有重要意义。如果证人、被害人不出庭作证，则被告人只能针对庭前证言笔录发表质证意见，其质证效果大打折扣，甚至不能称之为典型的质证。因此，从保障被告人质证权的角度看，有必要让证人、被害人出庭作证。根据我国法律规定，证人、被害人出庭作证的条件有三：一是控辩双方对证人证言、被害人陈述有异议；二是该证人证言、被害人陈述对案件定罪量刑有重大影响，即属于关键证据；三是法院认为证人、被害人有必要出庭作证。综上，证人、被害人出庭采用了“当事人异议、重要性、必要性”的三层次递进标准。在这三个条件中，从保障被告人质证权的角度出发，前两个条件更加具有实质意义。当某一证人证言或被害人陈述对定罪量刑有重大影响，且被告人对该证人证言或被害人陈述有异议的，原则上即应让证人或被害人出庭作证，接受被告人的质疑、询问。如果加上第三个条件，则实质上把证人、被害人出庭作证的决定权交给了法官。法官

① 严格意义上讲应称为“被害人代表出庭陈述”。但为行文一致，称为“被害人代表出庭作证”。

基于办案方便的考虑，一般会通过查阅侦查卷宗、与其他证据相互印证等方式，确定该证人证言或被害人陈述的证明力。因此，一般情况下，法官对于被告人申请证人、被害人出庭作证的，通常不予允许，变相剥夺了被告人的质证权。

在涉众型经济犯罪案件中，根据对证据的分类比较，发现此类案件与其他一般案件最大的不同在于被害人陈述繁多，其他证据种类与其他一般案件并无很大的区别。因此，本书认为，为了保障被告人的质证权，当被告人对案件中的证人证言有异议，而该证人证言对于定罪量刑有重大影响的，该证人即应该出庭作证。对于被害人陈述，由于数量繁多，且内容较为一致，证明的事项比较固定。因此，当被告人对被害人陈述有异议的，法庭可以通知被害人代表出庭作证，接受被告人质疑、询问，以保障被告人质证权。

五、鉴定人出庭作证

随着科学技术的发展和进步，刑事诉讼中越来越多的问题可以借助专业技术鉴定得以查明，如指纹鉴定、声音同一性鉴定、容貌同一性鉴定、DNA 鉴定等。可以说，鉴定意见在现代刑事诉讼中发挥着越来越重要的作用。正如有学者指出：“鉴定具有科学性和专业性的特点，因此是重要的证据；同时偶尔也可能成为危险的证据。”[①] 鉴定一旦出现问题，将会对整个案件造

① 参见［日］松尾浩也：《日本刑事诉讼法》（下卷），张凌译，中国人民大学出版社 2005 年版，第 95 页。

成重大的影响，甚至会误导法官和陪审团，进而造成冤错案件。因此，对于鉴定意见，有必要让鉴定人出庭作证，接受询问，不仅保障被告人的质证权，也有利于法官或陪审团作出正确的判断。在英美法系国家，鉴定人作为专家证人，需要出庭作证，接受控辩双方的询问。在大陆法系国家，鉴定人的法律地位类似于证人，有接受传唤、到场及如实陈述的义务。

在我国的司法实践中，鉴定意见在多数案件中都存在。以常见的故意伤害犯罪、盗窃犯罪为例，均存在人体损伤程度的鉴定和涉案财产价值的鉴定。但对于鉴定意见的质证和审查判断，一般以鉴定人出具的书面鉴定意见为对象，鉴定人并不出庭接受询问。如此，对于辩方提出的疑问，往往不能得到及时有效的解释，不利于保障被告人的质证权，也不利于法庭查明案件事实。鉴于此，我国 2012 年《刑事诉讼法》对鉴定人出庭作证问题做了明确规定：当控辩双方对鉴定意见有异议，法院认为鉴定人有必要出庭的，鉴定人应当出庭作证。并规定了鉴定人不出庭的法律后果，即鉴定意见不得作为定案的根据。该条文明确了鉴定人出庭的条件和不出庭的法律后果，对促使鉴定人出庭具有重要意义。

在涉众型经济犯罪案件的司法实践中，认定案件事实的关键是相应的会计鉴定意见。此类案件涉及金融、股权、会计资料、银行账目等专业问题，而这些专业问题又是认定案件事实的关键。但是，此类案件中，鉴定人出具的鉴定意见本身就十分复杂和专业。如果鉴定人不出庭作证，不论是法官还是被告人、辩护人，往往都难以准确理解鉴定意见的真实意思。因此，鉴于涉众型经济犯罪案件中鉴定意见的重要性和复杂程度，有必要明确原则上鉴定人应出庭作证。如此，不仅可以保障被告人的质证权，也可以帮助法庭准确理解鉴定意见的内容，正确认定案件事实。

六、共同犯罪分案审理

一般说来，基于诉讼经济的考虑，共同犯罪案件一般实行并案审理。但是，并非所有的共同犯罪案件都应当适用并案审理程序，某些情况下，对共同犯罪案件实行分案审理，更能提升诉讼效率，实现诉讼公正。具体说来，以下类型的共同犯罪案件可以分案审理:（1）共同犯罪被告人利害关系相反的，如共同被告人均称是对方主导实施了犯罪;（2）被告人人数众多、犯罪事实复杂、案件规模过大的，如对于人数众多的涉黑社会性质组织犯罪案件，可将参与犯罪起数较少，又不是核心成员的从犯、胁从犯的罪行分案审理;（3）共同犯罪并案审理期间，因部分被告人长时间内不能到案，或者又犯新罪或发现漏罪的，可将其他部分被告人的罪行分案审理;（4）部分共同犯罪的，当共同犯罪的事实简单，而其他被告人又单独实施了较为复杂的犯罪时，可将仅实施共同犯罪的被告人分案审理。

在共同犯罪被告人人数过多的情况下，庭审举证、质证过程极为复杂，对于公诉人、被告人及法官来讲，均容易出现举证、质证、认证疲劳，相应的证据规则也难以顺畅应用。法庭证据调查及被告人质证权难以有效进行，庭审流于形式。例如，在有的黑社会性质的犯罪案件中，被告人多达数十名，侦查卷宗上千册甚至更多。这种案件在开庭审理过程中，法官难以进行有效的诉讼指挥及证据调查，并最终导致庭审流于形式，被告人的质证权无法得到有效保障。

在涉众型经济犯罪案件中，共同犯罪现象较为普遍。实践中对于此类共同犯罪案件一律并案审理，造成案件规模急剧扩大，有的案件被告人达到数十名之多。这些被告人中，有的属于主犯，如涉案公司的实际控制人、法定代表人等；有的介于主犯和从犯之间，如涉案公司的部门经理、团队长等；有的则属于从犯，如涉案公司的底层业务员、财务人员、销售员等。并案审理庭审过程中，法官面对数量如此庞大的被告人，诉讼指挥非常困难，并且容易把绝大部分精力集中集中于有关主犯案件事实的证据调查上，而对于从犯的犯罪事实，证据调查一笔带过，流于形式。多数案件中从犯的质证意见并没有得到法官的重视，质证权没有得到有效的保障。因此，在此类案件中，可以根据共同犯罪中的地位、作用，与全案证据的关联程度等，对从犯进行分案审理，以保障从犯的质证权得以实现。这种因证据过于复杂而实施分案审理的，在国外也有相应的立法体现。例如，在日本，对于规模过大的集团诉讼，由于法院认识能力上的限制，以及维持审判秩序的需要等，应分案审理。①

分案审理后，被告人、犯罪事实、犯罪证据三者的关系简单明了，既可以防止因案情错综复杂而扰乱法官的心证，也有利于单个被告人充分发表质证意见，充分保障其质证权。

① 参见［日］松尾浩也：《日本刑事诉讼法》（上卷），丁相顺译，中国人民大学出版社 2005 年版，第 339—340 页。

第四章　涉众型经济犯罪案件被害人程序参与权之保障

被害人程序参与权是被害人权利保障的重要方面。程序参与权作为刑事诉讼主体所享有的一项诉讼权利，只能由特定的诉讼主体享有和行使。在涉众型经济犯罪案件中，影响被害人程序参与权实现的首要问题是能否确定涉案投资人具有被害人的诉讼地位，即涉案投资人是否属于被害人。这是解决被害人程序参与权的前提条件。目前的司法实践中，对这一问题尚存在认识误区，做法也不统一，直接制约被害人程序参与权的实现。在明确被害人诉讼地位的基础上，涉众型经济犯罪中的被害人参与还有其特殊性，即被害人人数众多，通过什么样的方法或途径才能保障被害人的程序参与权呢？这些问题均需要一一论证。

第一节 涉众型经济犯罪案件被害人的合理界定

一、刑事诉讼中的被害人

（一）被害人的含义与特征

被害人一词源于拉丁文中的 Victima，原指古代社会宗教仪式上为神而准备的祭祀品。[①]后来其含义不断扩大，泛指因各种原因而遭受伤害、损失和困苦的人。《元照英美法词典》则将受害人（被害人）定义为犯罪、侵权以及其他违法行为所侵犯的对象。[②]在刑事诉讼中，被害人一般是指其人身、财产及其他合法权益遭受犯罪行为侵害的人。结合我国《刑事诉讼法》的相关规定，则专门指公诉案件的被害人。[③]在自诉案件中，虽然存在事实上或自然意义上的被害人，但由于法律已经赋予其自诉人的特定身份，故其并非《刑事诉讼法》所规定的被害人。刑事诉讼中的被害人具有如下特征。

1. 被害人是合法权益遭受犯罪行为侵害的人

这是被害人所具备的首要特征，即客观上合法权益受到了犯罪行为的侵害。合法权益，即受法律保护的权利和利益。被

① 参见康树华：《犯罪学——历史·现状·未来》，群众出版社 1998 年版，第 104 页。
② 参加薛波：《元照英美法词典》，法律出版社 2003 年版，第 1402 页。
③ 参见宋英辉、甄贞：《刑事诉讼法学》，中国人民大学出版社 2013 年版，第 54—55 页。

害人是合法权益遭受犯罪行为侵害的人，即被害人作为犯罪行为的承受者，强调其被动性。从“人”的范围看，广义的包括个体被害人（自然人）、团体被害人（法人和非法人团体）、社会被害人。[①]狭义的则将被害人界定为遭受犯罪行为侵害的自然人。[②]

2. 侵害结果和犯罪行为之间有直接的因果关系

因果关系是行为与结果之间的引起与被引起的关系。因果关系是界定损害赔偿事实和适用法律的重要因素。从广义上讲，不论是民事侵权，还是刑事犯罪，其损害后果都必须与侵权行为、犯罪行为具有直接因果关系。同样，在被害人的界定中，强调被害与犯罪行为之间的直接因果关系。对于受犯罪行为间接侵害的人不能称之为刑事诉讼中的被害人。例如，根据我国台湾地区司法实务中的见解，被害人是指因犯罪当时而直接受损害之人，或其法益因他人之犯罪而直接受其侵害者。虽因犯罪而受间接或附带影响，但并非直接被害之人，不是刑事诉讼程序上的被害人。[③]需要指出的是，在有关被害人权益保护的国际公约中[④]，对被害人的界定则较为宽泛，包括直接被害人的亲属等间接被害人，甚至包括为了帮助被害人或因防止被害而付出代价的人。[⑤]这样的观

① 参见储槐植:《犯罪学》，法律出版社 1997 年版，第 122 页。

② 参见许永强:《刑事法治视野中的被害人》，中国检察出版社 2003 年版，第 11 页。

③ 参见林钰雄:《刑事诉讼法》（下册），中国人民大学出版社 2005 年版，第 27—28 页。

④ 参见联合国《为罪行和滥用权力行为受害者取得公理的基本原则宣言》。

⑤ 参见王佳明:《互动之中的犯罪与被害——刑法领域中的被害人责任研究》，北京大学出版社 2007 年版，第 11—12 页。

点从被害人保护的角度看并无不妥，但从刑法规范和刑事诉讼法规范的角度看，则失之过宽。如果所有因犯罪行为受到损害的人都可以成为刑事被害人，则被害人的范围会无限扩大，不仅会冲淡对直接受到损害的被害人的保护，也会不当扩大犯罪人的刑事责任，不利于刑罚目的的实现。

（二）被害人的诉讼地位

从历史进程看，被害人的诉讼地位经历了一个由高到低再升高的演变过程。在原始社会，国家机器尚未形成，当遇到氏族部落纠纷时，往往采用血亲复仇、同态复仇等方式解决。可以说，复仇不仅是刑罚的起源，即便在现代文明国家，其刑罚制度中或多或少尚遗留着复仇的痕迹。[①] 在这种私人复仇的社会背景下，被害人实际上处于刑罚执行者的地位。到了奴隶社会，随着社会的发展，刑罚执行权成为国家专属权力，包括被害人在内的任何个人无权执行刑罚。在这一历史时期，犯罪被视为个人之间的纠纷，无关国家整体利益和整体社会秩序。因此，对犯罪的追究实行私人追诉制度。被害人作为犯罪的追诉者发动刑事诉讼，国家作为中立的裁判者，不告不理，裁判结果取决于冲突双方的诉讼能力，从而在很多方面都残留着原始社会冲突解决方式的印记。[②] 例如，根据《十二铜表法》的相关规定，被害人一方不仅行使控告权，而且很多按照现代人的观

---

① 参见黄源盛:《中国法史导论》，广西师范大学出版社 2014 年版，第 51 页。

② 参见左卫民、周长军:《刑事诉讼的理念》，法律出版社 1999 年版，第 9 页。

念应由司法机关实施的行为均由被害人一方完成。如传唤被告人、拘捕并押送被告人等。[①] 私人追诉制度一直延续到欧洲中世纪前期。当时，欧洲根据日耳曼法，实行自诉原则，即传唤被告由原告负责，一经传唤，被告即有到庭的义务，否则受罚，在诉讼中也因此处于不利地位。此后，随着统治权力的集中和加强，统治者对犯罪的本质的认识也发生了改变，犯罪不仅是对被害人个人权益的侵害，更是对整个社会利益和社会秩序的侵害，这就要求国家作为社会利益的代表对犯罪行为进行追究。于是，个人追诉犯罪退出历史舞台，代之以国家追诉模式。在国家追诉模式下，追诉犯罪是国家有关机关的专门职责，而不再由被害人个人决定。被害人在国家追诉模式下主要处于证人的诉讼地位，成为国家查清犯罪的手段和证据来源，而不具有诉讼主体地位。此后在相当一段时期，虽然诉讼制度不断进步，诉讼模式不断演化，但国家追诉原则并未改变，且诉讼制度的改革完善主要围绕强化被告人权利保障这一主线，被害人的诉讼地位和权利保障并没有明显改善，被称为“被遗忘的人”。20世纪60年代至80年代中期，随着被害人学的兴起和恢复性司法理念的普及，被害人的权利日益受到重视，在刑事诉讼中的地位不断改善。世界上许多国家通过立法增加被害人的诉讼参与权，保障被害人人权。例如，我国《刑事诉讼法》赋予被害人当事人的诉讼地位。美国、日本等发达国家还制定了专门的

① 参见杨正万：《刑事被害人问题研究——从诉讼角度的观察》，中国人民公安大学出版社2002年版，第18页。

被害人保护法。[①]联合国则于1985年批准了《被害人人权宣言》，设定了被害人权利保护的国际最低标准，从而实现了被害人人权保障立法的国际化。

二、涉众型经济犯罪案件被害人的合理界定

在涉众型经济犯罪中，涉案投资人的诉讼地位如何，存在很大争议。有认为属于被害人的，有认为属于证人的，有认为属于"集资参与人"的，莫衷一是。2014年《意见》中使用的则是"集资参与人"这一概念，仍然没有明确投资人在刑事诉讼法上相应的诉讼地位。在刑事诉讼中，参与诉讼的人员必有相应的诉讼地位，或当事人，或证人，或鉴定人等，并享有相应的诉讼权利，承担相应的诉讼义务。实践中，投资人诉讼地位不明确，导致其参与诉讼渠道不畅，权利保障不足。因此，有必要对投资人诉讼地位进行分析论证，并予以明确。

（一）目前的争议观点

1. 认为投资人是证人

这种观点认为，非法经营、非法吸收公众存款、组织、领导传销活动等涉众型经济犯罪案件中，刑法所保护的法益是社会主义市场经济秩序，并不是投资人的财产权。涉众型经济犯罪主要规定在我国《刑法》分则第3章，即破坏社会主义市场经济秩序罪中。该类犯罪的保护法益是我国的市场经济秩序，

① 参见兰跃军：《刑事被害人人权保障机制研究》，法律出版社2013年版，第56页。

具体包括产品质量管理秩序、金融管理秩序、税收管理秩序等。具体到个罪，如非法经营罪的保护法益是市场交易管理秩序。非法吸收公众存款罪的保护法益是金融管理秩序。因此，在涉众型经济犯罪中，刑法所保护的是市场经济秩序，投资人的财产权并非刑法的关注所在。此外，此类犯罪中，投资人往往为了贪图高额利润，参与了国家禁止的非法金融活动，其本身作为非法金融活动的参与者，不具有法律保护的正当性。例如，国务院在其颁布的《非法金融机构和非法金融业务活动取缔办法》中，将非法吸收公众存款或者变相吸收公众存款列为非法金融业务活动，同时规定，因参与非法金融业务活动受到的损失，由参与者自行承担。

综上，从涉众型经济犯罪的保护法益和投资人参与非法金融活动两方面看，投资人不具有被害人的诉讼地位。但是，投资人在投资过程中，了解案件情况，属于刑事诉讼中的证人，可以证人的身份参加诉讼。

这种认为投资人是证人的观点，本身存有矛盾之处。按照通常理解，刑事诉讼中的证人是知道案件情况的人。但知道案件情况的人，并非都是证人。证人是与案件没有利害关系而知道案件情况的人。但在涉众型经济犯罪案件中，绝大多数投资人实际遭受了财产损失，这是不争的客观事实。当然在此过程中，也有极少一部分投资人没有实际遭受经济损失，甚至收到了高额利息，有所盈利。但这部分投资人一般不会报案，不会进入刑事诉讼程序。而司法实践中进入刑事诉讼程序的投资人一般都是实际遭受了经济损失的投资人。因此，投资人与案件之间的利害关系显而易见，不符合证人的中立特征。从司法实践状况看，也很难将投资人界定为证人。首先，从诉讼过程看，证人不能旁听案件审理过程，但实践中投资人旁听案件审理的情况十分普遍。其次，从诉讼结果看，证人与诉讼结果无关，在诉讼结果中也不应涉及证人相关权益的保护。但司法实践中，涉众型经济犯罪的判决结果中往往会责令被告人退赔投资人的相关经济损失。显然，将投资人界定为证人并不妥当。

2. 认为投资人是被害人

这种观点认为，刑事诉讼中的被害人作为遭受犯罪行为侵害的人，是犯罪结果的不利承担者，即被害人的概念是从犯罪结果的角度建立起来的，强调被害的客观性。因此，只要其合法权益遭受犯罪行为的侵害，不论该犯罪行为的性质如何，所触犯的罪名如何，所侵害的法益如何，均属于被害人。在涉众型经济犯罪中，投资人遭受了实际的经济损失，均属于刑事诉讼中的被害人。

还有一种观点认为，应根据涉众型经济犯罪中所侵害的法益不同，区别界定被害人。在集资诈骗案件中，由于该罪侵犯了金融管理秩序和投资人的财产权双重法益。且此类案件中，犯罪人施以诈术，虚构事实，隐瞒真相，从而使投资人陷入错误，主动交付钱财，具有被害性。因此，集资诈骗案中的投资人并非集资诈骗行为的参与者，具有保护的正当性，应赋予其被害人的诉讼地位，属于刑事诉讼中的被害人。而在非法吸收公众存款、非法经营案件中，由于侵犯的是金融管理秩序或市场交易秩序单一法益，投资人的财产权不是此类犯罪所保护的法益。

且此类案件中，投资人往往系主动参与犯罪活动，被害性不明显。因此，该类案件中的投资人不属于刑事诉讼中的被害人。

上述观点，按照第一种观点，凡是在涉众型经济犯罪中遭受实际损失的投资人，均属于被害人。但这种观点没有考虑到被害人的被动性，即被动遭受犯罪行为侵害的人才能称为被害人。实践中，有的投资人本身就是非法集资的积极参与人，或者是传销活动的积极参与人，这些人自身也进行了投资，也可能实际遭受了财产损失，但将这部分人界定为被害人值得商榷。按照第二种观点，实际上是以刑法分则罪名为依据进行区分界定。简言之，如果涉嫌的罪名是保护个人法益的罪名，如集资诈骗罪，则认定投资人为被害人。如果涉嫌的罪名不是保护个人法益的罪名，如非法经营罪，则不认定为被害人。显然，这种根据所涉嫌罪名的不同认定是否属于被害人，属于逻辑倒置。国家通过设置刑事诉讼程序追究犯罪。某一行为是否构成犯罪、构成何种犯罪，均应经历一定的诉讼程序，如侦查机关的立案侦查、检察机关的审查起诉和提起公诉、审判机关的一审、二审等。也就是说，只有经过法院的终审判决，才能确定一个人是否有罪，构成何罪。也只有经过法院终审判决，才能确定犯罪所侵犯的法益究竟为何。此外，在刑事诉讼过程中，侦查机关、检察机关、审判机关对罪名的认定很可能出现不同认识，以集资诈骗罪与非法吸收公众存款罪为例，对于同一行为，侦查机关可能认为构成集资诈骗罪，检察机关可能认为构成非法吸收公众存款罪。如此一来，按照法益侵害说，投资人的诉讼地位是不确定的，在侦查阶段具有被害人的诉讼地位，在审查起诉阶段则不具有被害人的诉讼地位。可见，在诉讼过程中，以罪名为依据界定被害人显然不妥当。

3. 认为投资人是集资参与人

实践中，由于难以界定投资人是被害人还是证人，故有观点认为可以直接称投资人为集资参与人，以回避投资人身份界定问题。2014年《意见》也使用了集资参与人的概念。例如，该解释第5条规定，以吸收的资金向集资参与人支付的利息、分红等回报，以及向帮助吸收资金人员支付的代理费、好处费、返点费、佣金、提成等费用，应当依法追缴。集资参与人本金尚未归还的，所支付的回报可予折抵本金；查封、扣押、冻结的涉案财物，一般应在诉讼终结后，返还集资参与人。涉案财物不足全部返还的，按照集资参与人的集资额比例返还。第6条规定，办理非法集资刑事案件中，确因客观条件的限制无法逐一收集集资参与人的言词证据的，可结合已收集的集资参与人的言词证据和依法收集并查证属实的书面合同、银行账户交易记录、会计凭证及会计账簿、资金收付凭证、审计报告、互联网电子数据等证据，综合认定非法集资对象人数和吸收资金数额等犯罪事实。但是，这种界定不仅不能解决问题，反而会使问题复杂化，激化矛盾。一方面，我国《刑事诉讼法》明确规定了诉讼参与人的称谓和具体范围，在诉讼过程中，凡是参与诉讼活动的人，均有具体明确的身份界定，如犯罪嫌疑人、被告人、被害人、证人、鉴定人、见证人、专家辅助人等。只有明确其身份，才能明确其诉讼权利和诉讼义务，进而有效开展诉讼行为。将投资人界定为集资参与人，实际上使得投资人在诉讼活动中找不到对应的身份坐标，不伦不类，相应的诉讼权利和诉讼义务均不明确，其结果是将投资人排除在诉讼活动之外。另一方面，集资参与人的称谓容易引起投资人的负面及对立情绪，容易激化矛盾，影响案件正常处理。集资参与人虽然本身是中性的概念，但广大投资人往往将其理解为非法集资参与人，即其明知犯罪人进行非法集资活动而参与其中，甚至是非法集资的共犯。投资人本来就遭受了财产损失，再将其认定为明知非法集资而参与其中，不论是从事实上还是从情感上，投资人都难以接受。因此，将投资人界定为集资参与人不仅不能解决问题，反而会激化矛盾，从理论上也难以合理解释。

（二）涉众型经济犯罪案件中的投资人原则上应明确属于被害人

上述三种关于投资人法律地位的观点，归根结底可以分为两大类型，一种认为是被害人，另一种认为不是被害人。认为不是被害人的理由主要有以下几点。

1. 从非法吸收公众存款罪的犯罪构成来看，投资人不属于被害人

非法吸收公众存款罪被设置在我国《刑法》分则第 3 章破坏社会主义经济秩序罪中，侵犯客体具有单一性，即社会主义经济秩序中的金融管理秩序，不包括投资人的财产权。与之相比，集资诈骗罪被设置于《刑法》第 3 章第 5 节金融诈骗罪之下，侵犯的是双重客体，既包括国家金融监管秩序，也包括投资人的财产权。国务院早在 1998 年 7 月发布的《非法金融机构和非法金融业务活动取缔办法》中将“非法吸收公众存款或者变相吸收公众存款”列为非法金融业务活动，同时也规定“因参与非法金融业务活动受到的损失，由参与者自行承担”。这在一定程度上印证了刑法的立法本意，即在非法吸收公众存款罪中，没有将投资人的财产权纳入保护的法益中。因此，非法吸收公众存款案件的投资人也就难以认定为该犯罪的被害人。

2. 从刑事被害人的正当性来看，投资人不属于被害人

尽管目前对刑事案件被害人的概念没有统一定论，但至少应当将明知自己行为具有社会危害性而为之，并因此而遭受损失的人排除在外。也就是说《刑法》保护的刑事被害人应当具有正当性，这种正当性应当体现在被害人的自身行为和遭受侵犯的权益的合法性方面。国家为了防范金融风险，维护金融秩序，保护社会公众利益，制定《中国人民银行法》《商业银行法》等法律法规，对金融业实行严格的市场准入制度。对于有资质从事具有储蓄性质公开募集资金的单位的范围，国家法律已经做出了明确的规定。同时，国家也将未经中国人民银行批准，擅自从事吸收公众存款或者变相吸收公众存款的行为，认定为非法金融业务活动，规定必须予以取缔。投资人在投资时，有权利也有义务对集资主体的资质进行审查，如果为了贪图高额利润，参与法律明令禁止的非法金融业务活动，其行为本身也是破坏了国家金融管理秩序，只是根据现有刑法规定不追究其刑事责任，但是也不应当受到法律保护。正如基于赌博获得的债权不受法律保护一样，由于非法吸收公众存款案件投资人的投资行为不具有正当性，其投资的财产权益也不应当得到法律保护，所以，投资人不属于被害人。

3. 从法律的指引作用来看，投资人不应当属于被害人

法律可以通过对人们行为的规范发挥影响，在人们心中形成评价行为对错的标准和尺度，引导人们今后的行为。刑法作为国家重要的部门法，除了打击犯罪，还担负着教育和指引人们行为的重要责任。非法吸收公众存款案件的高发，除了非法集资者的犯罪行为，投资者基于投机心理而不加审查地盲目投资也是重要原因之一。非法吸收公众存款案件中的投资人为了追求高额利益，置国家法律和金融监管秩序于不顾，自愿将自己的财产投入违法犯罪活动中，获得利益后据为己有，遭受损失后向司法机关寻求救济，参与非法金融活动却想通过合法途径规避投资风险，把司法机关当成了非法集资“还本付息”承诺的保证人。如果将投资人列为刑事被害人加以保护，将有损法律的公正，对社会公众产生不良的示范和教育意义，鼓励和引发更多的人参与非法吸收公众存款活动。认定投资人具有刑事被害人的地位，实际上就是对社会公众破坏金融秩序的姑息和纵容。

4. 对集资款的返还不是认定投资人属于被害人的依据

根据我国《刑法》第 64 条及相关规定，非法吸收公众存款案件中的赃款，本应作为违法所得予以收缴，部分法院在早期的判决中，也确实做过类似的处理。但是随着近年来非法吸收公众存款案件的频发，犯罪数额急剧上升，影响范围不断扩大，从安抚上访群众和维稳的角度出发，法院多数判决将涉案赃款根据投资人的损失按比例发还。2014 年的《意见》也认可上述做法，规定：“查封、扣押、冻结的涉案财物，一般应在诉讼终结后，返还集资参与人。涉案财物不足全部返还的，按照集资参与人的集资额比例返还。”但是，这种做法只是化解社会矛盾、维护社会稳定的需要，并不能成为认定非法吸收公众存款案件投资人属于刑事被害人的依据。

本书认为，基于投资人受损失的客观性及参与的被动性两方面考虑，投资人在刑事诉讼中原则上应界定为被害人。

1. 关于法益侵害说

法益侵害说认为，被害人应结合刑法罪名及所侵犯的具体法益来界定，即区分犯罪学、刑事诉讼法学意义上的被害人与刑法意义上的被害人。具体说来，前者属于事实层面的判断，凡遭受犯罪行为侵害的人均属于犯罪学、刑事诉讼法学意义上的被害人。刑法意义上的被害人则需要结合刑法罪名及具体法益认定。如果某一罪名所保护的法益是人身、财产等利益，即个人法益，则遭受此类犯罪侵害的人属于刑法意义上的被害人。如果某一罪名所保护的法益是社会法益或国家法益，由于个人的人身、财产等利益不属于刑法罪名所保护的具体法益，因此，即便个人遭受到了犯罪行为侵害，该个人也不属于刑法意义上的被害人。例如，有学者指出，被害人是指生命、身体等个人法益受到犯罪侵害的人。①

法益是由法所保护的人的生活利益。② 德国有学者指出，刑法就是一部法益保护法。无法益保护，就无刑法。换言之，

① 参见［日］大谷实:《犯罪被害人及其补偿》，黎宏译，载《中国刑事法杂志》2000 年第 2 期。
② 参见张明楷:《法益初论》，中国政法大学出版社 2003 年版，第 167 页。

倘无法益受到侵害或危险，则无刑罚的必要性。[①]犯罪从本质而言是对刑法法益的侵害。因此，采用刑法学界普遍接受的法益概念来界定犯罪被害人，具有一定的合理性。[②]但从刑法法益的角度准确界定被害人，需要从以下几个方面理解刑法法益问题。

（1）正确认识法益的分类与最终归属。法益固然可以分为个人法益、社会法益和国家法益。但法益作为法所保护的利益，本质上属于人的生活利益，其不仅包括个人的生命、身体、财产等利益，也包括建立在保护个人利益基础之上因而可以还原为个人利益的国家利益与社会利益。[③]因此，法益虽有个人法益、国家法益、社会法益之分，但国家法益、社会法益可以还原为个人法益。离开个人法益的国家法益、社会法益并不存在。因此，即便《刑法》分则某一罪名所保护的法益为国家法益或社会法益，但最终都可以还原为个人法益，即最终必有个人法益遭受损害。认为被害人仅存在于侵犯个人法益的犯罪中的观点，实际上把国家法益、社会法益抽象化，忽略了法益是人的生活利益的本质特征。例如，在交通肇事罪中，刑法保护或者犯罪所侵害的法益是社会公共安全，属于社会法益。但社会公共安全属于抽象意义上的概念，在具体的犯罪行为中，该公共安全必然有承载的具体的人或物，犯罪行为正是通过侵犯具体的人或

① 参见张明楷:《法益初论》，中国政法大学出版社 2003 年版，第 3 页。

② 参见兰跃军:《刑事被害人人权保障机制研究》，法律出版社 2013 年版，第 11 页。

③ 参见张明楷:《刑法学》，法律出版社 2011 年版，第 67 页。

物进而危害社会公共安全。如果简单地认为交通肇事罪保护的法益是社会公共安全，进而把遭受犯罪行为侵害的具体人排除在被害人之外，显然不符合社会一般观念，也有违刑法的法益保护原则。

（2）正确认识法益与法益的保有人。犯罪侵犯了刑法所保护的法益，危害了社会公共利益。国家作为公共利益的代表，因此，从抽象意义上讲，有犯罪必有国家被害。但是，当讨论具体犯罪的被害人时，主要从微观层面关注具体法益及其保有人。法益的保有人是法益的依附主体。正如我国台湾学者韩忠谟教授指出：法益的种类很多，属于私人利益的为私益，非属于私人利益的则为公益。法益必有依附的主体，称为法益保有人。法律保护各种法益，实际上是保护法益的保有人。当法益被侵害时，该法益的保有人即为被害人。[①]可见，法益作为法律所保护的利益，具有一定的抽象性。但法益的保有人作为法益的依附主体，是具体的，实在的。某一犯罪侵犯了刑法法益，最终必然侵害了法益保有人的利益。某一犯罪行为虽然侵害了国家法益或社会法益，但该国家法益或社会法益必有具体的载体，犯罪行为必有具体的对象。作为遭受犯罪行为侵害的具体个人，其个人利益必然要受到法律保护，并成为被害人。

（3）正确认识同一罪名中的不同法益。依据犯罪所侵犯法益的数量，可以分为单法益侵害犯和多法益侵害犯。前者所侵犯的是单一法益，后者则同时侵犯了多重法益。例如，盗窃罪

---

① 参见韩忠谟：《刑法原理》，北京大学出版社 2009 年版，第 88 页。

只侵害财产所有权，故意伤害罪只侵害身体健康权。该二罪均属于单法益侵害犯。抢劫罪不仅侵害财产所有权，也侵害身体健康权，属于多法益侵害犯。在多法益侵害犯中，根据所侵害的主要法益的不同，从而将某一特定罪名规定在《刑法》分则具体章节中。例如，抢劫罪规定在刑法分则第5章侵犯财产罪中，说明抢劫罪所侵害的法益主要是财产所有权。非法吸收公众存款罪、集资诈骗罪规定在《刑法》分则第3章破坏社会主义市场经济秩序罪中，说明非法吸收公众存款罪、集资诈骗罪所侵害的主要法益是社会主义市场经济秩序，更确切地说是我国的金融管理秩序。至于次要法益，则是指某一犯罪所侵害的程度较轻的法益。例如，抢劫罪中公民人身权利、非法吸收公众罪中财产所有权等，均属于次要法益。次要法益虽处于从属地位，但仍是刑法所予以保护的。在涉众型经济犯罪中，犯罪行为所侵犯的往往是多重法益，其中主要法益一般是社会主义市场经济秩序，次要法益则是具体的财产所有权。因此，作为在犯罪过程中遭受财产损失的人，其财产权仍然受到我国刑法保护，从而具有被害人的诉讼地位。

在正确认识法益侵害说的基础上，我们可以得出以下结论：在涉众型经济犯罪中，不论是集资诈骗罪、非法经营罪，抑或是非法吸收公众存款罪，虽然各罪保护的法益不同，但大多属于多重法益，侵害了多重客体。在此类犯罪过程中遭受经济损失的人，理应属于被害人。此外，作为此类犯罪的主要客体，即金融管理秩序，必然存在于市场主体的交易行为、交易过程中，本质上是社会经济利益的直接或间接表现。因此，从根本上说，本类犯罪最终侵犯的法益是自然人、法人等市场主体的经济利益，社会法益最终可以还原为各市场主体的个体法益。各市场主体作为法益的保有人显而易见。作为涉众型经济犯罪的投资者，实际上作为本类犯罪的法益保有人，在投资过程中其经济利益遭受到了损失，合法权益遭受了侵害，具备被害人的诉讼地位。

2. 关于被动性

被害人作为遭受犯罪行为侵害的人，其遭受犯罪行为侵害的“被动性”不言而喻。据此，那些明知是犯罪行为而积极参加的，即便其最终遭受了经济损失，也不能称之为被害人。在涉众型经济犯罪中，根据投资人参与的积极性的不同，界定被害人的范围。

（1）投资人被动参与犯罪中。在集资诈骗、非法吸收公众存款、非法经营等案件中，投资人出于各种各样的目的，主动交付钱财给犯罪人。但是，从单个投资人角度而言，其与犯罪人签订了独立的投资协议，要么其完全被欺骗，认为是合法投资。例如，在集资诈骗案中，犯罪人通过虚构事实、隐瞒真相的方式，使投资人陷入意思错误，主动交付钱财，最终遭受损失的，当然属于被害人。要么其虽然没有被欺骗，但对事情的整体情况并不了解。例如，在非法吸收公众存款、非法经营案中，投资人基于真实的意思与犯罪人签订了独立的投资协议，投资人对所投资的项目、钱款去向等有明确的认识，但是，对犯罪人所从事的行为整体上缺乏认识，并没有认识到犯罪人的行为整体的非法性。当犯罪人的行为整体上构成非法经营罪、非法吸收公众存款罪时，由于投资人对行为性质缺乏认识，遭受损失的，仍然属于被害人。

（2）投资人主动参与犯罪中。在传销犯罪中，有的投资人虽然最终遭受了经济损失。但是，其参与犯罪行为的意图明显，同时是违法犯罪行为的实施者。其投资的目的就是成为违法犯罪的实施者。此类犯罪中，投资人的行为不仅仅是向犯罪人交付钱财，更重要的是，通过交付钱财取得一个资格，从而参与到具体的违法犯罪活动中去。投资人的收益主要与他参与实施的违法犯罪活动有关。这种情况下，投资人本身就是违法人员，其所实施的实际就是涉案犯罪行为的一部分。当这些投资人所实施的违法行为达到一定程度时，他们在犯罪中的地位就会发生变化，最终可能成为犯罪人。因此，对于这些明知是违法犯罪活动而仍然积极参与的投资人，不能称其为被害人。

第二节　被害人程序参与权的基础理论

一、程序参与权概要

参与即参加事务的计划、讨论和处理。从政治学角度看，参与特指国民参加国家事务的管理，是主权在民原则的体现。从法律学角度看，参与则是指利益相关者参加相关法律程序，发表意见，施加影响。这是司法民主化的重要体现，也是司法文明化的重要标志。因此，程序参与原则也成为诉讼的基本原则之一。[①]

在现代刑事诉讼中，程序所涉及的利益相关者，有权参加诉讼，知悉案件情况，发表意见，最终影响裁判结果。国家有义务保障利益相关者的程序参与权。[②]保障利益相关者的程序参与权不仅是诉讼民主和文明的体现，也有利于解决纠纷，维护整体法律秩序和社会管理秩序。对此，美国学者贝勒斯认为，当事人富有影响地参与法院解决争执的活动有助于解决争执，因为能参与诉讼的当事人更易于接受判决；尽管他们有可能不赞成判决，但他们更有可能服从判决。[③]程序参与权主要包括以下两个方面的内容。

1. 知情权

知情权即知晓案件相关信息的权利。知情权是当事人参加诉讼的前提。当事人只有首先知晓案件情况、处理进程及相关的诉讼权利，才能参加诉讼过程。在现代刑事诉讼中，知情权被认为是正当法律程序的基本要求。[④]

当事人享有知情权，意味着国家承担相应的告知义务。告知义务着眼于调节国家与被告人之间的实力差距，是国家诉讼照料义务的体现。[⑤]从承担告知义务的主体看，包括承担控诉

---

① 参见谢佑平、万毅：《刑事诉讼原则：程序正义的基石》，法律出版社 2002 年版，第 309 页。

② 参见宋英辉：《刑事诉讼原理》，法律出版社 2007 年版，第 102 页。

③ 参见杨立新：《刑事诉讼平衡论》，中国人民公安大学出版社 2006 年版，第 135 页。

④［英］欧内斯特·盖尔霍恩、罗纳德·M. 利文：《行政法和行政程序概要》，黄列译，中国社会科学出版社 1996 年版，第 133 页。

⑤ 参见林钰雄：《刑事诉讼法》（上册），中国人民大学出版社 2005 年版，第 138 页。

职能的国家机关和承担裁判职能的法院。就控诉机关而言，需要向被追诉者告知案件进展和相关信息，并在适当的时机展示证据。就法院而言，需要及时告知当事人案件信息和相应的诉讼权利。从知情权或告知义务的范围看，主要包括两个方面：（1）案件事实。包括案件基本事实、诉讼进展情况、被指控的罪名等。（2）诉讼权利。当事人在诉讼过程中享有相应的诉讼权利。但当事人作为普通公民，并不熟知法律程序和相应的诉讼权利。因此，国家有义务告知当事人所享有的诉讼权利。例如，在德国，不论是作为控方的警察和检察机关，还是作为中立裁判者的法院，均承担着"诉讼关照义务"，即对被告人和其他诉讼参与人负有告诉、提示的义务。[①] 从享有知情权的主体范围看，各国一般认为，犯罪嫌疑人、被告人、被害人享有知情权。例如，日本刑事诉讼理论认为，尽管随着国家追诉原则的确立，被害人已不是刑事司法的主体，但是，被害人确实是犯罪的"当事人"，因此，应当赋予被害人以知情权。[②]

2. 到场并陈述意见权（参加权）

刑事诉讼涉及公民的财产、自由甚至生命的剥夺，是对公民基本权利的处分。因此，在这一过程中，利益相关者应有权到场并发表意见，进而影响裁判结果，或者可以称为参加诉讼程序的权利，即参加权。例如，对犯罪嫌疑人、被告人采取强制措施、

① ［德］约阿希姆·赫尔曼：《〈德国刑事诉讼法典〉中译本引言》，李昌珂译，中国政法大学出版社 1995 年版，第 6 页。

② ［日］田口守一：《刑事诉讼法》，张凌、于秀峰译，中国政法大学出版社 2010 年版，第 42—43 页。

起诉或不起诉、开庭审理、证据调查、法庭辩论等，都应当听取相关人员的意见，确保相关人员实质有效地参与诉讼。

二、被害人程序参与权之体现

被害人作为遭受犯罪行为侵害的人，与诉讼结果有密切关系，因此，其应当有充分的机会参与到诉讼中来，并就有关事项发表意见，影响裁判结果。可以说，被害人权利保障的核心应是加强并保证他的程序参与权。正因为此，在世界各主要国家的立法中，均明确规定了被害人的程序参与权。

在英美法系国家，被害人不具有当事人的诉讼地位，而是作为控方证人。但即便如此，英美法系国家也认识到被害人作为诉讼程序主体的重要性，赋予了被害人相应的程序参与权。例如，在英国，被害人可以被害人陈述的方式参与诉讼，影响裁判结果。[①] 在美国，根据2004年《刑事被害人权利法》的规定，被害人享有广泛的程序参与权，主要包括：获得通知的权利、听取意见的权利、与检察官进行商议的权利、获得完全和及时赔偿的权利、避免不合理程序延误的权利。上述权利几乎涵盖了被害人应当享有的最重要的权利内容，其中多数属于程序参与权范畴。[②]

在大陆法系国家，同样重视被害人的程序参与权。例如，在法国，当检察机关尚未发动公诉时，被害人可以通过告诉并

① 参见陈华丽:《刑事被害人权利保障研究》，知识产权出版社2012年版，第88页。

② 参见何艳芳:《刑事被害人权利的程序保障研究》，人民法院出版社2015年版，第9页。

成为刑事诉讼中的民事当事人，进而自动发动公诉。当然，为了限制被害人滥用发动公诉的权利，法国于 2007 年通过法律规定，对于一般的轻罪案件（即除新闻犯罪案件或者选举犯罪案件之外的轻罪案件），被害人需要首先向检察部门或警察部门提出告诉，经过 3 个月或者检察官答复不进行追诉的，被害人才能向法院提起告诉，成为民事当事人，进而发动公诉。[①] 在德国，一方面，对于特定类型的轻罪案件，被害人有权提起自诉。自诉案件主要包括：侵入住宅罪、侮辱罪、妨害书信秘密罪、伤害罪等 8 类案件。另一方面，通过从属告诉制度，保障被害人的程序参与权。从属告诉制度中，被害人作为从属告诉人参与诉讼，享有一系列的诉讼权利。如知情权、阅卷权、在场权、发表意见权等。[②] 从属告诉人参与诉讼的资格，必须由法院在听取检察机关的意见后，经由许可的裁定而加以认定。在 1986 年《被害人保护法》实施之前，从属告诉只能在与自诉罪有关联时，才能被提起。《被害人保护法》实施之后，对于侵害个人专属法益的犯罪，均许可提起从属告诉。[③] 此外，德国于 2004 年通过了《被害人权利改革法》，强化了被害人的信息知悉权、审判程序的参与性和作为证人的受保护程度。[④]

---

① 参见［法］贝尔纳·布洛克：《法国刑事诉讼法》，罗结珍译，中国政法大学出版社 2009 年版，第 326 页。

② 参见兰跃军：《公诉案件被害人当事人制度研究——以德国附带诉讼制度为参考》，载《时代法学》2006 年第 4 期。

③ 参见［德］克劳思·罗科信：《刑事诉讼法》，吴丽琪译，法律出版社 2003 年版，第 587 页。

④ 参见陈卫东、刘计划、程雷：《德国刑事司法制度的现在与未来》，载《人民检察》2004 年第 11 期。

在我国，被害人具有当事人的诉讼地位，享有广泛的程序参与权。如知情权（移送管辖和指定管辖得到通知的权利，至迟在开庭三日以前收到传票的权利，开庭审理时知悉审判人员等名单的权利，获得起诉书、判决书等法律文书的权利）、自诉权、申请回避权、发表意见权、质证权、辩论权、请求抗诉权等。可以说现行法律规定较好地保证了被害人参与诉讼的权利，符合主体性原则和诉讼民主的要求，有利于纠纷的和平解决和修复社会关系。

结合各国对于被害人程序参与权的具体规定，可以看出，被害人的程序参与权大体上可以分为两种：知情权和参加权。其中知情权是被害人行使程序参与权的前提，是被动性权利，需要国家有关机关履行告知义务，让被害人知悉诉讼的进程和所享有的权利。“在事实上，了解被害人所享有的权利以及诉讼的进程是保护被害人权利的前提条件，所以凡是涉入诉讼程序的机构有责任告知被害人的诉讼进程以及具体诉讼活动发生的时间及地点。”[①]知情权应当在诉讼的整个过程中均得到保障，被害人可以不参加诉讼，可以不发表意见，但被害人不能够不知情。因此，知情权应当是刚性的，不折不扣的。而参加权则是主动性权利，具体如参加庭审、发表意见、申请调取证据、申请重新鉴定、勘验、检查等。概括讲主要是到场并发表意见的权利。被害人的参加权是可以选择的。在告知被害人相关案件情况后，如无特殊情况，被害人有权选择参加诉讼或者不参加诉讼。被

① 岳礼玲:《刑事审判与人权保障》，法律出版社 2010 年版，第 319 页。

害人选择参加诉讼，则国家有义务予以保障。被害人放弃参加诉讼，如无特殊情况，国家应尊重被害人的选择，不得强迫被害人参加诉讼。

三、被害人程序参与权的行使原则

现代刑事诉讼实行国家追诉原则，即原则上由代表国家的专门机关依照职权主动发动刑事诉讼、侦查犯罪和起诉犯罪的各项活动，被害人个人自诉处于辅助补充的地位。换句话说，以国家追诉为主，个人自诉为辅。德国学者归纳为“公诉原则、由国家追诉犯罪行为”，并指出“对犯罪行为进行追诉，是由犯罪行为追诉机关行使的、专属国家所有的权力和义务”①。在国家追诉原则下，被害人的起诉资格被国家所吸收，相应的主要诉讼权利亦被国家所吸收，在很大程度上充当起诉证人的角色。即便随着世界范围内被害人运动的兴起，被害人的诉讼地位大为提升，不再单纯是证人地位，而是被赋予了诸多诉讼权利，有的国家甚至赋予其当事人的诉讼地位。但总体而言，被害人在现代刑事诉讼中处于相对辅助地位，其行使诉讼权利要遵循一定的原则。

一是补充原则。在国家追诉主义原则下，国家的侦查机关负责收集证据、固定证据，查获犯罪嫌疑人。其间，被害人可以通过当面陈述、递交材料等方式向侦查机关陈述案情和诉讼主张。

① [德] 约阿希姆·赫尔曼：《〈德国刑事诉讼法典〉中译本引言》，李昌珂译，中国政法大学出版社 1995 年版，第 15 页。

侦查机关为了追诉需要，也会尽力审查各种犯罪事实、证据及诉讼主张，其中便包括了被害人的陈述和主张。可以说，在追诉犯罪方面，被害人和国家追诉机关的目标是一致的，被害人的主张在侦查阶段已经通过陈述笔录等形式予以固定，并在法庭上通过公诉人的追诉活动予以体现。因此，为了保障诉讼顺利进行，被害人在行使诉讼权利时要遵循补充原则，即当公诉机关不能全面、有效维护被害人合法权益时，被害人通过亲自行使诉讼权利，维护自身合法权益。这也是国家追诉原则的应有之义。

二是限度原则。限度原则与补充原则紧密相连。公诉案件中，国家有保障被害人合法权利的法定义务，此法定义务不因被害人是否行使诉讼权利而有所差别。同时，现代刑事诉讼以保障被告人合法权利为基本价值导向，当被害人行使诉讼权利严重影响被告人公正审判权实现时，应对被害人诉讼权利行使进行一定的限制。例如，在涉众型经济犯罪案件中，绝大多数被害人在侦查阶段和审查起诉阶段已经递交了证据材料，相关的诉讼请求也在卷宗中记载明确，并在庭审中由公诉人当庭宣读。这种情况下，有必要限制参与法庭审理的被害人人数，而不能保障所有被害人的庭审参与权。当然，限定被害人的诉讼权利，应以保障庭审顺利进行为必要，换句话说，在庭审能够顺利进行的前提下，要最大限度地保障被害人的诉讼权利，不得随意扩大限定范围，随意剥夺被害人的诉讼权利。

三是自愿原则。在刑事诉讼活动中，被害人并不是必须参与诉讼活动，除非需要被害人出庭与被告人对质，被害人不参加庭审活动，并不影响法院依法认定案件事实，也不影响被害人实体权利的保障。此外，我国刑事诉讼法原则上并未强制被害人出庭参与诉讼，对于法律赋予的被害人的相关诉讼权利，被害人既可以行使，也可以放弃。以涉众型经济犯罪为例，被害人是否行使诉讼权利，可以征询被害人的意见，对于经过法院解释说明后放弃庭审参与权的，可以不再要求其参加法庭审理。

第三节　涉众型经济犯罪案件被害人程序参与权之实现途径

一、被害人知情权之实现途径——告知制度之完善

（一）涉众型经济犯罪案件中告知之困境

被害人作为遭受犯罪行为侵害的人，理应知晓案件进展及处理情况，理应了解其所享有的诉讼权利。在整个诉讼过程中，被害人均应享有知情权，这是被害人参与诉讼的前提和基础。前文指出，被害人的知情权作为一种被动性权利，需要国家履行告知义务，才能保障被害人的知情权。因此，被害人知情权保障问题，最终落到了国家告知制度的完善上面。

我国《刑事诉讼法》规定了国家对被害人的告知义务。例如，在立案阶段，告知被害人案件受理情况。在审查起诉阶段，告知被害人有权委托诉讼代理人。对于决定不起诉的案件，要将不起诉决定书送达被害人，告知该事项。在审判阶段，法院应

告知开庭的时间、地点，告知申请回避权，告知判决内容，告知上诉期限和上诉法院等。从以上规定可以看出，告知的内容主要有重大案情和证据的告知、重大决定的告知和重要权利的告知三种。

但司法实践中，我国目前的告知制度还存在不少问题。例如，具体的告知程序、告知方式欠缺，可操作性不足；当国家不履行告知义务时，没有相应的法律后果及救济措施；等等。在一般案件中，告知被害人的方式往往是打电话或者送达书面的告知书。但在涉众型经济犯罪案件中，被害人存在两个方面的突出特征：一是被害人人数众多。少则数十人，多则数万或数十万人。二是被害人人数不确定，存在大量的潜在被害人。案发后，许多被害人基于挽回经济损失的考虑，希望通过民事诉讼途径解决，故在刑事案件中消极报案，成为潜在的被害人。此时，通过电话或者书面形式告知就会极大消耗司法资源，显然并不可取。那么，在涉众型经济犯罪中，国家有关机关如何履行告知义务，如何保障被害人的知情权，成为一大难题。

（二）美国类似案件的实践经验：以麦道夫庞氏骗局案为例[①]

旁氏骗局是一种投资欺诈，在我国又被称为“拆东墙补西墙”。在麦道夫旁氏骗局案中，麦道夫从20世纪80年代开始，

---

① 参见柴松霞、张路：《庞氏骗局的法律分析——基于信用博弈的视角》，法律出版社2013年版，第304—307页。

构建、编制了一个数十亿美元的旁氏骗局，通过该骗局，麦道夫欺骗了数以千计的投资者，其中包括个人投资者、非营利性机构和营利性机构，他们将资金直接、间接交给麦道夫的注册经纪交易商，随后转移到注册投资咨询公司——伯纳德·麦道夫证券投资公司。在长达20多年的时间中，麦道夫从投资者手中招揽了几十亿美元，未将这些资金投资到他所承诺的领域中，而是为一己之私盗取这些资金。这些行为致使投资者损失了几十亿美元，导致众多个人投资者和慈善机构在经济上破产，或者濒于破产。2009年6月29日，纽约南区联邦法院对麦道夫进行宣判，以证券欺诈罪、投资顾问欺诈罪、电讯欺诈罪、邮递欺诈罪、洗钱罪、虚假陈述罪、伪证罪、对证券交易委员会提交虚假文件罪、盗取员工福利计划基金罪等11项罪名，判处麦道夫150年监禁。

根据美国《2004年全民公正法》的规定，犯罪受害者享有以下权利：合理、准确、及时获得与犯罪有关的法庭公共程序或假释程序通知的权利；及时获得释放被告通知的权利；不被排除在法庭程序之外的权利；合理听证权；与政府代理人协商的权利；等等。该法规定政府有义务尽最大努力确保向犯罪受害者通知并提供所规定的上述权利。但是，该法并未规定任何特定的通知程序。此外，该法承认在涉及大量犯罪受害者的案件中，不可能向所有受害者提供该法确定的各项权利。尤其是，该法规定在此等情况下，法院应制定实施该法的合理程序，不得不适当地使程序复杂化或延长程序。

据此，美国纽约州南区法院作出了关于通知受害者的法院令，认定:(1)本案有数千名受害者;(2)另外还有数千名潜在受害者政府尚未确定,并无有关此等个人和实体的汇编名单;(3)实际上不可能向所有潜在受害者提供《2004年全民公正法》所述的权利。因此,为了有效落实受害者权利,且不会导致程序复杂化或延长程序,法院认为通过以下手段落实通知权是合理的。

1. 美国检察官办公室将在其互联网站独立页面上传与本案计划安排好的公共程序有关的通知,而且该页面还将提供下列信息:(1)通知相关案件标题、案件号和主审法官;(2)法律所规定的受害者的相关权利;(3)案件规划的公共程序清单;(4)负责落实受害者权利的美国检察官办公室官员姓名和联系信息。

2. 政府将在公共程序计划后合理期间更新其互联网上与本案有关的上传信息,以反映该等规划好的程序。

3. 政府将寻求获得法院指定的清算托管人同意在其网站上添加对美国检察官办公室网站的链接,供潜在受害者获取与刑事案件中公共程序有关的信息。

4. 政府互联网上传信息将说明,为了有序进行程序、制订合理的计划,法院要求希望在该等程序期间出庭听证的潜在受害者在计划于2009年3月12日进行辩诉程序前发出通知。因此,任何希望出席听证的潜在受害者应在2009年3月11日上午10点前按照邮件地址向美国检察官办公室发出通知。法院将裁定受害者是否可以就程序进行听证,并裁定听证的方式。

可见,在麦道夫庞氏骗局案件中,美国通过在互联网上发布公告、通知等,及时告知受害者相应的诉讼权利和审判流程信息，确保受害者的知情权。此外，通过建立涉案公司网站与美国检察官办公室网站的链接，最大限度发掘潜在受害者，维护受害者的切身利益。

（三）我国的实践探索

对于被害人人数众多的案件，国家有关机关如何履行告知义务，是一个很大的难题。实践中根据实际情况，也探索出一些新方法。对于一些告知事项，采用了更加灵活多样的告知方式。例如，对于被害人送达权利告知书，不仅可以采取传统的邮寄送达，公告送达，还可以采取现代通信手段。例如，短信群发的方式进行，弥补了传统告知方式存在的人员不足、时间紧张、任务过重等问题，可以即刻将告知书送达多名被害人。

在全国影响较大的“e租宝案”中，则采用了建立投资信息平台和网络公告的新型告知模式。该案中，行为人以“e租宝”金融平台为依托，以高额利息为诱饵，虚构融资项目等，大量非法吸收公众资金，涉案金额达500亿余元，被害人达90余万名。该案采用如下手段保障被害人的知情权：(1)建立全国的投资人信息登记平台，最大限度发掘潜在的被害人。2016年2月，公安部组织建设的非法集资案件投资人信息登记平台正式启用，并首先对“e租宝”案的被害人开放，要求其于2016年2月13日至2016年5月13日在该平台登记相关信息。① 通过网络平台

① 参见非法集资案件投资人信息登记平台刊登的相关通知。网址：www.ecidcwc.mps.gov.cn，最后访问日期：2016年12月20日。

登记投资人信息，可以最大限度发现潜在被害人，为案件顺利处理打好基础。（2）官方网站权利告知。该案于2016年8月15日移送审查起诉后，北京市检察院第一分院在其官方网站上告知“e租宝案”被害人在审查起诉阶段所享有的诉讼权利。2016年12月15日，北京市检察院第一分院就该案提起公诉后，并于次日在其官方网站上告知这一诉讼进展情况和起诉书指控的案件事实。[①]

（四）探索新型的告知方式

知情权关乎被害人能否参与诉讼，是实现其他权利的前提和基础。而知情权的实现有赖于国家履行告知义务。因此，告知制度在现代刑事素诉讼中占据着重要地位，是法律正当程序的一个重要体现。在传统犯罪案件中，国家在有限的司法资源下，可以尽可能穷尽所有手段，履行告知义务，保障被害人知情权。但在涉众型经济犯罪案件中，由于存在大量的被害人。这种情况下，依靠传统的一对一告知方式已经不可能实现。因此，建议充分利用现代通信手段，积极探索新型的告知方式。例如，在被害人人数相对较少的情况下，可以搜集被害人的联系方式，采用群发短信的方式进行告知。但是，在被害人人数非常多的案件中，群发短信的方式也不具有可行性。可以借鉴美国的处理模式，通过网站、广播、电视等发布告被害人权利书，及时告知案件进展，履行告知义务，保障被害人的知情权。此外，

① 网址：www.bjjc.gov.cn，最后访问日期：2016年12月20日。

由于大量的被害人可能并未报案，处于观望状态，可以将相关信息告知相关代表人，由代表人转告案件信息和诉讼进展。综上，通过利用现代信息技术和告知代表人的方式，既可以节约司法资源，也能够最大化保障被害人的知情权。

二、被害人参加权之实现途径——建立代表人诉讼制度

（一）代表人诉讼制度概要

代表人诉讼，又可称为群体诉讼、集体诉讼、多数人诉讼、集团诉讼，是指具有共同利害关系的一方当事人人数众多，无法进行共同诉讼时，由其代表人进行诉讼，判决效果及于全体共同利害关系人的一种诉讼制度。[①] 民事诉讼以一名原告人、一名被告人、一起争议事实为基本诉讼形态，即单一诉讼。但在民事诉讼中，经常存在当事人一方或双方人数众多，或者存在多个诉讼标的的情况。对于这种情况，如果完全按照单一诉讼的途径解决，则势必浪费司法资源，增加诉讼成本。因此，现代民事诉讼中普遍建立了诉的合并制度，将存在多数当事人或多个诉讼标的的案件放在一个诉讼程序中一并解决，可以极大提高诉讼效率，也可以避免相互矛盾的判决，提高司法权威。诉的合并可以分为诉的主观合并和诉的客观合并。诉的主观合并即合并多个诉讼主体，并由此产生了共同诉讼制度、第三人参加诉讼制度等。诉的客观合并即合并多个诉讼标的或诉讼请求。

① 在民事诉讼研究中，代表人诉讼、群体诉讼、集团诉讼等概念之间虽有所区别，但其基本特征是一致的。因此，本书将上述概念视为同义语使用。

在共同诉讼制度或第三人参加诉讼制度中，均以相关当事人实际参加诉讼为前提。但在现代群体性纠纷中，依靠传统的共同诉讼制度无法有效解决群体纠纷。

在现代工业社会，由于大规模的工业化生产，使得单个公司企业的行为能对社会公众产生显著的影响。例如，火车、飞机等现代交通工具运营公司可以影响社会公众的出行，医药公司的产品影响着社会公众的生命健康，证券市场欺诈和内幕交易等影响社会众多投资者的利益。这种情况下，群体纠纷就随之而来。这些群体纠纷主要包括以下类型：因产品责任引起的损害赔偿纠纷；因污染环境引起的损害赔偿纠纷；因社会保险制度引发的纠纷；因上市公司违法违规行为侵害股东权益所引发的纠纷；因虚假广告引起的纠纷；等等。上述纠纷具有当事人人数众多、利益扩散化、集团化的特征。①

现代社会的群体纠纷必然导致群体诉讼的出现。在我国目前的司法实践中，所出现的群体诉讼类型主要有以下几种：（1）产品责任群体诉讼，主要发生在食品、药品、消费品、工业品等领域；（2）环境污染群体诉讼，主要涉及破坏环境资源、固体物污染、水污染、噪声污染等领域；（3）消费服务群体诉讼，主要涉及航空运输、医疗服务、金融服务、电信服务、旅游服务等领域；（4）证券投资群体诉讼，主要涉及虚假陈述、内幕交易、操纵市场等。② 上述群体诉讼的显著特点是当事人人数众多，不可能

① 参见王福华：《变迁社会中的群体诉讼》，上海世纪出版集团 2011 年版，第 8 页。
② 参见王福华：《变迁社会中的群体诉讼》，上海世纪出版集团 2011 年版，第 9 页。

一一参加诉讼。这种案件中，如果按照传统的单一诉讼或共同诉讼制度，不仅耗时耗力，浪费巨大的国家司法资源，导致当事人诉累，并且容易出现矛盾判决，影响裁判的权威。正如意大利有学者指出，随着现代社会复杂化程度的提高，一个行为就会使多人遭受不利影响，其结果使传统的诉讼架构显得不甚完备。[①] 为了应对群体纠纷的复杂状况，更高效地处理群体诉讼，世界各国都在做相应的诉讼制度改革和探索。

1. 美国的集团诉讼制度

在美国，集团诉讼是一种处理大量产生于同一事件的类似诉讼请求的独特诉讼程序。在集团诉讼中，一人或多人作为代表人，可以自己的利益或多人的利益为依据提起集团诉讼。对诉讼而言，只有原告代表才是一方当事人，对集团成员通常仅仅给予记载而不作为单独的当事人加以识别。除非个人明确表示退出集团，否则将被视为集团的一员。不管诉讼结果如何，判决效力及于集团中的每个人。集团诉讼的产生，一方面是因为在单个诉讼中，由于个体诉讼能力所限，其诉讼请求很难得到支持。另一方面则是法院为了提高诉讼效率，避免重复劳动。[②]

集团诉讼的适用条件如下：（1）受害人群体必须是遭受同一不法行为的侵害。（2）群体人数众多且成员分散，一一参加诉讼不切合实际。人数众多一般指原告一方人数众多，极少见于

① 参见［意］莫诺·卡佩莱蒂编：《福利国家与接近正义》，刘俊祥等译，法律出版社 2000 年版，第 68—69 页。

② 参见［美］杰弗里·C. 哈泽德、米歇尔·塔鲁伊：《美国民事诉讼法导论》，张茂译，中国政法大学出版社 1998 年版，第 166 页。

被告一方人数众多。例如，美国著名的石棉集团诉讼案中的原告有 60 万人之众。[①]（3）自愿代表者的诉讼请求必须是集团中较为典型者，且能充分代表整个集团。[②]

2. 日本的选定当事人诉讼制度[③]

在日本民事诉讼中，通过选定当事人制度解决复杂的群体纠纷。当具有共同利益的共同诉讼人人数众多，全部参加诉讼将导致案件复杂化，严重阻碍案件的顺利进行。此时，可以让共同诉讼人在达成一致意见的基础上，选任同一个诉讼代理人作为代表参加诉讼。该选定当事人属于全体选定人诉讼实施权的受信托人，为选定人实施诉讼。判决效力及于全体选定人。选定当事人制度的适用条件有：（1）应作为共同诉讼人的原告或被告人数众多。（2）共同利益的存在。多数人之间必须存在共同利益，才可以期待诉讼的简单化，才可能适用选定当事人制度。（3）选定当事人应从具有共同利益者中予以选任。如果选任在此之外的第三人，则会存在规避律师代理原则的风险。

日本有学者认为，选定当事人制度在“立法阶段并没有考虑到这是为了适用于集团诉讼，但该制度确实可能被利用来进行集团诉讼”[④]。该制度在实施过程中，妥善处理了涉及公害、环

① 参见王福华：《变迁社会中的群体诉讼》，上海世纪出版集团 2011 年版，第 69 页。

② 参见［美］杰弗里·C. 哈泽德、米歇尔·塔鲁伊：《美国民事诉讼法导论》，张茂译，中国政法大学出版社 1998 年版，第 167 页。

③ 参见［日］新堂幸司：《新民事诉讼法》，林剑锋译，法律出版社 2008 年版，第 557—558 页。

④［日］谷口安平：《程序的正义与诉讼》，王亚新、刘荣军译，中国政法大学出版社 2002 年版，第 251 页。

境污染、药物副作用、劳资纠纷等群体纠纷，成效显著。

3. 我国的代表人诉讼制度

我国民事诉讼中的代表人诉讼制度是立法者基于对社会需求和司法功能的认识，在借鉴国外制度、总结司法实践经验的基础上设计出来的。1982 年，我国颁行了《民事诉讼法（试行）》，但由于历史条件的限制，立法中没有涉及群体性诉讼制度问题，随着经济的商品化和市场化逐渐深入，涉及多数人利益的群体性纠纷大量出现。这些纠纷如不妥善解决，不仅影响经济的发展，也影响社会秩序的安定。司法实践对于这些群体性纠纷在无法律规定的情况下，按照民事诉讼法原则大胆探索。早在 1983 年，四川省安岳县人民法院就审理了四川省安岳县元坎乡、努力乡 1569 户稻种经营者与安岳县种子公司水稻稻种购销合同纠纷案，创我国大陆代表人诉讼的先例。以后几年间，全国各地法院陆续审理了一些群体性诉讼案。1991 年颁行的《民事诉讼法》，总结了司法实践经验，吸收借鉴了美国集团诉讼和日本的选定当事人制度的立法经验，确立了我国的代表人诉讼制度，用以处理群体性纠纷。[①] 根据我国《民事诉讼法》规定的代表人诉讼制度，具有共同利益的多数当事人将诉讼实施权授予其中的一名或几名当事人，由他们代表具有共同利益的全体当事人参加诉讼，判决效力及于全体当事人。我国代表人诉讼制度的适用条件是：（1）当事人人数众多，要求在 10 人以上；（2）众多当事人一方具有共同的利益关系；（3）诉讼请求或抗辩方法相

① 参见江伟：《民事诉讼法学原理》，中国人民大学出版社 1999 年版，第 443 页。

同;(4)代表人合格。

4. 代表人诉讼制度的共同特征

综合美国集团诉讼制度、日本选定当事人制度及我国的诉讼代表人制度，可以概况出代表人诉讼制度具有以下共同特征。

(1)具有利益共同的多数当事人。此为代表人诉讼制度的首要特征。此类案件中，一方面，诉讼中的当事人人数众多，涉及多人的利益，存在多数利害关系人。这种情况下，每一名当事人独立参加诉讼实属不能。客观上需要通过代表人参加诉讼，使得司法具有可操作性和现实性。二是多数当事人的利益诉求是基于同一或者同类事实，或者应当适用同一或者相似的法律规范加以解决，即由于共同或类似的利益使得多数当事人能够作为一个整体存在。正因为此，为实现代表人诉讼创造了前提条件。如果多数当事人不能形成一个整体，则代表人诉讼制度就丧失了存在的基础。多数当事人作为一个整体，既可能在诉讼之前就已经形成，也可能在诉讼之后由诉讼法上的专门规则加以确定。

(2)具有“代表”机制。某个或某些共同利害关系人代表多数当事人参加诉讼，被代表的多数当事人则不需要参加诉讼。这种“代表”机制是代表人诉讼区别于共同诉讼的关键所在。“代表”机制使得原本存在的多个分散的独立诉讼汇集在一起，成为一个整体，不仅简化了诉讼程序，提升了诉讼效率，节约了司法资源，也有利于维护全体被代表的当事人的合法权益。

(3)判决效力及于多数当事人。由于代表机制的存在，部分当事人不需要亲自参加诉讼，行使诉讼权利，但这些当事人依法受到法院做出的裁判约束，这一定程度上背离了传统的民事诉讼原理。根据民事诉讼原理，正当当事人是诉讼进行的必要条件，判决效力的主观范围一般是本案的正当当事人，一般不及于第三人。理由是：其一，民事诉讼旨在解决当事人之间的民事纠纷。当事人只能就关系自己权益或管理义务的纠纷提起诉讼，法院也只能对进行诉讼的当事人作出判决。其二，判决是法院在当事人双方参加下，经过正当法律程序后作出的。如果将判决的效力及于他人，则有违法律的正当程序，也与民事诉讼解决私人纠纷的性质不相符。但在代表人诉讼中，法院针对代表人作出的判决效力要及于多数当事人。"那些没有实际履行诉讼权利义务的被代表人之所以要受法院判决约束，是因为判决效力主观范围的扩张，即通过法律规定将原本不属于正当当事人的其他人也纳入判决约束的范围。"①

通过代表人诉讼的上述特征，可以看出该制度的主要价值在于提高诉讼效率，实现诉讼经济。在群体性纠纷中，存在的利害关系人人数众多，一一参加诉讼并不现实。这种情况下，通过一个诉讼解决多个具有共同争点的案件，降低诉讼成本，实现诉讼的高效率，这不仅是代表人诉讼制度最重要的价值，甚至是解决此类案件唯一可行的办法。对此，美国联邦最高法院认为："现代集团诉讼得以发展的正当性之一，就是它在类似诉讼请求的众多诉讼中具有分散诉讼成本的作用，能显著降低诉讼成本。"② 对法院来说，代表人诉讼可以大大减轻法院的办案

① 钱颖萍：《瑞典群体诉讼制度研究》，西南政法大学 2012 年博士学位论文。

② 参见王福华：《变迁社会中的群体诉讼》，上海世纪出版集团 2011 年版，第 154 页。

压力。对原告来说，代表人诉讼可以使原告不直接参加诉讼而获得生效裁判，效益明显。对被告来说，代表人诉讼可以使被告摆脱大量重复诉讼所带来的成本。

（二）建立涉众型经济犯罪案件诉讼代表人制度

在涉众型经济犯罪案件中，被害人一方人数众多，少则数十人，多则数万人甚至数十万人。根据我国《刑事诉讼法》的规定，这些被害人均属于当事人，依法享有阅卷、参加庭审、发表意见等诉讼权利。但是，基于涉众型经济犯罪案件中被害人人数众多这一客观情况，让被害人一一参与诉讼并不可能。因此，现实的解决方案是借鉴民事诉讼中的诉讼代表人制度，通过被害人的诉讼代表人参与诉讼，行使诉讼权利，履行诉讼义务，判决效力及于全体被害人。在司法实践中，有地方已经采用了诉讼代表人制度，例如，江苏省常州市人民法院“在有多名被害人的案件中，引导其推举代表参与诉讼，使保护被害人诉讼权利与诉讼经济效率相统一”[①]。从具体制度设计上，可借鉴我国的诉讼代表人制度，从以下几个方面构建刑事被害人诉讼代表人制度。

1. 公告登记程序

在我国民事诉讼中，法院立案后，决定适用代表人诉讼且当事人人数不确定的，要先进行公告登记程序。公告登记的目的在于扩大案件审理的范围，力争一次性解决纠纷。这一点在

① 何艳芳:《刑事被害人权利的程序保障研究》，人民法院出版社 2015 年版，第 186 页。

涉众型经济犯罪案件中同样适用。在涉众型经济犯罪中，由于被害人人数众多，通过公告登记程序可以使潜在被害人主张权利，维护其合法权益，也可以使公安司法机关掌握被害人人数和案件规模，全面查清案件事实。在刑事案件中，由于首先介入案件的是公安机关，且公安机关承担着侦破案件、固定证据等职能，因此，应在案件侦查阶段，由公安机关负责进行公告登记，确定合理的登记期限。公告的方式，可以根据案件涉及地域范围的大小，采用张贴公告、报纸声明、电视网络等方式进行。登记的方式，可采用受害者亲自到场、邮寄、网络平台等多种方式。登记内容主要包括投资人姓名、身份证明、联系方式、投资项目、投资时间、投资金额、返还本息金额、实际损失金额、项目介绍人等基本信息，并提供相应的证据材料。目前，针对全国范围内的特别重大的非法集资案件，如“e租宝案”“泛亚有色金属案”，公安部已经启用了投资人网络登记平台，通过发布网络公告的方式，指定合理的登记期限，由投资人在该平台进行登记，申报权益，最大限度发掘潜在受害人。

2. 选任代表人程序

“代表人诉讼的成立关键是能否顺利推选出代表人，只有完成此步骤，才可能形成代表人诉讼。”[①] 关于选任代表人的时间。本书认为，在案件移送审查起诉后即可以选任诉讼代表人。在刑事案件中，侦查阶段的主要任务在于侦破案件，搜集并固定证据。在此阶段，有些案件事实尚处于不明确状态，且被害人

---

① 汤维建：《群体性纠纷诉讼解决机制论》，北京大学出版社 2008 年版，第 272 页。

也是陆续登记权益，被纳入刑事案件之中。因此，在侦查阶段选任诉讼代表人时机并不成熟。而在审查起诉阶段，侦查工作得以终结，案件事实基本查清，案件证据得以搜集固定，被害人人数多少大体上予以确认。且根据我国《刑事诉讼法》的规定，被害人在审查起诉后，即享有委托诉讼代理人等一系列诉讼权利。因此，在审查起诉阶段开始选任代表人，兼顾了诉讼及时性和现实可能性两方面的要求。

关于选任诉讼代表人的方式。在民事诉讼中，选任代表人的方式有当事人推选、法院与当事人协商以及法院指定三种。当事人能够自行推选诉讼代表人的，由当事人自行推选，法院确认即可。这种方式最大限度尊重了当事人的意思自治，所推选的诉讼代表人的代表性更强。但需要指出的是，代表人是否需要得到所有当事人的一致认可？对此，有观点认为代表人的资格应当得到一致的认可，否则不能代表当事人行使诉讼权利。本书认为，如果要求全体一致同意，实践中大多不可能。因此，代表人只要得到大多数当事人的同意即可。例如，可以规定对于被推举的代表人，应当得到参加诉讼的全体当事人的五分之四以上同意。对于当事人推选不出代表人的，可以由法院与当事人协商。在协商不成时，则由法院指定代表人。

在涉众型经济犯罪案件中，案件移送审查起诉后，则可以由被害人推选诉讼代表人，当代表人得到大多数被害人同意的，即可成为诉讼代表人。被害人推选不出诉讼代表人的，由检察院与被害人协商，协商不成的，由检察院指定诉讼代表人。需要指出的是，检察院在提出代表人人选或者指定代表人时，应考虑代表人的代表性范围如何。在涉及多个投资项目的案件中，可以根据投资项目的不同，分别提出代表人人选或分别指定诉讼代表人。此外，在同一案件中，被害人的利益诉求可能并不一致，甚至可能截然相反。例如，一部分被害人要求释放被告人，一部分被害人则要求从重处罚被告人。这种情况下，“如果群体诉讼中人数众多而且彼此差异明显的，将大的群体分成若干共性更明显，分歧更小的子群体，就更加容易避免争议，提高诉讼效率”[①]。因此，在涉众型经济犯罪案件中，如果被害人群体分化严重，利益诉求对立，可以考虑按照诉求的不同分组推选诉讼代表人。

3. 代表人参加诉讼程序

代表人被推选出来后，代表人和其他当事人之间的权利义务关系，是代表人诉讼机制的一个核心问题。在代表人诉讼中，代表人享有法律规定的当事人的诉讼权利。例如，代表人可以委托诉讼代理人，可以参加法庭调查、法庭辩论等。但是，由于当事人是实体权利义务的享有者，如果代表人处分了这些实体性权利义务，则必须经被代表的当事人同意，在涉众型经济犯罪案件中亦是如此。结合我国涉众型经济犯罪审理实践，在审判阶段代表人行使的诉讼权利主要集中于以下几个方面。

（1）代表参与庭审。参与庭审是被害人最为关切的诉讼权利，也是被害人诉讼主体地位和诉讼程序正当性的集中体现。实践中，鉴于涉众型经济犯罪案件规模较大、被告人人数众多、

① 汤维建:《群体性纠纷诉讼解决机制论》，北京大学出版社 2008 年版，第 276 页。

证据繁杂，审判长掌控庭审的难度较大。从保障庭审顺利进行的角度出发，一般情况下法官会在庭前召集被害人或被害人的代表人，向其通报情况，并建议其不参加庭审。但对于坚持参加庭审的，可以由被害人的代表人参加庭审，每名代表人可以委托诉讼代理人，行使法庭调查、法庭辩论等诉讼权利。庭审后，由被害人代表及诉讼代理人向其他被害人转述庭审情况。

（2）代表旁听庭审。无论被害人是否参与庭审，法院都应当根据案件情况和法院硬件设施条件，允许被害人代表旁听庭审过程。但为了维持法庭秩序，一般的情况下由被害人推举10到20名左右的代表参加，也可以由代表人委托的诉讼代理人参加旁听。庭审结束后，由参与旁听的被害人代表、诉讼代理人转述庭审情况。

（3）代表庭外表达诉求、发表意见。被害人没有参加庭审，法院无法通过庭审当庭听取被害人对案件事实和证据的意见。但在具体案件中，充分听取被害人的意见，充分听取被害人的诉求，有利于及时查明案件事实，尤其是有利于了解侦查机关、公诉机关遗漏的犯罪事实，发现案件追赃线索，全面审理案件事实，最大限度追赃挽损，维护被害人的合法权益。实践中，对于庭外听取意见的工作，也主要是通过接待被害人代表的途径进行，如当面听取代表意见，或者接受代表的书面材料等。

（4）代表领取裁判文书。涉众型经济犯罪案件被害人众多，法院无法一一向被害人送达判决书等法律文书。为了保障被害人对裁判结果的知情权和向检察机关申请抗诉等诉讼权利，法院可以向被害人代表、诉讼代理人送达裁判文书，由代表人、诉讼代理人向其他被害人告知诉讼结果。

（5）代表请求抗诉、申诉。被害人对一审判决结果不服的，可以请求检察机关抗诉。对于已经发生法律效力的判决、裁定，可以向审判机关或检察机关申诉，请求重新审判。在涉众型经济犯罪案件中，由于被害人人数众多，请求抗诉权、申诉权的行使，势必不能赋予每一名被害人，由被害人代表人行使上述诉讼权利更具有现实性。

需要注意的是，被害人、代表人及其诉讼代理人能否行使阅卷权的问题。对此可能有不同的看法。毋庸讳言，我国目前的诉讼模式仍然属于以侦查为中心的诉讼模式，侦查卷宗对于认定案件事实具有重要意义，甚至可以说，审判阶段的诉讼活动很大程度上是对侦查卷宗记载事实的司法确认。因此，查阅、复制诉讼卷宗对当事人的重要性不言而喻，不仅有利于在庭前全面了解案情，而且通过阅卷可以发现争议问题，为有效进行庭审活动打下坚实的基础。从这个意义上说，赋予包括被害人在内的当事人以阅卷权，具有法理正当性。但根据我国《刑事诉讼法》的相关规定，被害人的诉讼权利是有明确界定的，主要包括了申请回避、参加法庭调查、法庭辩论、申请抗诉、委托诉讼代理人、部分案件提起自诉等，并未包括阅卷权。从我国《刑事诉讼法》规定看，明确赋予阅卷权的主体只有辩护人，并不包含被害人，也不包含诉讼代理人。因此，从严格遵照法定程序、严格适用法律规范的视角出发，本书认为目前被害人、代表人及其诉讼代理人行使阅卷权并无法律依据，依法不能查阅、摘抄、复制卷宗材料。

第五章　涉众型经济犯罪案件被害人民事赔偿权之保障

涉众型经济犯罪案件中，如何保障被害人的民事赔偿权，如何最大限度弥补被害人的经济损失，是妥善处理此类案件的关键所在。根据我国目前的相关法律和司法实践，被害人的民事赔偿问题只能通过刑事判决的方式解决。但通过这种方式存在遗漏赔偿主体、诉讼周期过长等问题，且此类案件中存在极为复杂的民商事法律关系，刑事法官处理上述问题显得力不从心。这最终导致被害人的民事赔偿权保障不力。因此，本书从实际出发，建议赋予被害人提起独立民事诉讼的权利，通过独立民事诉讼途径解决民事赔偿问题。在诉讼顺序上，对于刑事案件和民事案件，采取并行不悖的处理方式，以快速处理民事纠纷。同时，健全财产追查处置机制，以“追赃挽损”为目标，适度扩大查封、扣押、冻结的范围，借鉴“商法清算程序”，积极探索财产保值变现途径，最大限度保障被害人民事赔偿权的实现。

第一节　被害人民事赔偿权之产生

在法律史研究领域，一般认为古代法律系“诸法合体、刑民不分”，即刑事法律和民事法律是混同的。在我国，从成文法典看，从战国时代的《法经》到清末的《大清律例》，都采用了“以刑为主的规范混同编纂体例”[①]，即从结构形式看，基本上属于“刑法典”，但从内容看，则涵盖了刑事、民事、诉讼程序、行政等方面的法律规范。例如，汉朝《九章律》中的《户律》，即属于规范婚姻、田宅、钱债等民事行为的法律规范。[②]从法律责任的承担形式看，以刑事责任和刑事制裁的方式规制各种性质的行为，不仅对叛国等危害统治秩序的行为施加刑罚制裁，而且对纯粹的民事行为，如婚姻家庭、民事赔偿等，也往往施加刑罚制裁。[③]在古罗马，以《十二铜表法》为例，其内容十分繁杂，涵盖了宗教法和世俗法、公法和私法、实体法和程序法方面的内容。但与我国恰好相反，罗马法以民法为核心，是侧重于以个人自由和个人利益为基础的“个人权利法”，并将许多现代被公认为属于公法的规范纳入私法范畴，将一些在现代被认为系犯罪的行为界定为民事侵权行为。例如，罗马法将诉讼

① 黄源盛:《中国法史导论》，广西师范大学出版社 2014 年版，第 81 页。

② 参见黄源盛:《中国法史导论》，广西师范大学出版社 2014 年版，第 84 页。

③ 参见宋铁军:《刑民实体关系论》，上海人民出版社 2012 年版，第 10 页。

法纳入私法中，认为民事诉讼是为了私人的利益，相关的诉讼程序规定属于私法的一部分。将盗窃看作侵犯私权的行为，纳入私法的调整对象。[①]就法律后果或责任承担方式而言，对于危害国家利益的犯罪行为（公犯），施以国家刑罚权。对于侵害个人权利的行为，如在今天被视为犯罪的盗窃行为，则既规定了私力救济途径，又有罚金、损害赔偿等救济途径。其中罚金既有补偿的性质，也有惩罚的性质，类似于现代民法中的惩罚性赔偿。损害赔偿则与现代民法中的赔偿类似。混合之诉则是同时产生罚金和损害赔偿的效果。因此，以现代的标准观察，罗马法中将许多今天被视为犯罪的行为，规定了损害赔偿这样的民事责任。[②]

此后，随着社会的发展进步，社会纠纷逐渐复杂，国家机器等上层建筑逐渐发达，法律制度日渐完备。根据法律规范所调整的社会关系的不同，或者法律调整方法的不同，进行了部门划分，形成了民事法律部门、刑事法律部门、行政法律部门等部门法体系。至此，从法律责任上看，民事责任与刑事责任予以分立。“民事责任与刑事责任性质虽异，但溯其沿革，实同出一源，盖古代复仇及偿金之制，为损害赔偿之方法，同时又为制裁之手段，同一制度，兼有刑事及民事之二重作用，其结果不免有畸轻畸重之弊。乃至社会进步，社会组织细密，团体与个人之地位渐明，团体与个人之关系及个人间相互之关系，

① 参见周枏:《罗马法原论》(上册)，商务印书馆 2014 年版，第 99—100 页。
② 参见宋铁军:《刑民实体关系论》，上海人民出版社 2012 年版，第 14 页。

亦渐行区别，于是刑事责任与民事责任乃判然划分，前者求社会秩序之维持，后者求个人相互间之满足，各有其特殊领域。”[①]

根据现代刑法理论，犯罪本质上被认为是对国家和社会公共利益的侵害。因此，国家通过刑事追诉活动，确定犯罪人的刑事责任，实现国家刑罚权，对犯罪人施加刑罚报应，并预防一般人犯罪，从而修复被损害的社会关系，维护国家和社会秩序。但不可否认，被害人作为犯罪结果的直接承受者，其人身、财产等方面遭受到了实际损害。通过对犯罪人科以刑罚，虽然有助于满足被害人的报应心态，使其产生心理慰藉。但通过刑罚方式并不能实际弥补被害人因此所遭受的经济损失。对于被害人的经济损失，则需要通过民事途径确定犯罪人的民事赔偿责任予以解决。因此，同一个犯罪行为，不仅对国家和社会造成了危害，同样也对被害人个人造成了损失。对国家而言，需要通过确定行为人的刑事责任，实现国家刑罚权。对被害人个人而言，需要通过确定行为人的民事责任，实现民事赔偿权。

犯罪人的同一个犯罪行为，需要从刑事和民事两方面予以评价，即产生了法律上的竞合现象。所谓竞合，是指在同时有数个法律规范皆得适用的情况下，如何对行为作出充分而又不过分的评价。在现代社会，随着法律部门的细化，法律条文逐渐完备。在不同法律部门之间，对于某一行为既可能符合此部门法律的构成要件，也可能符合彼部门法律的构成要件。在同一法律部门内部，也同样会出现这种现象。其根源于法律条文

① 韩忠谟：《刑法原理》，北京大学出版社 2009 年版，第 13 页。

之间的交叉重合。对于竞合现象，法律评价的原则是：充分而不过度。具体说来，根据所承担的法律责任的性质是否相同，确定系择一适用原则还是分别适用原则。

对于法律责任性质相同的，按照择一适用原则。例如，在民事法律中，因当事人的违约行为给对方造成人身伤害的，被害方既可以选择向对方主张违约责任，也可以选择向对方主张侵权责任。但是，违约责任与侵权责任从性质上讲均属于民事责任，均以补偿为原则。因此，此时只能选择择一适用违约责任或者侵权责任，同时适用的话，将会对同一行为造成过度的评价。又如，在刑事法律中，犯罪人的同一行为既触犯甲罪名，又触犯乙罪名，构成想象竞合犯。这种情况下，不同罪名背后的责任均属于刑事责任，均以惩罚为原则。因此，根据竞合论中法律评价充分而不过度的原则，按照择一重罪处罚，而非数罪并罚。

对于法律性质不同的，则按照分别适用的原则处理竞合问题，以体现法律评价的充分性和完整性。例如，行为人故意伤害他人身体，构成故意伤害罪，同时对被害人造成了医疗费、误工费等经济损失。此时，一个故意伤害行为同时产生了刑事责任和民事责任两种性质截然不同的法律责任。就刑事责任而言，国家通过追究犯罪人的刑事责任，实现国家刑罚权，维护社会秩序，是一种惩罚性责任。就民事责任而言，犯罪人需要赔偿被害人相应的医疗费、误工费、护理费等经济损失，是一种补偿性责任。因此，这种情况下，刑事责任与民事责任应当分别适用，并行不悖。正如有学者指出："刑事被害人的补偿性诉权来源于犯罪人加害行为对自身民事合法权益的侵害，其所依据的法律规范是民法，则该加害行为本身最终是否能够被认定为犯罪行为并不影响刑事被害人补偿性诉权的成立，因此刑事被害人的补偿性诉权在法律上是独立于惩罚性诉权的，两者在低地位上是平等的，一种诉权的行使并不必然依赖于另外一种诉权的行使作为前提，而一种诉权的实现也并不能必然导致另外一种诉权的自动消失。”①

具体到经济犯罪案件，犯罪人的同一犯罪行为既侵犯了社会经济秩序，同时也侵犯了他人的具体财产权。因此，应从刑事法律和民事法律两方面分别予以评价，应由犯罪人分别承担刑事责任和民事责任。从被害人的角度看，则赋予其主张民事赔偿的权利。

第二节　被害人民事赔偿权之实现模式

一、独立民事诉讼模式

从理论上说，民事诉讼与刑事诉讼虽然是由同一犯罪行为引起的两种诉讼，但二者具有相对独立性。民事侵权诉讼目的在于赔偿被害人的经济损失，属于被害人行使补偿性诉权的途径，在性质上属于“赔偿之诉”。刑事公诉目的在于解决被告人的刑事

① 程滔、封利强、俞亮：《刑事被害人诉权研究》，中国政法大学出版社2015年版，第242页。

责任问题，对被告人定罪处罚，属于国家公权力范畴，在性质上属于“制裁之诉”。因此，被害人行使民事赔偿权与国家提起刑事公诉二者相对分离。对于被害人的经济损失，应通过独立的民事诉讼予以解决。亦即“不论刑事诉讼是否提起，也不论刑事诉讼进展到哪一诉讼阶段，被害人可向法院民庭提起独立的民事赔偿请求，而不再提起任何形式的附带民事诉讼”①。

独立民事诉讼模式主要被英美法系国家所采用。在英美法系国家，刑事诉讼与民事诉讼作为两个独立之诉，分别具有独立的地位和程序规则。对于因犯罪行为所引发的损害，需要在刑事诉讼终结后通过民事诉讼解决。②此外，在日本，其《刑事诉讼法》中也不再规定附带民事诉讼程序，对于民事损害一律通过独立的民事诉讼程序解决。日本学者认为，刑事诉讼与民事诉讼在程序上有很大的不同，如果将刑事案件与民事案件一并审理，则会造成程序上的混乱。③

独立民事诉讼模式将刑事诉讼与民事诉讼彻底分离，具有一定的合理性。首先，独立民事诉讼模式中，民事诉讼不再依附于刑事诉讼，取得了独立的地位，便于尊重和保障被害人的私人权利。传统上，犯罪行为被视为危害国家和社会的行为，国家成为犯罪行为的主要受害者，追诉犯罪主要通过国家进行。被害人虽然遭受了犯罪行为的侵害，成为犯罪结果的具体承担

① 陈瑞华:《刑事附带民事诉讼的三种模式》，载《法学研究》2009 年第 1 期。

② 参见肖建华:《刑事附带民事诉讼制度的内在冲突与协调》，载《法学研究》2001 年第 6 期。

③ 参见郑鲁宁、何乃刚:《合并与分离：刑事附带民事诉讼制度的反思与重构》，载《政法论坛》2003 年第 4 期。

者，但在主张维护其合法权利时，国家仍将其界定为从属地位。例如，在刑事诉讼中，被害人往往被视为一种特殊的证人，不能左右公诉案件的结果。在民事诉讼中，仍然受制于刑事案件的进程和结果，难以体现被害人对私人权利的处分和意思自治。因此，只有赋予民事诉讼以独立的地位，将之视为普通的民事侵权案件，才能最大限度尊重被害人的个人意思和程序选择权。其次，独立民事诉讼模式可以使得侵权诉讼按照民事程序法和民事实体法的规定独立进行，更加有利于保障被害人的合法权利。例如，在被告人主体方面，民事被告人的主体范围远远大于刑事被告人的主体范围。刑事被告人的雇主、所在单位、保险公司等都可以成为民事诉讼中的被告人；在诉讼进程方面，刑事诉讼的中止、终止，被告人刑事责任的消失等，都不会影响民事诉讼的正常进行；在诉讼请求范围方面，可以完全按照普通的民事侵权诉讼提起诉讼请求，诸如死亡赔偿金、伤残赔偿金等，均可以纳入独立民事诉讼的范围；在证据制度方面，可以按照民事证据规则进行，不仅存在大量举证责任倒置的情形，证明标准方面也相对较低，还可以申请法院进行证据保全、财产保全等。总之，通过独立民事诉讼模式，被害人可以按照民事程序法和民事实体法的规定行使诉权，从而获得完整的、正常的民事侵权之诉。

不过，独立民事诉讼模式也有不足之处。首先，由于缺乏侦查机关等国家机关的帮助，刑事被害人不得不依靠自身的力量收集民事证据，大大增加其诉讼成本，实际取证效果也有所降低。其次，由于民事诉讼在理念上是处理平等主体之间的民事纠纷，因此在诉讼形式上更加平等，但对在实体上已经受到严重损害的刑事被害人来说，其与被告人相比在实质取证能力上的不平等会使其在满足缴纳诉讼费、提供诉讼担保等方面异常困难。最后，民事诉讼模式更加倾向于当事人主义，法官更加中立、被动，且要遵循严格的证据开示、举证时限等制度，一旦被害人举证疏忽、举证遗漏、举证延迟，法官一般即按照证据规则进行裁判，不再主动进行证据调查，使得被害人败诉的风险增加。此外，独立民事诉讼模式虽然方便当事人行使诉权，但在一定程度上增加了国家司法机关的办案成本，且容易引发民事诉讼与刑事诉讼结果的冲突。

在独立民事诉讼模式中，由于存在民事诉讼和刑事诉讼两个独立的案件。根据民事诉讼与刑事诉讼处理先后顺序的不同，可以分为以下三种。

1. 平行诉讼

平行诉讼即民事诉讼与刑事诉讼按照各自独立的诉讼阶段和诉讼时限等规定平行进行，各自的诉讼行为和诉讼结果不对另外一个诉讼行为和诉讼结果产生影响。这一诉讼模式要求司法机关按照各自的诉讼程序进行诉讼，即便平行进行的两个诉讼程序在最终结果上彼此有矛盾和冲突，但只要各自诉讼程序都满足了各自正当程序的要求，对两种诉讼结果都予以认可。这一模式重点关注民事诉讼与刑事诉讼两个诉讼过程的正当性，而不追求实体结果的绝对一致，遵循了程序公正有限的价值理念。例如，在法国，在公诉尚未发动之前就已经在民事法院审判的民事诉讼具有绝对的独立地位。民事法官可以对该民事诉讼立即进行审理裁判，不需要等待提起公诉，且有评判与判决的完全自由。此外，该民事判决对刑事案件不产生任何影响，其既判事由对刑事案件不具有既判力。①

在我国，无论刑事诉讼法典还是民事诉讼法典都没有明确提及两大诉讼之间的相互关系及先后顺序，可以说并没有明确禁止实行平行诉讼模式。但是，由于平行诉讼模式很可能会出现相互矛盾的实体结果，在我国追求实体公正、强调判决结果一致性的诉讼理念下，实行平行诉讼模式存在不少障碍。正如有学者质疑："如果法院在刑事判决尚未形成之前就先行解决民事赔偿问题，这种民事判决所认定的案件事实对于刑事法庭认定犯罪事实问题是否有约束力？如果有约束力，刑事法庭经过法庭审理一旦发现民事判决存在事实认定上的错误，难道就要容忍其存在而不加以纠正吗？如果不具有约束力，刑事法院一旦就同一案件事实作出与民事判决完全不一致的裁判结果，这岂不等于在同一案件事实上出现了两种自相矛盾的判决吗？"②这种质疑从实体公正的立场，从维护裁判一致性的视角出发，有一定的合理性。但是，笔者认为，民事诉讼与刑事诉讼具有不同的功能和任务，前者为解决民事纠纷，补偿经济损失，后者为实现国家刑罚权，保障人权。从诉讼程序规则看，二者从举证责任、证明要求等方面均有所不同。在遵循各自诉讼程序

① 参见［法］贝尔纳·布洛克：《法国刑事诉讼法》，罗结珍译，中国政法大学出版社2009年版，第176页。

② 陈瑞华：《刑事附带民事诉讼的三种模式》，载《法学研究》2009年第1期。

的前提下，二者的实体结果有所不同并不奇怪，也并不意味着其中必有哪一个案件属于错案。单纯站在实体公正和裁判一致性的立场上，进而否定平行诉讼模式，值得商榷。

2. 先刑后民

先刑后民即在民事诉讼活动中，发现民事案件事实与刑事案件事实存在重合、交叉、关联时，或者发现民事案件当事人涉嫌刑事犯罪时，民事案件暂停审理，待相关刑事案件审理完毕后，再继续审理民事案件。换句话说，民事案件只有在刑事案件审理结束后才能继续进行。

先刑后民模式建立在两个理论基础之上：一是实体关联性理论；二是程序便利性理论。[①] 根据实体关联性理论，刑事案件与民事案件均产生于一个犯罪行为，即二者在事实基础上是同一的。不论是刑事案件还是民事案件，事实认定都是法院首先要解决的问题，也是适用法律、确定责任的前提。在事实同一的前提下，法院只要查明一个犯罪事实，该事实就可以同时作为刑事案件和民事案件判决的事实基础，进而一并认定被告人的刑事责任和民事责任。[②] 因此，刑事案件和民事案件之间存在一种相互依存不可分割的关系，且在二者之间，民事案件处于一种附属地位。例如，在法国，学者主张“刑事致民事原状待审”原则。根据该原则，刑事诉讼与民事诉讼虽然可以独立进行，但当向民事法院提起民事诉讼时，只要刑事法院尚未对刑事案

① 参见陈瑞华：《刑事附带民事诉讼的三种模式》，载《法学研究》2009 年第 1 期。

② 参见［德］克劳思·罗科信：《刑事诉讼法》，吴丽琪译，法律出版社 2003 年版，第 590 页。

件作出裁判，民事法院则不得对民事案件作出裁判，而是应当暂缓判决。①

根据程序便利性理论，由于民事诉讼与刑事诉讼基于同一个犯罪行为所引发，即二者需要查明的基础事实是一致的。通过先刑后民的处理原则，在刑事案件查明事实后处理民事案件，可以减少被害人讼累，便利被害人诉讼，也可以避免同一法院就同一案件作出自相矛盾的裁判。此外，还避免了法院就同一犯罪事实进行重复审理，以致带来双重工作负担。②

从理论上讲，刑事诉讼与民事诉讼相互独立，二者的评价标准、证据规则、诉讼流程并不相同，自然也不存在只有刑事案件解决之后才能解决民事案件的正当性逻辑。司法实践中，采用先刑后民模式主要是基于节约诉讼资源、维护国家裁判权威统一的目的。一方面，法院审理裁判案件以相关案件事实为前提和基础。不论是刑事案件还是民事案件，这一点是共同的。一般说来，刑事案件中发现事实真相的可能性更大。刑事案件从案发到作出裁判，要经历侦查机关立案侦查、公诉机关审查起诉和审判机关法庭审理等多个诉讼阶段。在每一个诉讼阶段，均由国家进行主导。国家在其中投入了大量的人力、物力等司法资源，发现事实真相的能力更强，或者说，一个案件经过侦查、起诉、审判后，更容易接近事实真相。在这种前提下，后续的

① 参见［法］卡斯东·斯特法尼等：《法国刑事诉讼法精义》（上），罗结珍译，中国政法大学出版社 1999 年版，第 116—117 页。

② 参见陈瑞华：《刑事附带民事诉讼的三种模式》，载《法学研究》2009 年第 1 期。

民事案件几乎可以套用刑事案件所查明的事实进行裁判，减轻了民事法官的办案压力，节约了国家司法资源。另一方面，按照先刑后民的原则，刑事案件和民事案件由统一审判组织审理，在事实认定和法律适用方面可以保持一致性，避免作出矛盾判决，从而有利于维护司法权威。

但是，先刑后民模式的弊端也很明显。先刑后民，意味着民事诉讼从属于刑事诉讼，不利于被害人私人权利的保护。“刑事诉讼与民事诉讼虽然源于同一犯罪行为，但两者无论在性质、目的还是程序构造方面都是存在实质差异的。例如，刑事案件以发现真实和程序正当为目的，民事案件以解决纠纷为目的。在刑事案件中，被告人即便作出有罪供述，法院也要对全案证据进行审查核实；在民事案件中，则实行当事人处分主义，被告一旦作出真实的自认，诉讼即可终止，法院就要按照自认的内容作出民事裁判。”[①] 在事实认定方面，刑事案件经过国家公权力的侦查、审查起诉、开庭审判等环节，在事实上更加接近于客观真实。从这一意义上讲，刑事案件在先有利于正确处理民事案件。但另一方面，刑事诉讼更加强调程序的正当性，强调对国家权力的控制。因此，当出现非法证据时，即便该证据有很强的证明力，也要予以排除，并可能以证据不足为由宣告被告人无罪。这种情况下，刑事案件在先反而会影响民事案件的正确处理。此外，当遇到疑难复杂刑事案件时，刑事诉讼持续的时间很长，久拖不决，一味强调先刑后民不利于被害人权益

① 陈瑞华:《刑事附带民事诉讼的三种模式》，载《法学研究》2009 年第 1 期。

保障。此外，刑事诉讼中没有缺席审判制度，一旦被告人脱逃，则刑事案件要中止审理，此时按照先刑后民模式处理，显然不利于被害人权益保障。

3. 先民后刑

先民后刑即以民事裁判结果作为刑事诉讼启动的前提。现代刑事诉讼均以国家追诉为原则，因此，刑事诉讼的启动不以某一民事裁判的结果为前提。换句话说，刑事诉讼案件的立案、侦查、审查起诉、审判等程序有其自身的设计和进程，不以相关的民事案件的审理进程和审理结果为依据。因此，典型的先民后刑模式在逻辑上是不成立的。

二、附带民事诉讼模式

附带民事诉讼模式，即在审理刑事案件过程中，被害人等以民事原告人的身份向刑事审判庭提起民事诉讼，刑事审判庭将刑事案件与民事案件一并予以审理并作出裁判，进而维护被害人的合法权益。从世界范围看，法国、意大利、瑞典等国家是实行附带民事诉讼模式的代表。以法国为例，其《刑事诉讼法》中规定了“公诉附带私诉”制度，且几乎与刑事诉讼占有同等位置。在法国，刑事诉讼是诉讼的主要标的，民事诉讼则是诉讼的附带标的。民事诉讼作为一种损害赔偿诉讼，由犯罪行为所引发。因此，被害人既可以向民事法院提起独立的民事诉讼，也可以向刑事法院提起附带民事诉讼。至于具体向民事法院提起，还是向刑事法院提起，被害人有选择权。被害人可就因犯罪行为所造成的人身损害、物质损害和精神损害提起附带民事诉讼，也可以就因犯罪行为而被隐匿、转移、窃取或扣押的特定财产提起附带民事诉讼，还可以就因刑事诉讼所引起的费用支出提起附带民事诉讼。但是，只有当上述损害属于被犯罪行为所引发的“现时的”“本人的”“直接的”损害时，才能提起附带民事诉讼。所谓“现时的”损害，是相对于“可能的”损害而言，即在发动民事诉讼之时已经存在的损害，对于有可能发生但尚未实现的损害不能提起附带民事诉讼。所谓“本人的”损害，即因犯罪造成的损失应当是受害人本人受到的损失。法国最高法院认为，本人知情但仍然接受空头支票的人提起的民事诉讼不予受理；参与同一犯罪行为的人提起的民事诉讼不予受理；行为本身具有非法性时，行为人提起民事诉讼不予受理。法国最高司法法院认为，在上述情形下，由于本人明知行为非法，或者参与了非法行为，因此均不能称之为本人受到了损失。所谓“直接的”损害，即犯罪行为与损害后果之间存在直接因果关系。例如，被保险人受到犯罪行为侵害时，保险公司支付了赔偿款。但保险公司的这种支付不是犯罪行为直接引起的，而是基于保险合同而引起的，因此，不能称之为直接损害。关于附带民事诉讼的被告人范围，可以是刑事被告人本人，也可以是共同犯罪人或应承担民事责任的第三人。但是，这种民事上应负责任的第三人有其特殊含义，仅指在用人与监视方面应当受到指责的有过错的人（父母、师傅、主人）。①

① 参［法］贝尔纳·布洛克:《法国刑事诉讼法》，罗结珍译，中国政法大学出版社 2009 年版，第 125—152 页。

前文指出，一个犯罪行为可以产生刑事和民事两方面的法律关系，分别以国家刑罚权和民事赔偿权为内容。因此，在实现上述两种权力（权利）的过程中，通过诉讼方式即产生了刑事案件和民事案件两种不同性质的案件。但由于该刑事案件与民事案件均因同一事实同一行为而引发，因此，通过附带民事诉讼的方式，由刑事审判庭在审理刑事案件时附带审理民事案件，不仅可以提升诉讼效率，也可以避免矛盾判决。就提升诉讼效率方面，由同一合议庭或法官审理刑事案件和民事案件，避免了不同的法官分别审理，可以节约人力资源。且在审理刑事案件过程中，刑事法庭调查与民事法庭调查紧密相连，大大减少了证据的重复出示，有利于提升诉讼效率。就防止矛盾判决方面，通过附带民事诉讼，使得刑事案件与民事案件由同一合议庭或法官一并审理。该合议庭或法官对于案件的事实认定、证据把握、法律适用等问题会有统一的认定和把握，一般不会出现相互矛盾的裁判。相反，通过独立的民事诉讼，则刑事案件和民事案件交由不同的合议庭或法官审理，不同的人对于案件的认定与把握难免有所不同。再加之刑事案件与民事案件的诉讼规则、证据规则、法官角色等均有所不同，出现矛盾判决在所难免。

但是，附带民事诉讼模式的弊端也很明显。其一，就诉讼程序而言，缺乏程序的独立性。附带民事诉讼程序有很强的“附带”特征，即依附于刑事诉讼程序。例如，附带民事诉讼案件的开庭审理一般要与刑事案件一并进行，裁判结果一般也要与刑事案件一并作出。为了避免刑事案件拖延，可以先行处理刑事案件，之后再处理民事案件。但当刑事案件审理周期过长，而民事案件相对简单时，法律并未规定可以先行处理民事案件，之后再审理刑事案件。当刑事案件出现被告人脱逃等情况时，刑事案件中止审理，民事案件也不能继续进行，也不能缺席判决。总之，附带民事案件只能与刑事案件一并处理，或者在刑事案件之后处理，并不能先于刑事案件审结。附带民事诉讼程序完全受制于刑事诉讼程序，缺乏独立性，导致附带民事案件久拖不决。其二，随着案件类型的多样化和复杂化，刑事审判庭法官审理附带民事诉讼案件显得力不从心，专业化程度不高。附带民事诉讼案件要求刑事法官一并审理民事案件，这就要求刑事法官掌握一定的民事法律法规和审判经验。在传统的案件中，如故意伤害、故意杀人、交通肇事等，由于民事法律关系比较简单，相应的民事法律法规刑事法官也较为容易把握，审理附带民事案件尚不会耗费大量精力。但随着社会的发展进步和纠纷的复杂化，出现了许多新类型案件，如金融犯罪、知识产权犯罪、环境犯罪等，并引发了新类型的附带民事诉讼案件。这些案件不仅涉及面广，且专业性极强，其中不仅有技术鉴定、审计、资产评估等专业技术问题，更有合同、破产、担保等专业法律问题。这些问题即便是民事审判庭的法官，也难以一时解决，刑事法官则更加难以做到专业化，不仅耗费了刑事法官的大量精力，导致刑事案件的拖延，也难以有效保障被害人的民事赔偿权。因此，在我国台湾地区，“法院认为附带民事诉讼确系复杂，非经长久时日不能终结其审判者，得以合议庭裁定移送该法院之民事庭”①。从而保障刑事案件及时处理。其三，附带民事诉讼的受案范围有限、被告人主体有限，不利于保护被害人合法权益。在受案范围方面，明显小于独立民事诉讼的受案范围。以人身伤害案件为例，明确将精神损失费、伤残赔偿金、死亡赔偿金排除在附带民事诉讼范围之外。而在独立民事诉讼中，则可以主张精神损失费、伤残赔偿金、死亡赔偿金。且根据司法实践看，上述伤残赔偿金、死亡赔偿金的数额都比较高，甚至构成了被害人诉讼请求数额的主要部分。一旦将之排除在受案范围之外，将严重损害被害人的合法权益。在被告人主体范围方面，明显小于独立民事诉讼的主体范围。例如，共同犯罪案件，同案犯在逃的，在逃的同案犯不能作为附带民事诉讼的被告人。又如，在交通肇事案件中，负有赔偿责任的保险公司不能作为附带民事诉讼的被告人。在涉及担保等第三人的案件中，担保公司、第三人等也不能作为附带民事诉讼的被告人。由于受案范围及被告人范围的限制，使得被害人提起附带民事诉讼的空间较小，不利于保障其合法权益。

三、刑事判决模式

刑事判决模式是指在审理刑事案件时，对被害人因犯罪行为遭受经济损失的，由刑事审判庭直接判决被告人赔偿被害人经济损失的做法。刑事判决模式不同于独立民事诉讼模式和附

---

① 林钰雄:《刑事诉讼法》(下册)，中国人民大学出版社 2005 年版，第 376 页。

带民事诉讼模式。在独立民事诉讼模式和附带民事诉讼模式中，均存在民事之诉，所区别的是是否依附于刑事案件。但在刑事判决模式中，则并不存在民事之诉，即不经民事原告人提起民事之诉，直接由刑事法官在刑事判决中判令被告人赔偿被害人经济损失。

以英国为例，这种刑事判决模式体现在两个方面：一是赔偿令，二是归还令。关于赔偿令，根据英国《1972年刑事司法法》的规定，法院在刑事判决时，可以命令被告人对因犯罪行为所造成的损害作出赔偿。赔偿令可以取代刑罚，也可以附加于刑罚。但是，赔偿令本质上并不是惩罚性命令，而是一种为被害人提供的方便快速的民事赔偿途径。① 通过赔偿令的方式，被害人既可以在刑事法院迅速获得赔偿，避免了民事诉讼之累，并且不用缴纳诉讼费用，有利于维护被害人的合法权益。

在赔偿令的适用上，一般适用于比较简单的或无争议的案件中。一方面，只有在被告人的民事赔偿责任没有争议时，赔偿令才是适当的。如果民事问题过于复杂，则需要被害人通过民事诉讼途径解决。“如果刑事法院卷入了错综复杂的民事法问题中，那也是不可取的。” ② 不仅会导致刑事案件过分拖延，也不利于被害人民事权利的保障。另一方面，当刑事案件存有疑问时，赔偿令也是不可取的。在英国1975年Kneeshaw一案中，

① 参见［英］约翰·斯普莱克：《英国刑事诉讼程序》，徐美君、杨立涛译，中国人民大学出版社2006年版，第580页。

② ［英］约翰·斯普莱克：《英国刑事诉讼程序》，徐美君、杨立涛译，中国人民大学出版社2006年版，第580页。

被告人在一审中作了有罪答辩，承认盗窃了四个戒指，法院判决了赔偿令。上诉中，被告人又否认了盗窃事实。上诉法院则取消了赔偿令，让被害人通过民事诉讼途径寻求救济。①在获取赔偿令的程序上，被害人不必出庭并亲自提出申请，通常他会在给警方的陈述中指出他的损失范围以及获取赔偿的愿望。检察官在总结事实结束时就可以请求适当数额的赔偿。如果刑事法院拒绝作出赔偿令或者作出了少于损失总额的赔偿令，被害人可以就赔偿问题提起民事诉讼。在英国的司法实践中，治安法官协会的量刑指南针对赔偿令的数额给出了指引。例如，对于擦伤的，最高的赔偿令不超过75英镑；对于淤伤的，根据其大小不同，最高的赔偿令不超过100英镑；对于扭伤的，根据丧失活动能力程度的不同，赔偿令在100到1000英镑之间；等等。在具体作出赔偿令时，法院要根据被告人的合理偿付能力作出，在执行时，赔偿令可以分期支付，通常情况下在12个月内支付完毕。②

关于归还令，则主要适用于盗窃、诈骗、勒索等犯罪，以及与盗窃有关的销赃等犯罪。据英国《1972年刑事司法法》，在物品被盗窃时，法院在对被告人定罪的同时，可以命令任何拥

① 参见［英］约翰·斯普莱克：《英国刑事诉讼程序》，徐美君、杨立涛译，中国人民大学出版社2006年版，第580页。

② 参见［英］约翰·斯普莱克：《英国刑事诉讼程序》，徐美君、杨立涛译，中国人民大学出版社2006年版，第581页。

有或控制此项物品的人将物品归还给被害人。[①]

以美国为例，虽然采用独立民事诉讼模式保障被害人的民事赔偿权。但司法实践中，许多法院开始尝试在刑事判决时要求被告人向被害人支付现金，以赔偿被害人，具体采用赔偿令的形式。20世纪80年代以后，赔偿令受到许多辖区法院的欢迎。据美国司法统计局的统计，在1990年，有16%的重罪案件法院判处了赔偿令。[②]此外，赔偿令可以作为判处被告人缓刑的条件，如果没有支付赔偿令，则不判处缓刑或撤销缓刑。[③]关于赔偿令的适用范围，根据1982年美国《犯罪被害人及证人保护法》的规定，暴力犯罪和财产犯罪可以适用赔偿令。1996年《被害人强制赔偿法案》则规定，对于符合赔偿令范围的案件，均要判处赔偿令，而不再考虑被告人的经济状况。但也有两种情况不考虑赔偿：（1）未确定的罪犯数量过大使得赔偿无法实现；（2）确定被害人损失的数额或原因等事实情况会使判刑过程变得复杂，或延长判刑过程的负荷会超过赔偿所带来的。[④]

具体到我国，通过刑事判决模式保障被害人民事赔偿权的方式有两个：一是责令赔偿损失；二是追缴、责令退赔。责令赔偿损失从性质上讲是一种非刑罚处罚方法，但从客观效果看则

---

① 参见［英］约翰·斯普莱克：《英国刑事诉讼程序》，徐美君、杨立涛译，中国人民大学出版社2006年版，第583页。

② 参见［美］爱伦·豪切斯泰勒·斯黛丽、南希·弗兰克：《美国刑事法院诉讼程序》，陈卫东、徐美君译，中国人民大学出版社2002年版，第504页。

③ 参见［美］爱伦·豪切斯泰勒·斯黛丽、南希·弗兰克：《美国刑事法院诉讼程序》，陈卫东、徐美君译，中国人民大学出版社2002年版，第516页。

④ 参见朱嘉珺：《美国联邦刑事被害人赔偿制度》，载《苏州大学学报》2014年第3期。

保障了被害人的民事赔偿权。根据我国《刑法》第37条的规定，对于免予刑事处罚的案件，法院可以根据犯罪行为对被害人所造成的经济损失情况，责令被告人向被害人支付一定数额的金钱，赔偿被害人的经济损失。可见，这种责令赔偿损失以免予刑事处罚为前提，是一种非刑罚处罚措施。这种案件中，即便被害人没有提起民事诉讼，法院也可以主动判令由被告人赔偿被害人损失，并且这种责令赔偿损失既包括赔偿物质损失，也包括补偿精神损失。①

追缴、责令退赔则是由我国《刑法》第64条所规定。任何人都不能从其违法行为中获取利益是法律的一项基本原则。因此，对于犯罪人因犯罪行为所得之物，应当予以追缴。追缴的范围不仅包括直接获得之物（原物），也包括直接获得的相关利益。例如，在盗窃犯罪中所得的赃物，在毒品犯罪中所获得的收益，受雇佣实施犯罪时从第三人处获得的收益等。追缴之后，则要根据财产或收益的归属，分别作出不同的判决。对于属于被害人的财产的，判决发还被害人。对于属于犯罪收益或违禁品等的，判决没收。这一点与其他国家刑法所规定的追缴有所不同。以德国为例，在德国刑法中，追缴与没收位于同一体系，均属于独立的制裁措施。追缴的目的在于剥夺行为人的财产利益。通过追缴，相关物的所有权转移给国家，而不是发还被害人。②

① 参见张明楷：《刑法学》，法律出版社2011年版，第478页。

② 参见［德］汉斯·海因里希·耶赛克、托马斯·魏根特：《德国刑法教科书》，徐久生译，中国法制出版社2001年版，第964页。

责令退赔则是指法院判令被告人赔偿被害人的经济损失，即当被告人因犯罪所得之物（原物）灭失、损毁时，应当责令被告人根据原物价值退赔相应的经济损失。

追缴和责令退赔主要适用于财产类、经济类犯罪中。根据最高法院相关司法解释的规定，在财产类、经济类犯罪中，通过追缴或者责令退赔的方式保障被害人的民事赔偿权，不需要被害人提起附带民事诉讼。因此，对于此类案件，被害人可以要求办案机关及时返还自己的合法财产，或者要求办案机关责令犯罪分子予以退赔。

通过刑事判决模式，实际上可以起到弥补被害人经济损失的效果，且这种方式无须经历民事诉讼过程，使得被害人免受诉讼之累，具有一定的优势。但是，这种模式下，刑事法庭依据职权主动进行判决，缺乏被害人的程序参与，也没有有效的财产保全等措施，赔偿的义务主体也仅限于刑事被告人，无法将案外第三人、共同犯罪人追加为赔偿义务人，在正当程序方面有所不足。此外，刑事判决对于法律关系简单、当事人人数较少的案件，才能发挥其效率优势，如一般的盗窃案件、诈骗案件。但在大规模诉讼案件中，由于被害人人数众多，损失惨重，且民事法律错综复杂，涉及合同效力、担保责任等众多法律问题，如果采取刑事判决模式，不仅大大增加了刑事法官的办案压力，使得刑事法官将办案重点放在民事问题上，不能够突出重点，影响刑事案件的快速正常处理，而且由于刑事法官本身专业所限，对于众多民事问题考虑不周，不利于维护被害人的合法权益。因此，在英美等国，在判决赔偿令时，一个重要的考虑因素是案件的复杂程度，当刑事案件中涉及的民事问题过于复杂时，则不判决赔偿令，而是通过独立的民事诉讼途径解决民事纠纷，以便于刑事案件的快速处理，保障被告人的合法权益。在我国，也宜借鉴英美等国的做法，只有当民事问题不会拖延刑事案件的审理时，才能通过追缴、责令退赔的方式维护被害人的民事赔偿权。一旦民事法律关系复杂，或者涉及过于专业的民事问题时，则刑事审判庭只处理刑事部分，民事问题则由被害人提起民事诉讼，由民事审判庭予以解决。

第三节　涉众型经济犯罪案件被害人民事赔偿权之保障

一、诉讼模式：独立民事诉讼

（一）目前的做法：刑事判决

根据我国《刑事诉讼法》的规定，被害人因犯罪行为遭受物质损失的，可以提起附带民事诉讼。但是，最高人民法院在相关司法解释中，对“物质损失”做了限缩解释，实际上将附带民事诉讼的案件范围限定在人身伤害类案件和毁坏财物类案件中。对于直接侵犯财产类案件，则通过追缴、责令退赔的方式弥补被害人的经济损失，即采用了刑事判决模式保障被害人的民事赔偿权。在涉众型经济犯罪案件中也是如此。从实践状况看，在涉众型经济犯罪案件中采用刑事判决模式存在诸多弊端。

1. 涉众型经济犯罪一般作为经营性犯罪，或者作为集合犯，以犯罪人持续不断反复实施同一类型犯罪行为作为基本特征。因此，此类犯罪往往持续时间较长，涉及的被害人人数众多，一旦进入刑事诉讼程序，就形成了大规模诉讼案件。正因为此，这类案件从公安机关立案侦查到人民法院作出终审判决，一般都要经历很长的时间，快则一年，慢则数年，刑事案件才能有生效判决，才能具体界定被害人的损失情况并付诸执行程序。在如此漫长的时间内，被害人的经济损失问题悬而未决，显然不利于保护被害人的合法权益。

2. 涉众型经济犯罪中的法律关系十分复杂，刑事判决不利于保护被害人合法权益。以常见的非法集资类案件为例，主要涉及被害人与被告人之间、被害人与资金实际使用人之间、被告人与资金实际使用人之间、被害人、被告人、资金实际使用人与担保人之间、公司内部股东之间等多重法律关系，且其中涉及善意取得等多种法律制度，在权利类型上，涉及公司股权、知识产权、抵押权、土地使用权等多种权利。在如此错综复杂的案件中，采用刑事判决模式处理民事赔偿问题，一方面刑事法官存在专业局限性，另一方面赔偿主体仅限于在案刑事被告人，对于共同犯罪人、保证人、资金实际使用人则不能通过刑事判决，缩小了赔偿义务主体范围，最终不利于保护被害人合法权益。

3. 被害人的约定利益无法受到法律保护。在刑事判决模式中，刑事判决赔偿的只是被害人的本金损失数额，即投资本金数额减去返息数额后的实际损失，不包括约定的利息和违约金。

因为有一种观点认为，在刑事犯罪案件中，责令退赔的只能是被害人的实际经济损失，不包括合同约定的利息等预期利益。但是，从涉众型经济犯罪所规制的范围看，刑法惩罚的一般是犯罪人整体的经营行为，即经营行为在整体上属于未经许可，或者侵犯了某一经济管理制度，至于犯罪人与投资人所签订的一份份独立的合同，本身并不属于犯罪行为，仍然属于民事合同法所调整的范畴，相应的约定利益理应受到法律保护。采用刑事判决模式，无疑不利于保护被害人的合同利益。

4. 对于纳入公诉范围但没有报案的被害人，无法使用刑事判决模式。实践中，由于涉众型经济犯罪案件中的被害人人数众多，不可能按照传统的办案模式和要求，一一收集被害人陈述等言词证据。对于这种情况，公诉机关在提起公诉时，结合投资合同、银行交易记录、收据等，综合认定全案犯罪金额。但在全案犯罪金额中，有相当一部分被害人没有报案，没有被害人陈述等言词证据，无法确定被害人的具体身份信息，也无法确定被害人的返息金额和实际损失金额。对于这部分被害人，即便实际存在经济损失，也无法通过刑事判决的方式责令被告人退赔。

（二）模式选择：独立民事诉讼

如前所述，在处理被害人民事赔偿问题上，存在独立民事诉讼、附带民事诉讼和刑事判决三种模式。在涉众型经济犯罪中，目前所采取的刑事判决模式存在诸多弊端，不仅容易造成刑事案件重点不突出，也不利于保护被害人的合法权益，因此应予以摒弃。但如果采取附带民事诉讼模式，同样面临刑事法官专业局限性、赔偿义务主体范围较小、案件审理期限过长等问题。因此，笔者认为，从涉众型经济犯罪的特点出发，对于此类案件应明确建立独立民事诉讼模式，通过被害人向民事审判庭提起民事诉讼的方式，由民事审判庭判决被告人等赔偿被害人的经济损失。

1. 采用独立民事诉讼模式可以使刑事法官集中精力处理刑事案件，准确快速确定被告人刑事责任的有无及大小，从而维护被告人的合法权益。刑事诉讼的根本任务在于通过事先设定的诉讼程序和证据规则，在查明案件事实的基础上，准确快速确定被告人刑事责任的有无及大小。要想实现这个任务，需要刑事法官在审查案件证据的基础上，就有无犯罪事实发生、犯罪事实是否是被告人所为、被告人的行为构成何种犯罪以及罪责大小等问题作出准确迅速的判断。但是，在涉众型经济犯罪中，由于采取了刑事判决模式解决被害人经济损失问题，导致刑事法官将大量精力放在计算被害人经济损失方面，对定罪及量刑等刑事专业方面的问题反而不够重视，甚至有意无意降低了刑事案件的定案标准。相反，如果采取独立民事诉讼模式处理被害人经济损失问题，则可以有效地解放刑事法官，使刑事法官回归刑事案件本身，不仅有助于刑事案件的准确快速处理，更能保障被告人的合法权益。

2. 采用独立民事诉讼模式，将民事问题交由民事法官审理，更加专业化。专业化审判是今后法院审理案件的必由之路。从立法上看，国家根据法律调整对象的不同，或者调整方法的不同，将法律划分为若干部门，形成了部门法体系。如刑事法律体系、民事法律体系、行政法律体系等。在不同的部门法体系中，法律的价值导向、具体规范及应用法律的思维逻辑均有很大的不同，这势必要求法官在审理案件时根据具体的部门法体系，尽可能专业化地适用法律，做到术业有专攻。从法院内部机构设置看，存在刑事审判庭、民事审判庭、知识产权审判庭、行政审判庭等专业化机构，法官在各自的庭室审理专业案件，庭室之间基本上不存在业务交集与交流。换句话说，刑事审判庭的法官难以驾驭民事案件，反之亦然。甚至在各庭室内部，还要根据具体案由或诉讼程序的不同，分为若干合议庭或审判小组，以增强专业化水平。从目前的司法实践看，随着纠纷数量的增多和复杂化程度的提升，法院的结案压力空前增大。从经济学角度看，只有通过专业化审理，才能提升效率，实现结案目标。综上，专业化审判是法院今后审理案件的方向和必由之路。与之相适应，在涉众型经济犯罪案件中，相关民事纠纷十分复杂，宜通过独立民事诉讼途径解决，实现专业化审判，不仅能够提升效率，也可以更好地维护被害人合法权益。

3. 采用独立民事诉讼模式，可以完全适用民事法律规范解决民事争议，更好地保障被害人的民事赔偿权。

从民事程序法角度看，民事案件以尊重当事人私人意思为原则，以最大限度一次性解决纠纷为诉讼目标，相关的程序设置更利于保障被害人权益。在当今多元化纠纷处理机制条件下，被害人可以选择多种方式解决民事纠纷，既可以诉诸法院，也可以通过仲裁、和解等民间途径解决，以体现当事人意思自治原则，保障其程序选择权。因此，从纯粹民事纠纷的角度看，其有相当多的救济途径。当民事原告人决定选择民事诉讼途径时，民事诉讼法对于民事案件的被告人范围、诉讼请求范围等，均作了较为宽泛的界定。以被告人主体范围为例，已经不限于刑事被告人，而是涵盖了保险人、第三人等，通过民事被告人主体范围的扩张，可以最大限度地维护被害人的合法权益，也有利于实现纠纷一次性解决的目标。这一点在涉众型经济犯罪案件中显得尤为重要。在涉众型经济犯罪案件中，一般都存在涉案的第三方、担保方等。例如，刑事被告人甲公司作为中介平台，非法吸收公众存款，所吸收的存款实际用于了项目方（第三方），且在吸收公众存款的过程中，对于投资合同均设定了担保人。这种情况下，采用刑事判决模式，只能责令甲公司承担退赔责任。而采用独立民事诉讼模式，可以将甲公司、第三方、担保方一并纳入民事被告主体范围之内，最大限度实现被害人的民事赔偿权。此外，国家有义务保障国民的安全，当国民遭受犯罪侵害时，国家有义务补偿被害人，或者为被害人诉讼创造便利条件。因此，对于因犯罪行为所引发的民事诉讼，可规定不收取诉讼费用，以保障被害人的民事诉权。

从民事实体法角度看，可以最大限度地维护合同效力，促进民事赔偿问题的解决。根据目前的司法实践，对于刑民交叉案件中合同效力的认定问题，采用了简单机械的方式，即一旦涉及刑事犯罪，则合同无效。本书认为，这种简单的认定并不妥当。关于合同效力问题，应根据我国《合同法》中的相关条款进行认定，不能简单地以行为涉嫌犯罪即否定合同效力。“即使在涉嫌犯罪甚至已经认定犯罪的案件中，民事合同效力与民事责任承担，仍须严格依据相关的民事规范。”① 我国刑法在界定犯罪时，存在“定性”与“定量”两种因素。其中“定性”因素界定了行为的性质，即违法性或危害性。“定量”因素则界定了行为的违法程度或危害程度。二者相结合，方能构成犯罪行为。关于“定性”与“定量”的关系，在多数犯罪中，“定性”在先，“定量”在后。例如，在盗窃罪中，盗窃行为本身是首先要考虑的，在确定盗窃行为违法性的基础上，才考虑盗窃数额的大小。但在有的犯罪中，只有当“量”的因素累积一定程度时，其行为性质才发生变化，才具有刑法意义上的违法性。后一种情况在涉众型经济犯罪案件中体现得尤为明显。以非法吸收公众存款罪为例，该罪实际上是由大量的单个民间借贷行为累积组合而成的。从单个行为看，属于典型的民间借贷行为，具备民事法律行为成立及生效的全部要素。因此，该单个民间借贷行为本身是合法的。但当单个的民间借贷行为累积到一定程度时，国家法律认为其行为整体危害了国家金融管理秩序，具有了刑罚惩罚的必要性，因此将该行为整体从刑法角度进行调整和规制。可见，在此类犯罪中，法律并未否定单个民间借贷合同的法律效力。实际上，刑法并非判断合同效力的法律。对于合同效力的判断，仍要根据合同法等民事法律规范进行认定。因此，采用独立民事诉讼模式，可以依照民事实体法规范确定

① 刘宪权、翟寅生：《刑民交叉案件中刑事案件对民事合同效力的影响研究——以非法集资案件中的合同效力为视角》，载《政治与法律》2013 年第 10 期。

合同效力，而非简单认为合同无效。这种情况下，被害人不仅可以主张被告人返还本金，也可以主张赔偿违约金、利息等经济损失，最大限度维护其合法权益。

二、诉讼顺序：平行民事诉讼

在独立民事诉讼模式下，存在两个完全独立的案件，在优先处理哪个案件的问题上，目前一般采用的是先刑后民的处理原则，即在刑事案件审理完毕之后，才审理民事案件。对于已经受理的民事案件，一般驳回起诉或者中止审理。①

一是驳回起诉。根据最高法院相关司法解释②的规定，法院在审理经济纠纷案件中，发现有犯罪嫌疑的，应当驳回起诉，并向侦查机关移送有关材料。在涉众型经济犯罪案件中，对于被害人起诉被告人要求赔偿经济损失的，民事审判庭发现该案涉及犯罪的，往往将案件移送公安机关进行侦查，同时裁定驳回起诉。

二是中止审理。在民事诉讼中，当本案的审理要以另一案件的审理结果为依据，则需要将本案中止审理，待另一案件审结后，再开启审理程序。其目的是防止出现相互矛盾的判决。③据此，在涉众型经济犯罪案件中，实践中有认为单个民间借贷

① 参见刘宪权、翟寅生：《刑民交叉案件中刑事案件对民事合同效力的影响研究——以非法集资案件中的合同效力为视角》，载《政治与法律》2013 年第 10 期。

② 参见《最高人民法院关于在审理经济纠纷案件中涉及经济犯罪嫌疑若干问题的规定》第 11 条。

③ 参见江伟、肖建国：《民事诉讼法》，中国人民大学出版社 2008 年版，第 295 页。

行为的数额、效力的认定需要等待刑事判决结果，故将相关民事案件裁定中止审理。[①] 但前文指出，涉众型经济犯罪案件审理周期一般都比较长，中止审理则会导致民事诉讼的过分拖延。此外，涉众型经济犯罪案件审理的往往是行为整体或整体行为，而非单个的合同行为。在单个合同行为的判断上，完全可以独立进行，不需要等待刑事判决结果。

本书认为，在涉众型经济犯罪案件中，从立案侦查到终审判决，往往经历较长的时间，且由于刑事案件中止审理的情况比较普遍。因此，如果采用先刑后民的审理模式，则民事诉讼将会十分拖延，不利于保障被害人合法权益。相反，采用刑民并行的方式更能保护被害人的合法权益。

首先，涉众型经济犯罪案件多为经营性犯罪，刑事部分与民事部分所审理的对象是不同的。就刑事部分而言，所审理的对象为非法集资、非法经营行为本身，或者说是行为的整体，而非单个的投资行为或经营行为。就民事部分而言，所审理的对象则为单个的投资行为或经营行为。从法理上讲，在适用刑事法律规范和民事法律规范时，首先要确定二者的调整对象是否是同一行为，然后要考虑构成要件和责任类型是否相同。如果相同，则需要考虑优先适用哪种法律规范。如果不相同，则不存在优先适用哪种法律规范的问题，即两种法律规范可以平

① 参见刘宪权、翟寅生：《刑民交叉案件中刑事案件对民事合同效力的影响研究——以非法集资案件中的合同效力为视角》，载《政治与法律》2013 年第 10 期。

行适用。[①] 在涉众型经济犯罪案件中，由于刑事部分与民事部分的审理对象并不相同。因此，刑事案件和民事案件可以平行并进，互相不以对方的审理结果为依据。

其次，虽然涉众型经济犯罪从整体上属于重大疑难复杂案件，但这种疑难复杂主要体现在人数众多，案卷材料众多，需要耗费公安司法人员大量的精力处理。实际上，从单个投资或借贷合同法律关系看，由于大多数属于格式合同，法律关系比较简单。因此，在个人单独提起的民事诉讼中，并不需要依赖刑事判决结果。“民事、经济法律关系的查证真正需要依赖于刑事法律关系事实认定的情况，在实践中的数量是非常少的，并不是大量的。相反的，互相具有独立性，或者说刑事犯罪认定本身有赖于民事事实的查证的，倒是在经济犯罪认定的司法实践中大量存在的。”[②] 因而，在多数涉众型经济犯罪案件中，单个民事纠纷的解决完全可以独立于刑事案件的判决结果，因此可以采用刑事、民事平行诉讼的方式进行。

最后，实践中大量存在民事判决先行的情况。涉众型经济犯罪的性质认定比较困难，在初期，行为首先表现为民事违约的特征。大多数涉众型经济犯罪案件开始都是因为行为人不能按约定给被害人偿付本金或利息，部分投资人在刑事诉讼开始前即向法院提起了民事诉讼。因此，在进入刑事程序前，大量

① 参见刘宪权、翟寅生：《刑民交叉案件中刑事案件对民事合同效力的影响研究——以非法集资案件中的合同效力为视角》，载《政治与法律》2013 年第 10 期。

② 时方、喻玫：《集资犯罪刑民并行处理模式之提倡——以被害人认定、救济为视角》，载《北京行政学院学报》2015 年第 5 期。

的民事案件或者已经审结并执行完毕，或者已经审结正处在执行过程中。对于这些案件，刑民并行已成为既定事实。例如，在“碧溪广场非法吸收公众存款案”中，在刑事判决结果作出前，已经有相关生效民事判决1000余件。①

综上，基于被害人权利保护角度的考虑，先刑后民并非一个合理的处理方式，在民事案件的性质、效力不依赖于刑事案件对事实审理、认定的情况下，民事诉讼与刑事诉讼平行进行，更具有适用的现实必要性及可能性，也更加有利于保障被害人民事赔偿权的实现。

三、健全涉案财产追查处置机制

在涉众型经济犯罪案件中，涉案财产问题直接关系到被害人民事赔偿权的实现，也是此类案件审理中的重点问题。目前的司法实践中，对于涉案财产主要存在两个方面的问题：一是审前阶段追赃有限，所查封、扣押、冻结的财产较少，远不能弥补被害人的经济损失；二是涉案财产处置机制不健全，保值、变现困难。针对上述问题，建议从以下几个方面予以完善。

（一）转变侦查思维，加大追赃力度

公安机关办理传统刑事案件的重点在于：查明案件事实，查获犯罪嫌疑人。基于此，公安机关侦查活动的重心是收集、固

① 参见朱江等:《涉众型经济犯罪剖析与治理》，法律出版社2014年版，第56页。

定犯罪证据，抓获犯罪嫌疑人，也就是所说的“破案”。至于赃款赃物问题，在大多数案件中并不是影响定罪的关键问题。因此，在长期的办案实践中，公安机关形成了“重破案，轻追赃”的侦查思维模式。但在涉众型经济犯罪案件中，查明赃款去向，积极追缴赃款赃物，是弥补被害人经济损失的重要途径，也是此类案件办理效果好坏的重要指标。因此，公安机关在侦查阶段应转变传统思维模式，在破案的同时，高度重视案件的追赃挽损工作。一方面，公安机关应着重审查涉案资金账户的资金交易往来，与银行、证券等金融机构协调，丰富账户查询内容，提高账户查询效率。另一方面，针对跨区域、跨国境的涉众型经济犯罪案件，公安司法机关应与工商、金融等部门建立对接机制，提升追赃效率。此外，在办案过程中，应充分应用宽严相济的刑事政策，鼓励被告人积极退赃，最大限度地挽回被害人的经济损失。对于积极退赃，全面、及时交代赃款去向或提供重要追赃线索的被告人，根据退赃数额的多少、退赃数额与犯罪数额的比例高低、公安司法机关根据追赃线索追回赃款的数额大小，可以给予大幅度的量刑优惠，符合判处非监禁刑条件的，最大可能判处非监禁刑。

（二）适度扩大查封、扣押、冻结的财产范围

根据目前的司法实践，涉众型经济犯罪案件中普遍存在查封、扣押、冻结财产范围过小的问题，即公安机关一般只查封、扣押、冻结涉案公司财产或涉案犯罪嫌疑人、被告人的违法所得，远远不能弥补被害人的经济损失。建议做如下扩充。

1. 其他涉案人员的违法所得

涉众型经济犯罪案件中，大量的集资款以返佣、提成流入了代销人员、介绍人员以及未被追究刑事责任的其他违法人。对于这部分人员的所得也属于违法所得，其来源于被害人的财产。根据2014年《意见》第5条规定，对于已吸收的资金，向帮助吸收资金人员支付的代理费、好处费、返点费、佣金、提成等费用，应当依法追缴。因此，在诉讼过程中，有关机关应责令此类人员退缴违法所得，拒不退缴的，可以采取查封、扣押、冻结措施。

2. 主犯的个人合法财产

涉众型经济犯罪案件中，大量的被害人钱款或被犯罪人挥霍，或被犯罪人隐匿，或被犯罪人移作他用。案发后，公安机关查封、扣押、冻结的财产往往不能弥补被害人的经济损失。但根据我国《刑法》的规定，被害人的经济损失，应责令犯罪人退赔。基于犯罪人的退赔义务，公安机关在查封、扣押、冻结主犯被告人财产时，可以扩大到主犯的个人合法财产，以保障判决的顺利执行。对于主犯的共同财产，可以查封、扣押、冻结相应的财产份额。对于从犯，由于其参与程度有限，对全案不承担退赔义务，因此不能查封、扣押、冻结从犯的个人合法财产。

3. 涉案第三方的财产

涉众型经济犯罪案件中，尤其是非法吸收公众存款案件，被告人多数是以投资第三方项目非法集资，集资款多数流入了项目方公司。但实践中，即便有明确的证据证明涉案资金流入了第三方，公安机关仍然以第三方支付了对价、善意取得等理由拒不采取查封、扣押、冻结措施。根据2014年《意见》第5条规定，将非法吸收的资金及其转换财物用于清偿债务或者转让给他人，有下列情形之一的，应当依法追缴：他人明知是上述资金及财物而收取的；他人无偿取得上述资金及财物的；他人以明显低于市场的价格取得上述资金及财物的；他人取得上述资金及财物系源于非法债务或者违法犯罪活动的；其他依法应当追缴的情形。可见，对于流入第三方的资金和其他财产，除了第三方属于善意取得的以外，公安机关应当采取查封、扣押、冻结措施。但被告人与第三方之间是否存在民事纠纷，第三方是否属于善意取得，公安机关难以判断，也无权判断。比较妥当的做法是，公安机关在侦查时可以采取临时性的查封、扣押、冻结措施，以起到财产保全的效果。财产保全后，可将相关财产移送民事审判庭处理。结合前文建议的采用独立民事诉讼的方式，被害人在民事审判庭起诉时，可以将第三方列为共同被告人，由民事审判庭一并解决被害人与被告人、被害人与第三方、被告人与第三方之间的民事法律关系。这样不仅可以保障被害人的合法权益，也可以保障第三方的合法权益。

（三）完善财产管理处置方式

1. 建立健全涉案财产跨区域统一管理处置机制

涉众型经济犯罪涉及面广，跨区域犯罪突出，根据2014年《意见》第8条规定，跨区域非法集资刑事案件，在查清犯罪事实的基础上，可以由不同地区的公安机关、人民检察院、人民法院分别处理。但是，对于分别处理的跨区域非法集资刑事案件，应当按照统一制定的方案处置涉案财物。具体说来，当某一涉众型经济犯罪案件涉及多地法院管辖时，在案件审理及执行过程中，均涉及跨区域统一协调问题。一般情况下，以主案审理法院为主，其他案件受理法院为辅，进行跨区域统一协调处置。对于其他法院有涉及主案的民事案件财产执行的，不予受理；已经受理的，中止执行。待主案审结后，按照规定统一处置资产。并且，对于主案，一般会成立资产处置领导小组，其他各受案法院对被告人和案件管辖地的涉案资产，在查明案件事实、明确资产权属、准确适用法律的前提下依法作出判决，在做好涉案资产的追缴、保全、变现、移送等工作基础上，及时将冻结、扣押的现金及变现的资金统一划转、转交至主案审理法院，待主案审结后统一资产处置，而不得自行采取对本地投资人进行清退发还等执行措施。如此，才能按照公平公正原则，保护全体投资人合法权益。

2. 健全先行处置方式

完善制度规范，明确操作流程，明晰权责义务，对不宜保存、宜贬值的涉案物品，进行先行处置，变现处理，防止涉案物品因贬值造成的无形流失。

3. 创新变现方式

司法拍卖是当前涉众型经济犯罪涉案物品变现的主要手段，周期长、保值难。可结合资产的属性、位置等因素，探索多种变现手段，如对接转让，将资产转让给同行业的需求方；政府接管，对矿产、林地等资产，由政府牵头盘活；可以引入“商法清算程序”[①]，借鉴企业清算、破产的做法，成立破产管理人和清算小组，召开债权人会议，有效管理、处置涉案财产，最大化保障涉案资产价值和被害人的合法权益。

① 参见陈醇：《非法集资刑事案件涉案财产处置程序的商法之维》，载《法学研究》2015年第5期。

结 语

权力控制与权利保障是现代刑事诉讼的两条主线。其中，对于公民个人权利的保障又居于特殊的地位，成为现代刑事诉讼区别于封建刑事诉讼的关键所在。涉众型经济犯罪案件作为一种特殊的案件类型，因其涉及的人员众多、证据繁杂，采用传统的单一案件的诉讼规则处理此类案件，显得力不从心，也不利于当事人权利保障的实现。因此，有必要针对此类复杂诉讼案件的特点，建立特殊的诉讼规则。

就被告人而言，针对实践中存在的多次追诉问题，应明确对于同一案件，在公诉机关提起公诉后一审法庭辩论终结前，可以就同一案件范围内的他部事实补全起诉或变更起诉，以最大限度维护审判的完整性。但补全起诉或变更起诉应以两次为限。一审宣判后，不得针对同一案件的他部事实另案起诉。针对实践中存在的被告人质证权保障不充分、庭审走过场问题，应根据此类案件的证据特点，通过赋予被告人庭前阅卷权，使被告人知悉案件证据情况。在此基础上，通过庭前会议，最大限度地消化无争议证据，突出争议证据和争议焦点。庭审中，对于争议证据，通过证人、被害人代表、鉴定人出庭等，保障被告人质证权的有效行使，实现庭审实质化。同时，对于被告人人数众多的大规模诉讼案件，可视情况采用分案审理制度，既可以保障其中从犯的质证权，也可以提升诉讼效率。

就被害人而言，针对被害人程序参与权保障不足问题，可通过完善告知制度和告知方式、建立诉讼代表人制度，保障被害人的程序参与权。针对被害人民事赔偿权保障不足问题，可以通过独立平行式民事诉讼的途径，实现刑事诉讼和民事诉讼完全分离，既可以保障被害人民事赔偿权最大限度得以实现，也可以使刑事法官集中精力办理刑事案件，提升刑事案件质效。同时，在审前阶段，应以“追赃挽损”为目标，积极查明赃款去向，适度扩大查封、扣押、冻结的范围，完善财产处置方式，借鉴商法清算程序，最大限度实现涉案财产的保值增值，保障被害人民事赔偿权。

参考文献

一、著作类

1. 陈光中：《刑事诉讼法》，北京大学出版社、高等教育出版社 2013 年版。

2. 陈光中：《〈中华人民共和国刑事诉讼法〉修改条文释义与点评》，人民法院出版社 2012 年版。

3. 陈光中：《联合国打击跨国有组织犯罪公约和反腐败公约程序问题研究》，中国政法大学出版社 2007 年版。

4. 陈光中：《〈公民权利和政治权利国际公约〉与我国刑事诉讼》，商务印书馆 2005 年版。

5. 樊崇义：《刑事诉讼法学》，法律出版社 2004 年版。

6. 宋英辉、甄贞：《刑事诉讼法学》，中国人民大学出版社 2013 年版。

7. 宋英辉：《刑事诉讼原理》，法律出版社 2007 年版。

8. 宋英辉：《刑事诉讼法学研究述评》，北京师范大学出版社 2009 年版。

9. 宋英辉、孙长永、刘新魁：《外国刑事诉讼法》，法律出版社 2006 年版。

10. 刘广三:《刑事证据法学》,中国人民大学出版社 2015 年版。

11. 刘广三:《犯罪控制视野下的刑事诉讼》,中国人民公安大学出版社 2007 年版。

12. 刘广三:《刑事诉讼言词证据:程序与规则》,中国人民公安大学出版社 2007 年版。

13. 卞建林:《中国刑事司法改革探索——以联合国刑事司法准则为参照》,中国人民公安大学出版社 2007 年版。

14. 陈卫东:《模范刑事诉讼法典》,中国人民大学出版社 2011 年版。

15. 陈卫东:《刑事诉讼基础理论十四讲》,中国法制出版社 2011 年版。

16. 汪建成:《冲突与平衡——刑事程序理论的新视角》,北京大学出版社 2006 年版。

17. 龙宗智:《相对合理主义》,中国政法大学出版社 1999 年版。

18. 龙宗智:《刑事庭审制度研究》,中国政法大学出版社 2001 年版。

19. 李心鉴:《刑事诉讼构造论》,中国政法大学出版社 1992 年版。

20. 陈瑞华:《刑事审判原理论》,北京大学出版社 1997 年版。

21. 陈瑞华:《问题与主义之间——刑事诉讼基本问题研究》,中国人民大学出版社 2003 年版。

22. 陈瑞华:《刑事诉讼的中国模式》,法律出版社 2010 年版。

23. 左卫民:《价值与结构:刑事程序的双重分析》,法律出版社 2003 年版。

24. 左卫民、周长军:《刑事诉讼的理念》,法律出版社 1999 年版。

25. 谢佑平、万毅:《刑事诉讼原则:程序正义的基石》,法律出版社 2002 年版。

26. 周伟、万毅:《刑事被告人、被害人权利保障研究》,中国人民大学出版社 2009 年版。

27. 季卫东:《法律程序的意义》,中国法制出版社 2012 年版。

28. 岳礼玲:《刑事审判与人权保障》,法律出版社 2010 年版。

29. 熊秋红:《刑事辩护论》,法律出版社 1998 年版。

30. 陈永生:《刑事诉讼的宪政基础》,北京大学出版社 2010 年版。

31. 杨立新:《刑事诉讼平衡论》,中国人民公安大学出版社 2006 年版。

32. 刘涛:《刑事诉讼主体论》,中国人民公安大学出版社 2005 年版。

33. 张小玲:《刑事诉讼客体论》,中国人民公安大学出版社 2010 年版。

34. 王新环:《公诉权原论》,中国人民公安大学出版社 2006 年版。

35. 郭云忠:《刑事诉讼谦抑论》,北京大学出版社 2008 年版。

36. 王明星:《刑法谦抑精神研究》,中国人民公安大学出版社 2005 年版。

37. 袁坦中:《刑事扣押研究》,湖南大学出版社 2012 年版。

38. 张毅:《刑事诉讼中的禁止双重危险规则论》,中国人民公安大学出版社 2004 年版。

39. 黄淳:《禁止重复追诉制度研究》,中国检察出版社 2010 年版。

40. 王晓华:《我国刑事被告人质证权研究》,中国政法大学出版社 2014 年版。

41. 张军:《新刑事诉讼法法官培训教材》,法律出版社 2012 年版。

42. 江显和:《刑事认证制度研究》,法律出版社 2009 年版。

43. 刘金友、奚玮:《附带民事诉讼原理与实务》,法律出版社 2005 年版。

44. 杨正万:《刑事被害人问题研究——从诉讼角度的观察》,中国人民公安大学出版社 2002 年版。

45. 许永强:《刑事法治视野中的被害人》,中国检察出版社 2003 年版。

46. 兰跃军:《刑事被害人人权保障机制研究》,法律出版社 2013 年版。

47. 程滔、封利强、俞亮:《刑事被害人诉权研究》,中国政法大学出版社 2015 年版。

48. 陈丽华:《刑事被害人权利保障研究》,知识产权出版社 2012 年版。

49. 何艳芳:《刑事被害人权利的程序保障研究》,人民法院出版社 2015 年版。

50. 王佳明:《互动之中的犯罪与被害——刑法领域中的被害人责任研究》，北京大学出版社 2007 年版。

51. 宋铁军:《刑民实体关系论》，上海人民出版社 2012 年版。

52. 高铭暄、马克昌:《刑法学》，北京大学出版社、高等教育出版社 2011 年版。

53. 马克昌:《犯罪通论》，武汉大学出版社 2010 年版。

54. 马克昌:《比较刑法原理——外国刑法学总论》，武汉大学出版社 2002 年版。

55. 储槐植:《犯罪学》，法律出版社 1997 年版。

56. 康树华:《犯罪学——历史·现状·未来》，群众出版社 1998 年版。

57. 张明楷:《刑法学》，法律出版社 2011 年版。

58. 张明楷:《刑法学》，法律出版社 2016 年版。

59. 张明楷:《法益初论》，中国政法大学出版社 2003 年版。

60. 李卫红:《刑事政策学》，北京大学出版社 2009 年版。

61. 苏惠渔、孙万怀:《论国家刑权力》，北京大学出版社 2006 年版。

62. 薛静丽:《刑罚权的动态研究》，法律出版社 2014 年版。

63. 张智辉、刘远:《金融犯罪与金融刑法新论》，山东大学出版社 2006 年版。

64. 贺电、陈祥民、姜万国:《涉众经济犯罪研究》，中国人民公安大学出版社 2012 年版。

65. 朱江:《涉众型经济犯罪剖析与治理》，法律出版社 2014 年版。

66. 魏东、白宗钊:《非法集资犯罪司法审判与刑法解释》,法律出版社 2013 年版。

67. 莫晓宇:《涉众型犯罪研究》,中国人民公安大学出版社 2015 年版。

68. 郑蓉:《非法集资多维度探析》,吉林大学出版社 2009 年版。

69. 柴松霞、张路:《庞氏骗局的法律分析——基于信用博弈的视角》,法律出版社 2013 年版。

70. 周枏:《罗马法原论》,商务印书馆 2014 年版。

71. 江伟:《民事诉讼法学原理》,中国人民大学出版社 1999 年版。

72. 江伟、肖建国:《民事诉讼法》,中国人民大学出版社 2008 年版。

73. 汤维建:《群体性纠纷诉讼解决机制论》,北京大学出版社 2008 年版。

74. 章武生:《中国群体诉讼理论与案例评析》,法律出版社 2009 年版。

75. 王福华:《变迁社会中的群体诉讼》,上海世纪出版集团 2011 年版。

76. 薛波:《元照英美法词典》,法律出版社 2003 年版。

77. 黄源盛:《中国法史导论》,广西师范大学出版社 2014 年版。

78. 陈朴生:《刑事诉讼法实务》(增订本),海天印刷有限公司 1981 年版。

79. 陈朴生:《刑事诉讼法实务》,三民书局 1987 年版。

80. 林钰雄:《刑事诉讼法》，中国人民大学出版社 2005 年版。

81. 林钰雄:《刑法与刑诉之交错适用》，中国人民大学出版社 2009 年版。

82. 林钰雄:《严格证明与刑事证据》，法律出版社 2008 年版。

83. 王兆鹏:《美国刑事诉讼法》，北京大学出版社 2014 年版。

84. 韩忠谟:《刑法原理》，北京大学出版社 2009 年版。

85. 林山田:《刑法通论》(下册)，北京大学出版社 2012 年版。

86. 甘添贵:《罪数理论之研究》，台湾元照出版公司 2006 年版。

87. 柯耀程:《刑法竞合论》，中国人民大学出版社 2008 年版。

88. [英] 约翰·斯普莱克:《英国刑事诉讼程序》，徐美君、杨立涛译，中国人民大学出版社 2006 年版。

89. [英] 欧内斯特·盖尔霍恩、罗纳德·M. 利文:《行政法和行政程序概要》，黄列译，中国社会科学出版社 1996 年版。

90. [美] 哈罗德·J. 伯尔曼:《法律与革命》(第一卷)，贺卫方等译，法律出版社 2008 年版。

91. [美] 罗纳德·J. 博格等:《犯罪学导论——犯罪、司法与社会》，刘仁文等译，清华大学出版社 2009 年版。

92. [美] 伟恩·R. 拉费弗、杰罗德·H. 伊斯雷尔、南西·J. 金:《美国刑事诉讼法》，卞建林、沙丽金等译，中国政法大学出版社 2003 年版。

93. [美] 约书亚·德雷斯勒、艾伦·C. 迈克尔斯:《美国刑事诉讼法精解》(第二卷·刑事审判)，魏晓娜译，北京大学出版社 2009 年版。

94. [美] 爱伦·豪切斯泰勒·斯黛丽、南希·弗兰克:《美国刑事法院诉讼程序》,陈卫东、徐美君译,中国人民大学出版社 2002 年版。

95. [美] 约翰·W. 斯特龙:《麦考密克论证据》,汤维建等译,中国政法大学出版社 2004 年版。

96. [美] 乔治·托马斯Ⅲ:《禁止双重危险:历史沿革与法律规定》,郭志媛译,中国政法大学出版社 2013 年版。

97. [美] 拉塞尔·哈丁:《群体冲突的逻辑》,刘春荣、汤艳文译,上海世纪出版集团 2013 年版。

98. [美] 杰弗里·C. 哈泽德、米歇尔·塔鲁伊:《美国民事诉讼法导论》,张茂译,中国政法大学出版社 1998 年版。

99. [法] 卡斯东·斯特法尼等:《法国刑事诉讼法精义》,罗结珍译,中国政法大学出版社 1999 年版。

100. [法] 贝尔纳·布洛克:《法国刑事诉讼法》,罗结珍译,中国政法大学出版社 2009 年版。

101. [德] 拉德布鲁赫:《法哲学》,王朴译,法律出版社 2005 年版。

102. [德] 考夫曼:《法律哲学》,刘幸义等译,法律出版社 2004 年版。

103. [德] 克劳思·罗科信:《刑事诉讼法》,吴丽琪译,法律出版社 2003 年版。

104. [德] 约阿希姆·赫尔曼:《〈德国刑事诉讼法典〉中译本引言》,李昌珂译,中国政法大学出版社 1995 年版。

105. [德] 弗兰茨·冯·李斯特:《德国刑法教科书》,徐久生译，法律出版社 2000 年版。

106. [德] 汉斯 · 海因里希 · 耶赛克、托马斯 · 魏根特:《德国刑法教科书》，徐久生译，中国法制出版社 2001 年版。

107. [德] 汉斯 · 约阿希姆 · 施耐德:《国际范围内的被害人》，中国人民公安大学出版社 1992 年版。

108. [瑞士] 萨拉 · J. 萨默斯:《公正审判: 欧洲刑事诉讼传统与欧洲人权法院》，朱奎彬、谢进杰译，中国政法大学出版社 2012 年版。

109. [意] 莫诺 · 卡佩莱蒂编:《福利国家与接近正义》，刘俊祥等译，法律出版社 2000 年版。

110. [日] 松尾浩也:《日本刑事诉讼法》(上卷)，丁相顺译，中国人民大学出版社 2005 年版。

111. [日] 松尾浩也:《日本刑事诉讼法》(下卷)，张凌译，中国人民大学出版社 2005 年版。

112. [日] 田口守一:《刑事诉讼法》，张凌、于秀峰译，中国政法大学出版社 2010 年版。

113. [日] 田口守一:《刑事诉讼的目的》(增补版)，张凌、于秀峰译，中国政法大学出版社 2011 年版。

114. [日] 小野清一郎:《犯罪构成要件理论》，王泰译，中国人民公安大学 1991 年版。

115. [日] 谷口安平:《程序的正义与诉讼》，王亚新、刘荣军译，中国政法大学出版社 1996 年版。

116. [日] 中村英郎:《新民事诉讼法讲义》，陈刚等译，法律出版社 2001 年版。

117.［日］新堂幸司：《新民事诉讼法》，林剑锋译，法律出版社2008年版。

118.［日］兼子一、竹下守夫：《民事诉讼法》，白绿铉译，法律出版社1995年版。

119.［日］高桥宏志：《民事诉讼法：制度与理论的深层分析》，林剑锋译，法律出版社2003年版。

二、论文类

1. 宋英辉、李哲：《一事不再理原则研究》，载《中国法学》2004年第5期。

2. 刘广三、吴长征：《犯罪进化论》，载《犯罪学论丛》第1卷。

3. 陈卫东、刘计划、程雷：《德国刑事司法制度的现在与未来》，载《人民检察》2004年第11期。

4. 顾永忠：《刑事辩护的现代法治含义解读——兼谈我国刑事辩护制度的完善》，载《中国法学》2009年第6期。

5. 顾永忠：《以审判为中心背景下的刑事辩护突出问题研究》，载《中国法学》2016年第2期。

6. 龙宗智：《庭审实质化的路径和方法》，载《法学研究》2015年第5期。

7. 龙宗智：《论我国刑事审判中的交叉询问制度》，载《中国法学》2000年第4期。

8. 朱孝清：《刑事诉讼法实施中的若干问题研究》，载《中国法学》2014年第3期。

9. 刘根菊:《关于公诉案件被害人权利保障问题》，载《法学研究》1997 年第 2 期。

10. 杨宇冠:《论禁止双重危险原则》，载《北京市政法管理干部学院学报》2000 年第 3 期。

11. 陈瑞华:《刑事诉讼中的重复追诉问题》，载《政法论坛》2002 年第 5 期。

12. 陈瑞华:《论被告人的阅卷权》，载《当代法学》2013 年第 3 期。

13. 陈瑞华:《刑事附带民事诉讼的三种模式》，载《法学研究》2009 年第 1 期。

14. 熊秋红:《刑事证人作证制度之反思——以对质权为中心的分析》，载《中国政法大学学报》2009 年第 5 期。

15. 史立梅:《我国刑事证人出庭作证制度的改革及其评价》，载《山东社会科学》2013 年第 4 期。

16. 张泽涛:《刑事案件分案审理程序研究——以关联性为主线》，载《中国法学》2010 年第 5 期。

17. 魏晓娜:《以审判为中心的刑事诉讼制度改革》，载《法学研究》2015 年第 4 期。

18. 韩旭:《辩护律师核实证据问题研究》，载《法学家》2016 年第 2 期。

19. 张卫平:《重复诉讼规制研究: 兼论“一事不再理”》，载《中国法学》2015 年第 2 期。

20. 林亚刚:《论集合犯》，载《法学研究》2001 年第 3 期。

21. 林亚刚:《金融犯罪罪数形态的探讨》，载《法商研究》

2000 年第 4 期。

22. 孟庆丰:《涉众型经济犯罪问题探讨》,载《公安研究》2007 年第 11 期。

23. 刘为波:《〈关于审理非法集资刑事案件具体应用法律若干问题的解释〉的理解与适用》,载《人民司法》2011 年第 5 期。

24. 韩耀元、吴峤滨:《〈关于办理非法集资刑事案件适用法律若干问题的意见〉解读》,载《人民检察》2014 年第 9 期。

25. 段厚省:《共同诉讼形态研究——以诉讼标的理论为方法》,载《诉讼法论丛》第 11 卷。

26. 李晓:《论刑事案件分案审理制度的构建》,载《黑龙江省政法管理干部学院学报》2017 年第 1 期。

27. 肖建华:《刑事附带民事诉讼制度的内在冲突与协调》,载《法学研究》2001 年第 6 期。

28. 郑鲁宁、何乃刚:《合并与分离:刑事附带民事诉讼制度的反思与重构》,载《政法论坛》2003 年第 4 期。

29. 朱嘉珺:《美国联邦刑事被害人赔偿制度》,载《苏州大学学报》2014 年第 3 期。

30. 刘宪权、翟寅生:《刑民交叉案件中刑事案件对民事合同效力的影响研究——以非法集资案件中的合同效力为视角》,载《政治与法律》2013 年第 10 期。

31. 时方、喻玫:《集资犯罪刑民并行处理模式之提倡——以被害人认定、救济为视角》,载《北京行政学院学报》2015 年第 5 期。

32. 陈醇:《非法集资刑事案件涉案财产处置程序的商法之

维》，载《法学研究》2015 年第 5 期。

33. 孔军：《禁止双重危险原则及其在我国的确立》，中国社会科学院研究生院 2012 年博士学位论文。

34. 张莉琼：《集合犯研究》，武汉大学 2009 年博士学位论文。

35. 汪容：《刑事合并审判制度研究》，武汉大学 2013 年博士学位论文。

36. 尚华：《论质证》，中国政法大学 2011 年博士学位论文。

37. 王国忠：《刑事诉讼交叉询问之研究》，中国政法大学 2006 年博士学位论文。

38. 钱颖萍：《瑞典群体诉讼制度研究》，西南政法大学 2012 年博士学位论文。

39. ［日］大谷实：《犯罪被害人及其补偿》，黎宏译，载《中国刑事法杂志》2000 年第 2 期。

后 记

本书是在我的同名博士论文基础上修改而成的。距离2017年博士毕业，转眼已过两年时间。两年间，或忙于工作，或惰性使然，论文的修改一直断断续续，时至今日方才基本修改完成。

2014年，我有幸拜入北京师范大学刘广三教授门下，攻读诉讼法学博士学位。三年间，恩师不仅在课堂上启迪学生，教学生知识与方法，更在生活中关心学生，教学生做人的道理与对生活的态度。本篇博士论文从选题，到布局，再到收集资料等，恩师均倾注了大量的心血，初稿完成后，更是给予了详尽的修改。可以说，本篇博士论文之所以能够顺利完成，很大程度上得益于恩师的耐心指导与悉心修改。在刘门求学期间，更能时常感受到师母李卫红教授的亲切关怀和关键指点。每次聆听师母教诲，都有茅塞顿开、如沐春风之感。师恩浩荡，感激不尽！

在北师大学习期间，时常能聆听宋英辉教授、史立梅教授、王超教授、杨雄教授、何挺教授、雷小政教授等的精彩授课，获益良多。在论文的选题、写作过程中，也常常得到老师们的指导。在论文的预答辩及正式答辩期间，各位老师所提出的修改意见，极大地弥补了论文的不足。在此深表感激！

感谢中国人民大学陈卫东教授、中国政法大学刘玫教授。二位教授作为我博士论文答辩委员会成员，在我答辩期间给予论文高度评价，并提出了针对性修改意见，使我清醒地认识到了论文的不足之处。在此表示诚挚的谢意！

感谢中国政法大学顾永忠教授。顾教授是我的硕士研究生导师，正是在他的耐心指导和无私帮助下，使我初窥学术门径。感激之情，无以言表！

感谢我的工作单位北京市朝阳区人民法院！正是在朝阳法院这片沃土上，我得以不断汲取营养，逐渐进步成长。

感谢一路帮助支持我的同事、同门、同窗和朋友！

感谢我的家人！

李 晓

2019 年 5 月 17 日

图书在版编目（CIP）数据

涉众型经济犯罪案件当事人权利保障问题研究：以审判程序为视角 / 李晓著. —北京：中国法制出版社，2019.10

ISBN 978-7-5216-0548-8

Ⅰ. ①涉… Ⅱ. ①李… Ⅲ. ①经济犯罪—当事人—权益保护—研究—中国 Ⅳ. ① D924.334

中国版本图书馆 CIP 数据核字（2019）第 194657 号

责任编辑：王雯汀　　封面设计：杨鑫宇

涉众型经济犯罪案件当事人权利保障问题研究：以审判程序为视角

SHEZHONGXING JINGJI FANZUI ANJIAN DANGSHIREN QUANLI BAOZHANG WENTI YANJIU：YI SHENPAN CHENGXU WEI SHIJIAO

著者 / 李晓

经销 / 新华书店

印刷 / 人民日报印刷厂

开本 / 880 毫米 ×1230 毫米　32 开　　印张 / 9　字数 / 186 千

版次 / 2019 年 10 月第 1 版　　2019 年 10 月第 1 次印刷

中国法制出版社出版

书号 ISBN 978-7-5216-0548-8　　定价：45.00 元

北京西单横二条 2 号　邮政编码 100031　　传真：010-66031119

网址：http://www.zgfzs.com　　**编辑部电话：010-66060794**

市场营销部电话：010-66033393　　**邮购部电话：010-66033288**

（如有印装质量问题，请与本社印务部联系调换。电话：010-66032926）